마케팅의 미래
고객인게이지먼트

세계가 올림픽을 통해 그들을 보기 전에, 엄마는 그들의 잠재력을 보았습니다.

이번 겨울, 우리가 올림픽에 출전한 선수들에게 갈채를 보내듯이,

그들이 거기에 있도록 격려를 아끼지 않은 사람을 잊지 맙시다.

엄마, 감사해요.

엄마들의 자랑스러운 스폰서, P&G

P&G의 'Thank you, Mom' 캠페인, 2014년 소치 올림픽

THE FUTURE OF

MARKETING

마케팅의미래
고객인게이지먼트

관여·경험·참여·상호작용·공유에 기초한
디지털 시대의 고객 관계 구축

김동균 · 비아이티컨설팅 지음

김앤김북스

마케팅의 미래 고객 인게이지먼트

관여·경험·참여·상호작용·공유에 기초한 디지털 시대의 고객 관계 구축

초판 1쇄 발행 2016년 7월 1일
초판 3쇄 발행 2018년 10월 1일

지은이 김동균 · 비아이티컨설팅
펴낸이 김건수
디자인 이재호디자인

펴낸곳 김앤김북스
출판등록 2001년 2월 9일(제 2015-000138호)
주소 서울시 마포구 월드컵로42길 40, 326호
전화 (02) 773-5133
팩스 (02) 773-5134
이메일 apprro@naver.com
ISBN 978-89-89566-67-0 (03320)

차례

지난 10년간 우리는 이전에 상상도 하지 못했던 많은 마케팅 환경의 변화들을 경험해야 했다. 특히 지난 5년간은 엄청난 변화의 시기였다. 그 변화의 중심에 디지털이 자리하고 있다. 디지털의 발달은 마케팅 패러다임을 완전히 새롭게 바꾸어 놓았고, 향후 마케팅의 방향을 예측할 수조차 없게 만들고 있다. 2015년 발표된 맥킨지의 〈미디어 지출비용 트렌드에 관한 보고서〉에 따르면, 2014년 가장 성장률이 높았던 미디어가 바로 디지털 광고이며, 전년 대비 16.1% 성장하였다고 한다. 디지털 미디어들이 모두 높은 성장세를 보이고 있는 반면, 전통 미디어들의 영향력은 점점 더 하락하고 있다.

미디어의 중심이 디지털로 빠르게 이동하고 있는 것이다. 이제 미디어뿐만 아니라 마케팅 툴 역시 디지털 기술이 접목되지 않은 것을 찾아보기 힘들 정도다. 특히 글로벌 브랜드들은 너 나 할 것 없이 디지털 마케팅으로 방향을 전환하고 있다. 코카콜라, P&G, 네스카페 등 소비재 분야에서부터, 유니클로, 메이시스 등 유통 분야, 랄프로렌, 버버리 등 명품 브랜드에 이르기까지 모든 산업군에서, 모든 브랜드들이 디지털에 마케팅 비용을 쏟아붓고 있다.

■ 디지털 미디어의 발달로 마케팅 환경이 완전히 바뀌었다

1980년대 이후 케이블 TV, 위성방송 등 처음으로 다양한 미디어가 등장했고, 2000년대 들어서 인터넷과 모바일의 발달로 탄생한 수많은 사이트와 앱들이 각각 하나의 미디어로서 기능을 하고 있다. 소비자들이 접하는 미디어의 수가 기하급수적으로 늘어남에 따라 기업들은 브랜드 가치나 메시지 전달은 고사하고 소비자들을 접촉하기조차 어려운 상황이 되어 가고 있다. 이제 수많은 사이트와 앱 속으로 흩어져 있는 소비자들을 쫓아다니는 마케팅은 더 이상 유효하지 않을 뿐만 아니라, 아예 불가능해질지도 모른다.

그렇다면 수많은 미디어가 존재하는 디지털 시대에 어떻게 기업이 브랜드 가치나 메시지를 전달할 수 있을까? 소비자들이 있는 곳이라면 어디든 찾아갈 수 있는 획기적인 기술을 개발하든지, 아니면 소비자들 스스로가 브랜드 주위에 모여들게 하는 방법밖에 없다. 그러기 위해서는 소비자들을 브랜드의 친구나 팬fan으로 만들고, 그러한 관계를 계속 유지해야만 한다. 이것이 바로 디지털 시대에 브랜드에 대한 고객 로열티가 중요한 이유이다.

브랜드 로열티는 브랜드라는 것이 처음 등장한 19세기 말부터 개념화되기 시작했는데, 많은 전략가들은 그것을 마케팅의 궁극적인 목표라고 주장하고 있다. 하지만 소비재보다는 내구재나 서비스에 국한된 것으로 인식되어 왔고, 실제로 그 목표를 달성하기 위해 노력하는 기업들이 많지 않았다. 이 책에서 확인할 수 있는 것처럼, 디지털 시대에 브랜드 로열티는 내구재나 서비스 브랜드뿐만 아니라 구매 주기가 짧고 브랜드 스위칭이 빈번하게 일어나는 소비재 브랜드들에도 마케팅 활동의 궁극적인 목표가 되고 있다.

■ 디지털 시대의 마케팅은 한 명의 로열 고객에서 시작된다

특히 디지털 시대에는 소비자들이 정보를 얻고 평가를 내리기가 용이해졌기 때문에, 과거의 경험이나 일반적인 평판보다는 스스로 얻은 정보나 개인적 취향에 따라 주관적으로 판단하는 경향이 강해졌다. 즉 다른 사람들의 평가가 어떻든, 내가 좋으면 선택을 하는 것이다. 새로 나온 브랜드나 잘 알려지지 않은 브랜드도 그들의 기준에 부합하면 큰 성과를 낼 수 있는 환경이 되고 있다.

SNS 등을 통해 너무 많은 정보가 공유되고 있기 때문에 오히려 이 시대의 사람들은 자신만의 개성을 표현할 수 있고, 자신만이 가질 수 있는 무언가에 더 갈증을 느끼고 있다. 디지털 시대의 브랜드는 너무 넓은 고객층을 가지려고 하기보다는 자신만의 개성을 추구하는 소수의 고객들에 집중할 필요가 있다. 또한 디지털 기술이 사람들을 연결해 놓았기 때문에 그 경로를 따라가면 거의 모든 사람들에게 도달할 수 있다. 이제 소비자들은 이런 네트워크를 통해 손쉽게 정보를 얻거나 다른 많은 사람들에게 자신의 메시지를 전달할 수 있게 되었다. 이것이 바로 디지털 마케팅의 핵심이자 기본 원리이다.

과거와 달리 기업이 많은 사람들에게 한꺼번에 메시지를 전달하기 어렵게 되었다면, 어떻게 고객들에게 접근할 수 있을까? 바로 소수의 사람에게 깊은 인상을 주어 그들이 주변으로 메시지를 전파하게 해야 한다. 브랜드에 대한 로열티가 강한 고객은 주변 사람들에게 브랜드에 대해 긍정적으로 이야기하고, 심지어 자랑하고 싶어 한다. 예전과 다른 점은 그런 이야기를 퍼트리거나 주고받을 경로가 아주 많이 다양해졌다는 것이다.

■ 어떻게 고객과 관계를 구축하고 로열티를 쌓아갈 것인가

그렇다면 어떻게 브랜드가 고객들과 강한 유대관계를 구축할 수 있을까? 브랜드가 고객들과 강한 관계를 형성하고 그들의 로열티를 쌓아가는 방법이 바로 고객 인게이지먼트다. 인게이지먼트는 말 그대로 브랜드가 고객과 약혼하는 방법이다.

1. 브랜드가 고객과 약혼하기 위해서는 가장 먼저 고객이 브랜드에 대해 관심을 갖게 해야 한다. 관심은 바로 만남의 시작이기 때문이다.(관심과 관여)
2. 브랜드는 고객의 더 깊은 관심을 유도하기 위해 모든 접점에서 고객이 브랜드를 더 많이 경험할 수 있게 해야 한다. 브랜드와 고객은 즐거운 경험을 통해 그 관계가 한층 더 강화된다.(경험)
3. 브랜드와 고객이 서로 감성적으로 가까워지면 브랜드와 고객의 관

계는 애정으로 발전하여 상대방에게 자신의 관심사나 고민을 이야기하고 그것을 해결하는 데 상대방을 참여시키며, 의미 있는 이벤트에 상대방이 함께하기를 원하고, 상대방을 자기 삶의 일부로 생각한다.(참여)

4. 브랜드와 고객이 서로 많은 것을 주고받고 함께 이루어가는 경험들이 많아지면 그 관계는 더욱 돈독해진다.(상호작용)

5. 브랜드에 대한 애착이 강화된 고객은 자연스럽게 주변 사람들에게 그가 사랑하는 브랜드에 대해 이야기하게 되고, 브랜드와 고객의 관계는 주변 사람들에게 알려진다.(공유)

이러한 과정을 거쳐 브랜드와 고객은 약혼, 즉 인게이지먼트에 이르게 된다. 브랜드와 고객을 연인으로 생각해 보면, 이러한 과정은 누구나 한 번쯤은 경험하게 되는 상황이기 때문에 그 과정을 충분히 잘 이해하리라고 생각한다. 이것이 바로 고객 로열티를 쌓아가는 인게이지먼트의 과정이다.

■ 이제 브랜드는 고객의 친구나 동료가 되어야 한다

제품이나 서비스의 상징이었던 브랜드는 점차 소비자들이 원하는 가치들을 담아내기 시작했고, 이제는 그들이 원하는 감성과 개성까지 대변하고 있다. 오늘날 브랜드는 소비자들의 생활에서 없어서는 안 될 필수적인 존재가 되었고, 심지어 친구나 가족, 연인과 같은 존재로까지 인식되고 있다. 개인별 차이는 있겠지만, 아이폰이나 네이버, 카카오톡, 스타벅스 같은 브랜드가 사라진 사람들의 일상을 상상할 수 있겠는가?

소비자들의 라이프스타일과 욕구, 그리고 그들이 표현하고자 하는 개성은 더 다양해질 것이기 때문에, 그들의 요구에 부합하기 위해서 브랜드는 지금보다 훨씬 더 그들의 삶에 밀착되고 그 일부가 되어야 한다. 스마트 기기와 디지털망이 지배하는 시대의 소비자들은 이전보다 훨씬 더 감성적이고 인간적인 관계에 목말라할 것이다. 따라서 브랜드들은 소비자들과 감성적으로 더 깊은 관계를 맺고 친구나 동료 같은 존재로서 소비자들과 인간적인 관계를 구축해 나가야 한다.

향후 고객에게 다가가는 브랜드의 접근 방법은 인간적인 접근이 되어야 하며, 브랜드에 대한 고객 로열티를 강화하기 위한 접근 역시 가장 인간적인 접근이 되어야 한다. 고객 인게이지먼트는 브랜드와 소비자 간 인간적인 관계를 강화하는 프로세스라 할 수 있다.

■ 로열티 구축을 위한 전략적 · 전술적 프로세스가 필요하다

이 책은 디지털 시대 마케팅의 핵심이자 마케팅 활동의 목표라고 할 수 있는 고객 로열티 구축 방법을 소개한다. 먼저 고객 로열티를 구축하는 방법으로서 고객 인게이지먼트의 개념을 소개하고, 효과적인 인게이지먼트를 위한 전술적 접근방법을 다양한 사례와 함께 소개한다.

마케팅의 기본적인 목적은 브랜드의 가치를 고객들에게 전달하는 것이기 때문에, 고객 로열티 강화를 위한 인게이지먼트가 아무리 정교하게 기획되었다 할지라도, 어떤 가치를 전달하느냐에 따라 그 효과는 차이가 날 수밖에 없다. 브랜드 가치는 타겟 고객이 원하는 가치를 담아내야 하는데 시대적 니즈, 소비자 트렌드, 해당 카테고리의 역할 등을 반영하여 정교하게 그리고 전략적으로 정의되어야 한다. 브랜드 가치를 마케팅 캠페인에 담고 표현하는 방식 또한 마케팅 캠페인의 효과에 커다란 영향을 미친다.

이 책에서는 고객 로열티를 구축하는 전체 프로세스, 즉 브랜드 가치를 정립하기 위한 전략적 접근, 브랜드 가치를 효과적으로 캠페인에 담아 전달하는 방법, 그리고 전달 과정에서 고객 인게이지먼트를 유발하는 방법을 체계적으로 제시한다.

■ 고객 인게이지먼트 접근을 위한 프레임워크를 만들다

이 책의 핵심인 고객 인게이지먼트 접근 프레임워크는 필자가 최근 글로벌 브랜드들이 시행한 수백 건의 디지털 마케팅 사례를 연구하여 체계화한 것이다. 필자가 제시하는 고객 인게이지먼트 접근은 인게이지먼트를 통해 고객의 로열티를 구축하는 프로세스로서, 브랜드에 대한 관심과 관여를 유발하는 단계부터 고객이 브랜드와 유대관계를 형성하고 그것을 주변 사람들과 공유하는 단계에 이르기까지 5가지 요소(관심/관여 - 경험 - 참여 - 상호작용 - 공유)로 구성되어 있다. 각각의 구성 요소들은 독립적인 마케팅 활동 목표이지만 상호 엄격하게 분리되어 있는 것은 아니다. 마케팅 캠페인에서 이 요소들은 복합적으로 활용되는 경우가 대부분이며, 그렇게 하는 것이 실제로 훨씬 더 효과적이다.

앞에서 설명했듯이 다섯 가지 구성 요소들은 특별히 새로운 개념이나 접근은 아니다. 하지만 이 책에서 소개한 개념과 접근방법을 이해하고 프레임워크를 잘 활용한다면, 디지털 환경에 부합하는 효과적인 마케팅을 기획하고 실행할 수 있으리라 확신한다.

■ 디지털 시대 마케팅의 길잡이가 되고자 한다

필자는 2000년 4월 국내 최초로 브랜드 마케팅 전략 전문 컨설팅업체인 비아이티컨설팅을 설립하고, 대표 컨설턴트로서 지난 16년 동안 다양한 산업 분야에 걸쳐 그 대표 기업들의 브랜드 전략과 마케팅 전략을 수립하고 컨설팅하는 프로젝트를 수행해 왔다. 때문에 필자는 국내 마케팅 시장의 변화와 트렌드를 누구보다 잘 이해하고 있다고 자부한다.

글로벌 브랜드들의 마케팅 트렌드와 비교해 보면, 국내 기업들의 디지털 마케팅은 아직 본격화되지 않았다. 하지만 최근 들어 많은 국내 기업들이 디지털 마케팅의 필요성을 인식하기 시작했기 때문에, 머지않아 마케팅의 방향이 급격하게 디지털로 전환될 것으로 필자는 전망한다. 국내 기업들이 디지털의 발달로 초래된 마케팅 환경의 변화를 이해하고 디지털 시대에 효과적이고 효율적인 마케팅을 기획하는 데 이 책이 길잡이가 될 수 있을 것이다.

■ 이 책의 구성

1부에서는 디지털 시대에 고객 로열티가 중요한 이유와 고객 인게이지먼트에 대해 설명하고, 고객 인게이지먼트에 접근하는 프레임워크를 제시한다. 2부와 3부에서는 그러한 프레임워크에 따라 고객 인게이지먼트에 접근하는 단계적인 방법을 알아본다. 즉 고객 인게이지먼트의 기반이 되는 브랜드 가치의 정립 방법과 이를 효과적으로 전달하는 밸류 드라이버Value Drivers, 그리고 고객의 인게이지먼트를 유발하는 인게이지먼트 드라이버들을 설명한다. 마지막으로 4부에서는 고객 인게이지먼트 마케팅을 위한 다양한 디지털 마케팅의 전략적 접근 방법과 실행 도구들을 소개한다.

디지털의 발달은 예측할 수 없을 만큼 빠르기 때문에, 이 책이 출간될 즈음에는 소개한 많은 기술, 개념 그리고 마케팅 도구들이 이미 새로운 것이 아닐 수도 있을 것이다. 필자는 이 책에서 디지털 기술을 활용하는 단편적인 기교보다는 디지털 발달에 따른 마케팅의 큰 방향성과 목표를 이해하고, 중장기적으로 지속적인 성과를 창출하는 접근 방법에 초점을 맞추었으며, 그렇게 접근하는 것이 바람직하다는 것을 보여주고자 했다.

마지막으로 필자는 독자들이 디지털 시대 마케팅의 방향성을 이해하고, 이 책에서 제시한 단계별 접근방법을 활용함으로써 디지털 시대의 마케팅 환경의 변화에 선제적으로 대응하는 마케팅을 창조하기를 기대한다.

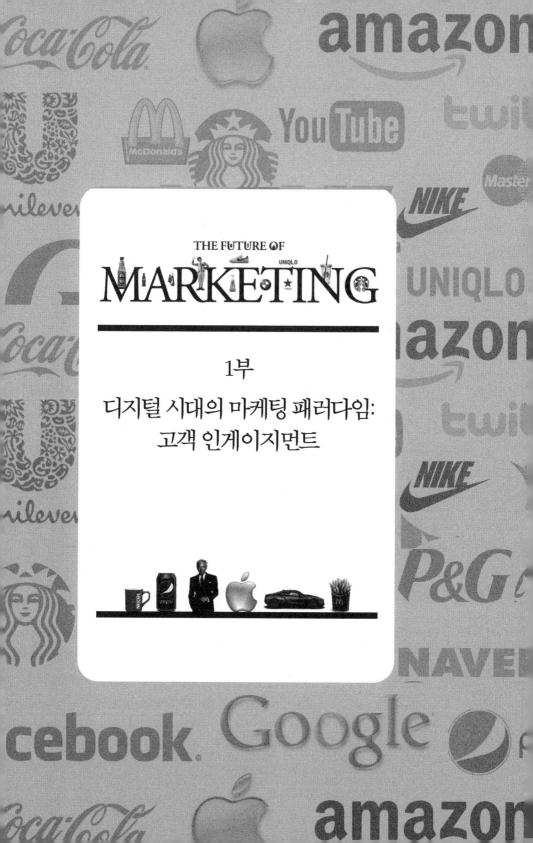

THE FUTURE OF

MARKETING

1부

디지털 시대의 마케팅 패러다임: 고객 인게이지먼트

개요

1부에서는 먼저 디지털 마케팅의 핵심이 왜 고객 로열티와 고객 인게이지먼트인지를 설명한다. 이어 시대의 흐름과 마케팅 환경의 변화에 따라 고객 로열티의 개념이 어떻게 변화해왔는지 살펴보고, 디지털 시대의 마케팅 환경에서 고객 로열티가 중요한 이유를 알아본다. 또한 고객 로열티 창출을 위한 인게이지먼트의 개념을 소개하고 고객 로열티와 인게이지먼트에 접근하는 프레임워크와 그 구성 요소들을 알아본다.

01 디지털, 마케팅의 미래를 바꾸다

스타벅스는 어떻게 로열 고객을 얻었는가

요즘 가장 핫한 시장 중 하나인 커피 시장의 마케팅을 살펴보면서 디지털 시대 마케팅의 방향성에 대한 이야기를 시작하고자 한다. 스타벅스는 대표적인 디지털 마케팅의 성공사례로 알려져 있다. 과연 어떤 요인들이 스타벅스의 마케팅을 성공으로 이끈 것일까?

우선 스타벅스의 역사를 살펴보자. 스타벅스는 1990년대 베이비붐 세대의 트렌드에 효과적으로 편승했다고 볼 수 있다. 베이비붐 세대는 최근 5년 전까지만 해도 가장 큰 구매력을 가진 고객층이었다. 그들이 40대에 들어서 사회적 지위가 상승하고 삶의 여유가 생기면서, 사무실이나 집을 떠나 누군가와 커피 한 잔을 함께 마시면서 즐거움을 나눌 수 있는 공간에 대한 니즈가 생겨났다. 이러한 그들의 니즈를 충족시키고 그들로 하여금 작은 사치를 누릴 수 있게 한 곳이 바로 스타벅스였다. 스타벅스는 어떤 기업보다 도시 소비자들의 삶에 가장 빠르고 현명하게 다가갔다.

스타벅스의 마케팅은 고객과 의미 있는 관계를 구축하는 것에 초점을 맞춘다. 스타벅스는 새로운 고객을 끌어들이려고 하기보다는 현재 고객과의 관계를 향상시키려고 노력한다. 현재의 고객을 로열 고객으로 만들어 강한 관계를 유지하고, 이들을 통해 더 많은 고객들이 스타벅스에 호감을 갖게 만든다. 그 결과 스타벅스는 시간이 지날수록 더 넓은 고객층을 확보할 수 있었다. 그렇다면 구체적으로 어떤 방법으로 로열 고객층을 확보하는 성과를 거둔 것일까?

■ 감성적이고 개인화된 고객 경험을 창조한다

스타벅스 마이 시그너처 커피. 스타벅스의 성공은 고객의 독특한 경험을 창출했기 때문이라고 해도 과언이 아니다. 스타벅스는 고객의 개인화된 경험을 창조하기 위해 다양한 시도를 해 왔다. 예를 들면, 스타벅스는 고객들에게 개인화된 시그너처Signature 커피를 만들 수 있는 경험을 제공한다. 나의 커피 취향, 즉 뜨겁게 마시는지, 차갑게 마시는지, 얼마나 진하게 마시는지, 밀크나 설탕은 얼마나 넣는지 등을 MyStarbucksSignature.com에 등록하고 내 이름을 붙이면, 매장에서 내 취향의 커피를 언제나 별다른 설명 없이도 마실 수 있고, 친구들과 내 이름으로 된 커피를 공유할 수도 있다. 완전히 개인화된 서비스라고 할 수 있다.

카페에서 개인의 취향에 맞춘 나만의 커피를 마실 수 있다는 것을 누가 상상이나 했을까? 처음 개인화된 서비스가 시작되었을 때 스타벅스 고객들에게 그것은 놀라움과 감동 그 자체였다. 이처럼 상상도

스타벅스: "톰, 여기 아메리카노 나왔어요."

하지 못했던 경험을 한 고객들은 스타벅스 브랜드에 빠져들지 않을 수 없었다.

2012년 3월, 스타벅스는 고객의 이름을 불러주는 개인화 서비스를 런칭했다. 고객이 주문할 때 이름을 물어보고 컵에 고객의 이름을 적은 다음 커피가 준비되면 고객 이름을 불러 커피를 전달해 주었다. 스타벅스 직원들도 모두 이름이 적힌 배지를 다는 등 보다 친밀한 서비스를 경험할 수 있는 환경을 만들었다.

이 캠페인의 런칭 광고에서는 기존의 서비스가 얼마나 인간미가 없는지를 지적하고 이러한 상황을 변화시킬 것이라는 스타벅스의 기대를 내비쳤다. 그리고 고객 이름 부르기를 시작으로 커피에 대한 고객 경험을 가능한 한 완벽하게 만들어가겠다는 스타벅스의 약속을 전달했다. 우리 정서에는 맞지 않을 수 있지만 어쩌면 서양인들에게는 생각지도 못한 새로움 경험이 되었을 것이다.

Gingerbread Latte

Caramel Brulee Latte

Peppermint Mocha

스타벅스 크리스마스 빨간 컵

스타벅스 크리스마스 빨간 컵. 크리스마스 시즌이 되면 스타벅스는 빨간 컵 캠페인을 시작한다. 2005년부터 매년 시행해 왔기 때문에 크리스마스 시즌이 되면, 고객들은 그 해에 나올 새로운 디자인의 빨간 컵을 기다린다. 스타벅스는 감성이 풍부한 크리스마스 시즌을 활용하여 사람들에게 서로 사랑과 정을 나누는 감성적인 경험을 제공한다. 감성이 충만한 시기를 활용하여 고객들의 감성을 자극하고 고객들과 함께 기억에 남을 만한 경험을 만들어 가는 것이다. 스타벅스에는 고객들은 단지 커피 한 잔을 사는 것이 아니라 잊을 수 없는 개인적 경험과 추억을 산다

■ 고객들이 브랜드 경험을 다른 사람들과 공유하게 한다

스타벅스는 스타벅스의 가치를 경험한 고객들로 하여금 적극적으로 그들의 경험과 스타벅스에서 얻은 혜택을 소셜 네트워크를 통해 주변 사람들과 나누게 한다. 이런 노력으로 많은 사람들이 스타벅스

의 가치를 경험하고 혜택을 누렸으며, 시간이 갈수록 더 많은 스타벅스 팬이 생겨났다.

스타벅스는 사진 한 장을 찍더라도 그것을 인스타그램에서 공유하고 페이스북에 포스팅하고 트위터에 트윗하고 핀터레스트에 핀한다. 이처럼 다양한 소셜 네트워크 서비스를 활용하기 때문에 소셜 네트워크를 가장 잘 활용하는 브랜드 중의 하나로 알려져 있다.

■ 고객과 브랜드 간에 개인화된 감성적 연결고리를 만들어간다

스타벅스 브랜드가 존재해야 하는 이유, 즉 스타벅스가 스스로 설정한 기업의 미션은 "한 번에 한 사람씩, 한 잔씩, 그리고 한 이웃씩, 인간의 정신에 영감을 불어넣고 풍요롭게 하는 것"이다. 스타벅스의 미션은 단지 돈을 버는 것이 아니라 고객들을 도와 그들의 정신을 풍요롭게 하는 것이다. 스타벅스 매장은 어디에나 있고, 스타벅스 매장에서는 많은 사람들을 서로 연결시켜 주고 관계를 맺게 한다. 이를 위해 스타벅스는 개인화된 감성적 연결고리를 만드는 다양한 캠페인들을 디자인해 오고 있다. 예를 들면, 발렌타인데이에는 스타벅스 컵에 사랑의 메시지를 담아 연인이나 사랑하는 사람에게 전해주는 앱을 제공한다. 받는 사람이 전달된 카드 화면을 터치하면 사랑의 메시지가 나타난다.

'스타벅스에서 나를 만나라' 캠페인. 2014년 9월 29일, 스타벅스는 '고객들의 진짜 이야기'를 담은 '스타벅스에서 나를 만나라(Meet me at Starbuck)'라는 글로벌 브랜드 캠페인을 런칭했다. '스타벅스에서 나를 만나라' 캠페인은 제품이나 브랜드 자체가 아니라 고객의 일상생

SHARE.
VOTE.
DISCUSS.
SEE.

You know better than anyone else what you want fr
Starbucks. So tell us. What's your Starbucks Idea?
Revolutionary or simple-we want to hear it. Share y
tell us what you think of other people's ideas and jo
discussion. We're here, and we're ready to make ide
Let's get started.

마이 스타벅스 아이디어: 고객 참여 플랫폼

활 속에 녹아 있는 브랜드에 초점을 맞추었다. 28개국, 59개의 고객 이야기를 미니 다큐멘터리 형식으로 엮어, 전 세계 고객들이 스타벅스와 함께하는 하루를 연대기적으로 보여주었다. 스타벅스에서 고객들이 서로 만나서 경험하게 되는 좋은 일들, 고객들이 서로 연결되는 아름다운 순간들을 보여주었다.

이 캠페인은 고객들과 보다 개인적 차원에서 관계를 형성하고자 하는 스타벅스의 노력을 나타내는 것이었다. 또한 사람들의 실제 이야기를 소재로 활용하여 사람과 사람을 연결해 주는 스타벅스의 가치를 전달하였다.

■ 고객들의 참여를 유도하고 그들과 상호작용한다

마이 스타벅스 아이디어. 스타벅스는 고객들의 참여를 이끌어내고 그들과의 상호작용을 활성화하기 위한 플랫폼으로 '마이 스타벅스 아이

마이 스타벅스 아이디어는 5년간 15만 개가 제안되고, 277개가 실현되었다.

디어(My Starbucks Idea)' 사이트를 구축했다. 고객들은 이 사이트에서 더 나은 제품을 만들 수 있는 아이디어, 고객 경험을 향상시킬 수 있는 아이디어를 제안할 수 있고, 신상품이나 제안된 아이디어에 대해 서로 이야기를 나눌 수 있다. 또한 고객투표를 통해 우수한 아이디어를 선정할 수 있다. 스타벅스의 운영진들은 제안된 아이디어에 대한 고객들의 평가와 투표 결과를 지켜보면서 아이디어의 활용 여부를 결정한다.

'마이 스타벅스 아이디어'는 소셜 네트워크 상에서 스타벅스 고객들이 서로 아이디어를 나누고 제안하고 경우에 따라서는 좌절도 하게 만드는 고객 참여의 허브로서 역할을 해 왔다. 처음에 이 사이트는 클라우드 소싱 툴로 시작하였지만, 스타벅스는 고객들이 서로 터놓고 이야기하는 곳, 그리고 뭔가를 위해 고객들이 서로 협력하는 곳으로 발전시켜 나가기를 원했다. 차츰 고객들이 모여들면서 고객들은 이 사이트에서 보내는 시간을 즐기기 시작했다. 또한 그것은 스타

Idea #1
Splash Sticks

Keeping clothes
cleaner for the
past 5 years

MyStarbucksIdea.com

스타벅스 스플래쉬 스틱

벅스에게 고객의 니즈를 확인하고 파악하는 마케팅 리서치의 창구가 되었다. 이처럼 고객들의 참여를 통한 상호작용을 유도함으로써 온라인 고객커뮤니티로 발전하였고, 결과적으로 매우 강력하고 효과적인 인터넷 마케팅 툴이 되었다.

'마이 스타벅스 아이디어' 는 2008년에 시작하여 5년 동안 15만 개 이상의 아이디어가 제안되었고, 그중 277개 아이디어가 실제로 실현되었다. 무료 와이파이, 디지털 리워드 시스템, 테이크아웃 컵의 뚫린 부분을 막아주어 커피가 쏟아지지 않게 하는 스플래쉬 스틱, 더 새롭고 다양한 맛의 커피 등 이 사이트를 통해 고객들이 제안하고 실제로 적용된 아이디어들이다.

고객들의 아이디어는 고객들에게 실질적인 편리함과 혜택을 가져다주었을 뿐만 아니라 스타벅스의 매출 향상에도 크게 기여하였다. 예를 들면, 1주일에 6백 만 건의 지불결제가 일어나는 모바일 지불시스템(Idea #202), 스타벅스의 주요 메뉴로 자리 잡은 저칼로리 스키니 음료, 모카코코넛 브랜디드 음료(Idea #144), 헤이즐넛 마끼아또 (Idea #275), 펌킨 스파이스 향 커피 (Idea #233), 연간 580만 개 이상 판매되는 케이크팝(Idea #128) 등이 스타벅스의 매출을 크게 향상시킨 고객들의 아이디어들이다.

'마이 스타벅스 아이디어' 는 스타벅스의 소셜 미디어 전략 중 가장 활기 넘치는 영역인데, 그 이유는 스타벅스가 그 아이디어들을 실현시켜 주기 때문이다. 그것을 보면서 고객들은 스타벅스를 가장 좋아하는 커피점이라고 이야기하고 그들 자신의 아이디어도 내놓고 싶어 한다. '마이 스타벅스 아이디어'는 단지 스타벅스의 이미지를 좋게 만들기 위한 마케팅 툴이 아니다. 그것은 고객들이 브랜드와 상호작용을 하고, 스스로 참여해서 즐거움과 보람을 얻고, 그리고 다른 고객들과 교류할 수 있는 거대한 허브이다.

스타벅스는 '마이 스타벅스 아이디어'의 성공에 힘입어, 스타벅스 임직원들도 새로운 제품 아이디어, 서비스 아이디어 그리고 이벤트 아이디어들을 제안할 수 있게 블로그를 만들었다. 뿐만 아니라 제안된 아이디어나 시행된 아이디어에 대해서도 임직원들이 서로 의견을 나누고 평가하고 그들 자신의 생각을 제시하여 더 좋은 아이디어로 발전시키도록 했다.

■ 디지털 미디어를 적극 활용한다

스타벅스는 디지털로 급속히 변화하는 시대 트렌드에 맞추어 변신을 시도해 왔다. 스타벅스가 디지털 마케팅에 성공한 것은 시대의 변화에 재빨리 발을 맞추었기 때문이다. 그들은 디지털 기술을 활용하여 고객과의 연결고리를 만들려는 노력을 일찍부터 해 왔다.

스타벅스는 2009년부터 전통적인 미디어보다는 디지털 미디어에 마케팅 노력을 집중하였고, 고객들과 관계를 형성하기 위해 흥미로운 방법으로 접근하였다. 스타벅스는 2009년 마이 스타벅스My Starbucks 앱을 가지고 처음으로 디지털 마케팅에 뛰어들었다. 마이 스타벅스는 고객들이 스타벅스를 배우고 고객 스스로 자신의 커피를 만들어보도록 도움을 주는 앱이다. 2011년에는 스타벅스 카드 모바일 앱을 내놓고 로열티 프로그램을 디지털로 옮겨 놓았다. 이 앱은 스타벅스 고객들이 매장에서 편리하게 모바일 앱으로 지불할 수 있게 한다. 이 프로그램이 도입된 후 로열티 카드 거래의 20%가 모바일로 이루어졌다. 이후 모바일 결제 기술을 지속적으로 강화하여 고객의 편의성을 높이고 경험을 향상시켰다. 이로 인해 고객 응대 프로세스가 줄어들었고, 거래비용도 크게 절약할 수 있었다.

스타벅스 마케팅의 또 하나의 특징은 고객 경험을 창출하기 위해 디지털을 적극 활용한다는 것이다. 대부분의 정보와 자료를 인스타그램에 올리고 페이스북, 트위터 그리고 핀트레스트 같은 미디어를 적극 활용한다. 캠페인을 진행할 때도 디지털 미디어들을 활용하여 기존 고객들뿐만 아니라 새로운 고객들도 스타벅스를 접할 기회를 제공한다.

스타벅스는 미디어를 통합적으로 활용함으로써 일관성을 유지하고 브랜드에 대한 가시성을 높인다. 스타벅스는 실제로 소셜 네트워크를 가장 잘 활용하고 있는 브랜드로서, 주요 소셜 네트워크에서 가장 높은 순위를 보이고 있다. 스타벅스는 60개국에 18,000개 스토어를 가지고 있지만, 매장을 늘리기보다는 디지털 영역에 투자하여 매장 확장 이상의 효과를 거두고 있다.

■ 사회적 이슈에도 고객들과 공감대를 형성하고 참여한다

Save Forest(숲을 구하라). 2012년 4월 15일 하루 동안 전 세계적으로 시행된 캠페인으로, 재사용할 수 있는 머그컵을 매장에 가져오면 스타벅스 커피가 공짜로 제공된다. 그리고 커피를 구입한 고객에게는 코드를 부여하고, 고객이 온라인에서 코드를 입력하면 스타벅스가 고객 대신 나무를 심어준다. 스타벅스는 홈페이지에서 고객들이 이 캠페인을 통해 몇 그루의 나무를 심었는지 보여준다. "한 명의 사람은 나무를 구할 수 있고, 우리는 함께 숲을 구할 수 있다(One person can save trees. Together, we

스타벅스: 숲을 구하라

can save forests)"라는 슬로건을 내세운 이 캠페인은 지구의 허파라고 할 수 있는 나무와 숲을 고객과 함께 구한다는 취지에 시작했다. 또한 2015년까지 100% 다시 사용할 수 있는 컵을 사용하거나 재생컵을 사용하겠다는 목표를 밝히기도 했다.

스타벅스 사례는 디지털 시대에 변화된 소비자들을 대상으로 어떤 마케팅을 펼쳐야 하는지를 잘 보여준다. 그리고 고객들의 로열티 형성이 왜 중요하고, 어떻게 디지털을 활용해 고객 로열티를 만들어갈 수 있는지를 보여준다.

인스턴트 원두커피 시장을 창출한 카누

이번에는 우리나라 커피 시장에서 성공적으로 마케팅을 해 온 브랜드를 살펴보자. AC닐슨에 따르면, 우리나라의 커피 시장 규모는 2013년에 4조 1,300억 원이며, 전년 대비 11.8% 성장했다고 한다. 커피 시장은 우리나라 전체 음료 소비의 50% 이상을 차지하고 있고, 시장 규모는 지난 12년 동안 약 55%의 증가세를 보였다. 커피전문점

시장이 지속적으로 성장하면서 믹스커피 시장은 2012년을 정점으로 역성장하기 시작한 반면, 인스턴트 원두커피가 새로운 강자로 떠오르고 있다. 그 시작점이 바로 동서식품의 '카누' 다. 커피전문점의 확산과 함께 고급커피를 선호하는 소비자 트렌드가 급속히 퍼져가자, 이에 대응하기 위해 동서식품은 2011년 10월 '카누' 브랜드를 런칭하여 '인스턴트 원두커피'라는 새로운 카테고리를 만들어냈다. 그리고 출시 15일 만에 150만 개를 판매하며 최단시간 판매기록을 갈아치웠다. 카누가 인스턴트 원두커피라는 새로운 카테고리를 성공적으로 창출할 수 있었던 요인은 무엇일까?

■ 일관성 있는 브랜드 컨셉을 전달한다

카누는 카페Cafe와 새로움을 의미하는 뉴New가 합쳐진 합성어이다. "물에 타기만 하면 바로 커피전문점의 에스프레소 커피가 되는, 쉽고 간편하게 즐길 수 있는" 신개념 인스턴트 원두커피이다. 카누의 브랜드 컨셉은 "세상에서 가장 작은 카페"이다. 브랜드 네임과 패키지 디자인, 소비자 커뮤니케이션은 모두 카누의 브랜드 컨셉을 일관성 있게 그리고 효과적으로 전달하고 있다.

■ 소비자가 브랜드를 경험할 수 있게 한다

카누는 새로운 인스턴트 원두커피의 개념을 소비자들에게 인지시키기 위해 브랜드 출시 때부터 '소비자 경험'에 초점을 맞추어 마케팅을 진행했다. 출시와 동시에 서울 가로수길 등에 카누 팝업스토어를 열고 소비자들에게 브랜드를 알리고 직접 체험할 수 있는 기회를

카누 팝업스토어

제공하였다. 또한 광고 모델인 공유를 포함해서, 안성기, 고현정, 이
나영, 신민아 등이 팝업스토어의 일일 바리스타로 등장하여 소비자
들의 관심을 유발하기도 했다. 또한 젊은층들이 많이 모이는 스키장
이나 오피스타운에서 시음회를 계속 가졌고 여름에는 광화문 세종문
화회관에서 카누 아이스 시음행사를 열어 소비자들에게 카누 브랜드
를 경험할 수 있는 기회를 제공했다.

■ 소비자의 관심을 지속적으로 유발한다

소비자들의 관심을 유발하기 위해 특별한 마케팅 이벤트도 진행하
였다. 카누가 있는 나만의 공간을 사진으로 찍어서 올리면 자동으로
카누 CF가 만들어지는 '나만의 CF 만들기 - 공유와 내가 만드는 CF'
캠페인도 그 중 하나이다. 또한 카누 텀블러 세트 출시를 기념하여

서프라이즈 기프트 행사를 진행했는데, 공유가 사인하고 직접 포장한 행운의 텀블러 세트 50개를 전국 마트에 숨겨놓았다.

■ 고객 관련성을 강화하기 위해 노력한다

2015년 시행한 '카누 뮤직카페' 캠페인은 카누를 즐기는 소비자들에게 특별한 음악을 선물하는 이벤트이다. 맥심카누 홈페이지나 페이스북에 접속하면 '세상에서 가장 작은 뮤직카페'에서 카누 DJ로 변신한 유희열이 직접 선곡한 음악을 들을 수 있다. 카누 홈페이지에서는 유희열이 진행하는 '세상에서 가장 작은 라디오'가 방송되었다. 커피와 어울리는 음악을 통해 카테고리 관련성을 강화하는 한편 핵심 타겟인 젊은층과의 관련성도 강화했다. 또한 인터넷서점 알라딘과 함께 '세상에서 가장 작은 북카페' 프로모션을 진행하여 브랜드 컨셉을 알렸을 뿐만 아니라 책갈피를 나누어 주어 지속적으로 브랜드를 경험하게 했다.

■ 고객 참여를 유도한다

2015년 3월 신규 TV광고 컨셉은 '카누 레시피'였다. 화창한 봄을 맞아 바리스타 공유가 아메리카노뿐만 아니라 다양한 커피 메뉴를 선보이는 모습을 담고 있는데, TV광고와 동시에 동서식품의 홈페이지와 유튜브를 통해 카누 레시피 바이럴 영상을 공개했다. 카누라테, 카누모카라테, 카누하니라테, 카누아포카토 등 카누를 이용한 레시피를 공유가 직접 소개하고 고객 스스로 커피 만들기에 참여하게 함으로써 고객들에게 깊이 있고 재미 있는 경험을 제공했다.

뮤직카페 카누

■ 다양한 고객 니즈를 충족시킨다

고객들의 다양한 취향과 음용습관을 고려해, 2012년에는 코리안 사이즈라고 일컫는 120mm 용기에 적합한 카누 미니, 2014에는 카페인 함량을 낮춘 카누 디카페인을 출시하였다. 2014년 크리스마스 시즌에는 에티오피아, 과테말라, 콜롬비아 산 고급 원두 3종을 블랜딩하여 부드러운 맛과 은은한 꽃향기가 나는 크리스마스 블랜드를 판매하여 감성이 풍부한 시기의 소비자들을 자극하였다.

이러한 일련의 카누 캠페인들은 큰 성공을 거두었고 급격한 매출 상승으로 이어졌다. 카누는 미국마케팅협회가 주관하는 아시아태평양 에피 어워드에서 금상을 수상하였고, 브랜드 마케팅 전략으로 직접 판매 효과를 창출한 가장 우수한 브랜드로 인정받기도 했다. 실제로 카누는 2014년 11억 5천만 잔을 판매했고, 전년 대비 매출이 거의

200% 신장되었다.

카누 브랜드는 기존 카테고리 내에서 경쟁 우위를 확보하는 것이 아니라, 새로운 카테고리를 창출하여 경쟁 자체를 없앤 마케팅 사례라 할 수 있다. "세상에서 가장 작은 카페"라는 브랜드 컨셉을 다양한 방법으로 명확히 전달하였고, 지속적으로 고객 경험을 강화했으며 새로운 이벤트들을 개최하여 고객들의 관여와 참여를 유발하고 고객들과의 관련성을 강화해 나갔다.

커피 시장에서 성공한 두 브랜드의 사례를 통해 우리는 디지털 시대의 마케팅 방향성을 엿볼 수 있다. 카누 브랜드는 새로 출시한 브랜드가 어떻게 효과적으로 브랜드 컨셉을 알리고 고객을 만들어가며, 어떤 방법으로 고객의 로열티를 강화하고 로열 고객층을 확장해가는지를 보여준다. 반면 스타벅스는 어떻게 디지털 기술을 활용하여 고객 로열티를 구축하고 강화해 갈 수 있는지를 보여준다. 그렇다면 스타벅스나 카누 같은 성공한 브랜드들은 왜 고객 로열티를 구축하고 강화하기 위해 남다른 노력을 기울이는 것일까? 디지털 시대의 마케팅에서 고객 로열티가 중요한 이유에 대해 알아보자.

마케팅에서 왜 고객 로열티가 중요한가

브랜드에 대한 고객 로열티는 기본적으로 고객이 제품이나 서비스에 대해 만족하고, 제품이나 서비스의 가치가 우수하다고 인식하는 긍정적인 경험의 반복을 통해 점차 호감이 쌓여서 생겨나는 결과이다. 품질이나 가격과 같은 이성적인 측면에서 브랜드에 대한 긍정적인 인식이 쌓이면, 그 다음으로는 브랜드에 대한 애정과 애착이 생겨나고 브랜드와 고객 간에 감성적인 관계가 형성되는 것이다. 이 감성적인 관계로 인해 고객들은 반복적으로 제품이나 서비스를 구입하고, 주변 사람들을 대상으로 브랜드에 대한 긍정적인 이야기를 퍼뜨리게 된다. 고객 로열티는 이러한 과정의 반복을 통해 형성된다. 그렇다면 마케팅에서 고객 로열티가 중요한 이유는 무엇일까?

■ 지속적인 고객으로 남는다

가장 핵심적인 이유는 로열 고객은 계속 고객으로 남아 있다는 것이다. 기업이 지속적으로 성장하기 위해서는 신규 고객을 확보하는 것도 중요하지만, 기존 고객을 꾸준히 유지하는 것도 대단히 중요하다. 하지만 대부분의 기업들은 기존 고객이 그대로 남아 있을 것이라고 가정하고 새로운 고객을 유인하는 데만 집중한다.

마케터에게는 신규 고객을 유인하는 것도 중요하고 이들을 고객으로 유지하는 것도 중요하다. 경쟁자의 고객을 유인해 오는 것은 기존 고객을 유지하는 것보다 훨씬 어려운 일임에도 불구하고 지금까지 많은 기업들은 신규 고객을 유인하는 데만 주로 투자를 해 왔다. 실망스러운 것은 그렇게 어렵게 유인한 고객을 유지하는 데는 그다지 많은 투자와 노력을 기울이지 않는다는 것이다. 이미 잡힌 물고기로 생각하고 새로운 물고기를 찾아 나서는 것이다. 그 결과 기존 고객은 무시되고 있다.

신규 고객 유입에 집중하는 경향은 아마도 지금까지 마케터들이 이런 방법에만 익숙해져 있기 때문일 것이다. 어쩌면 오늘날 많은 기업들이 기존 고객을 유지하는 방법에 익숙하지 않기 때문에 고객 유지에 어려움을 겪고 있는지도 모른다. 기존 고객을 유지하는 것보다 신규 고객을 유인하는 데 더 많은 비용이 든다는 것은 누구나 다 알고 있는 사실인데 말이다. 신규 고객 유인과 기존 고객 유지 중 어느 쪽에 더 비중을 두는 것이 효율적이겠는가?

■ 긍정적인 입소문을 만들어낸다

로열 고객들은 브랜드에 대해 호의적인 감정을 가지고 있기 때문에 주변에 긍정적인 입소문을 만들어내고 심지어 브랜드에 대한 부정적인 이슈를 막아주며 스스로가 브랜드 홍보대사 역할을 하기도 한다. 로열 고객들은 브랜드의 가치를 인정하기 때문에 가격에 덜 민감하다. 그리고 그들은 브랜드 활동에 대해 애정을 갖고 참여하고 정직하게 피드백을 해 주기도 한다. 연구에 의하면, 5% 고객을 지속적으로 유지할 경우 수익을 대략 75%까지 증가시킬 수 있다고 한다.

소비자들은 한 브랜드를 선택하고 나면 일반적으로 자신의 선택을 합리화 하려는 경향이 있다. 소비자들이 한번 어떤 브랜드를 좋아하게 되면 스스로 브랜드 가치를 관리하는 행동을 한다. 그들은 자신들의 선택이 옳았음을 확인하고 싶어 하기 때문이다.

그렇다면 그들이 지속적으로 브랜드를 선택하게 하기 위해 어떻게 해야 할까? 바로 브랜드에 대한 긍정적인 믿음을 주거나 자랑거리를 제공해 주어야 한다. 구매주기가 긴 내구재의 경우 소비자 스스로 행동을 합리화 하는 경향이 훨씬 강하게 나타난다. 특히 제품을 처음 구매하는 경우에는 더 적극적으로 자신의 구매 행동을 합리화 하려고 한다. 그리고 자신의 선택에 대한 보상을 받고 싶어 한다. 하지만 안타깝게도 대부분의 브랜드들은 구매 고객에게 특별한 보상을 제공하지 않는다. 잡힌 물고기라고 생각하기 때문이다.

디지털 환경은 마케팅에 어떻게 영향을 미치는가

■ 구매 의사결정 기준이 절대적 평가로 바뀌고 있다

스탠포드 대학의 사이몬슨Simonson 교수에 의하면 디지털 기술이 발달하면서 소비자들의 구매 의사결정이 상대적 평가로부터 차츰 절대적 평가로 변하고 있다고 한다. 과거에 소비자들이 브랜드의 명성, 가격대, 자신의 과거 경험이나 축적된 기억 등에 비추어 브랜드 간 상대적 가치Relative Value의 비교를 통해 구입할 브랜드를 결정하였다면, 오늘날 소비자들은 여러 브랜드를 비교하기보다는 스스로 얻을 수 있는 정보를 활용하여 스스로의 절대적 가치Absolute Value를 기준으로 구입할지 말지를 결정하는 경향이 커지고 있다는 것이다.

사이몬슨 교수는 온라인 및 디지털 기술의 발달이 소비자의 의사결정 방식을 변화시키고 있다고 설명한다. 특히 정보를 찾고 자료를 한데 모으는 기술이 발달하고 소셜 미디어 등을 통해 정보를 쉽게 교환할 수 있는 환경으로 변화함에 따라, 소비자들은 과거의 인식이 영향을 미치는 상대적 평가에 의존하지 않게 되었다. 다른 제품과 비교하기보다는 자신의 주관적인 판단 기준과 취향에 맞추어 충분히 좋으면 된다고 생각하는 것이다. 필요한 제품이 있으면 그냥 온라인에 접속해서 제품에 대한 정보를 얻고 다른 사람들의 평가를 찾아보고 의사결정을 내린다.

20세기 마케팅이 주로 경쟁 제품과 비교해서 제품적 가치의 차별적인 우위를 부각시키는 커뮤니케이션을 했다면, 오늘날은 그냥 제품의 우수성만 커뮤니케이션하면 된다. 소비자 자신이 온라인 상에서 획득한 정보를 기반으로 주관적인 판단에 의해, 자신이 원하는 제품이라고 판단하면 그 제품을 그냥 선택하기 때문에 과거보다는 브랜드 평판이 없는 신제품도 성공할 가능성이 높아졌다.

■ 정보량이 많아질수록 정보에 대한 신뢰도는 떨어지고 있다

인터넷이 발달하면서 기업과 소비자에게 가장 큰 영향을 준 것이 바로 정보이다. 인터넷과 모바일을 통해 소비자들은 이전에 갖지 못했던 많은 정보들을 얻을 수 있게 되었다. 이로 인해 기업들이 갖고 있던 협상력Bargaining Power이 많은 부분 소비자들에게 넘어갔다. 하지만 경제학자들이 이상적인 상태로 이야기하는 완전 정보Perfect Information의 상황은 아니다. 소비자가 얻고자 하는 모든 정보가 존재하는 것도 아니고, 그러한 정보에 소비자들이 접근할 수 있는 것도 아니다.

정보량이 기하급수적으로 늘어남에 따라 오히려 얻고자 하는 정보를 찾아내기가 힘들어지고 있다. 정보가 너무 많아 개인마다 취득하는 정보가 다르고, 오히려 불완전한 정보를 갖게 될 수도 있다. 따라서 정보량이 많다는 것이 오히려 소비자들의 의사결정을 더 어렵게 만들고 있다. 완전 정보에 근접하려다가 다시 불완전 정보의 시대로 되돌아가는 셈이다.

정보의 질도 문제이다. 인터넷에는 많은 왜곡된 정보들이 돌아다닌다. 가짜 리뷰와 조작된 평가가 난무하기도 한다. 왜곡된 정보들로 인해 소비자들은 더 많은 정보보다는 오히려 신뢰할 수 있는 정보를 필요로 하고 있다. 이는 인터넷 상에 떠도는 정보보다 지인의 추천이나 평가를 더 신뢰하게 되는 이유이다. 아마도 향후에는 소비자가 필요로 하는 정보를 찾게 도와 주거나 선별해서 제공하는 큐레이션

Curation 서비스와 신뢰할 수 있는 정보를 제공하는 정보 제공자가 각광받게 될 것이다.

■ 전통적 커뮤니케이션으로는 메시지를 전달하기 힘들어졌다

인터넷과 모바일이 발달하면서, 소비자들이 접하고 활용할 수 있는 채널이 다양해졌기 때문에 기업이 자신의 메시지를 제대로 전달하기 어려운 상황이 되었다. 디지털 미디어의 등장으로 소비자와 커뮤니케이션할 수 있는 매개가 급속히 늘어나고 있기 때문에 각 미디어의 대상 청중의 수는 오히려 줄어들고 있다. 소비자들이 다수의 커뮤니케이션 매개를 사용하고 있기 때문에, 그들이 어떤 미디어를 통해 커뮤니케이션하는지 파악하기조차 쉽지 않다. 특히 고객의 시간을 반복적으로 가로채는Interrupt & repeat 방식의 전통적인 광고는 그 영향력이 현저히 줄어들고 있다.

2006년 맥킨지McKinsey 보고서에 따르면 전통적인 TV광고의 영향은 1990년 대비 1/3에 불과하다고 한다. 미디어가 계속 분화되고, 미디어 청중들이 온라인과 모바일에서 보내는 시간이 점점 더 많아지는 가운데, 마케팅의 투자가 전통적 미디어에서 새롭고 다양한 미디어로 옮겨가고 있기 때문이다.

더 많은 미디어의 등장으로 소비자들은 더 많은 광고에 노출되고 광고에 대한 소비자의 신뢰는 더욱 하락하는 반면, 주변 사람들이나 동료들에 대한 신뢰는 오히려 증가하고 있다. 이전보다 동료들과의 커뮤니케이션이 많아졌고 서로 관계를 맺고자 하는 욕구 역시 더 커지고 있다. 뿐만 아니라 고객들은 더 이상 브랜드가 전달하는 메시지를 수동적으로 수용하는 존재가 아니라, 인터넷이나 SNS를 통해 스스로 메시지를 창출하는 능동적 존재로 변하고 있다. 그들은 이제 기업의 활동에 대해 이야기하고, 간섭하고, 기업의 활동에 참여하는 적극적인 소비자로 바뀌고 있다. 결국 기존의 커뮤니케이션 방식으로는 소비자에게 단 하나의 메시지조차 전달하기가 어려운 상황이 되었다. 그렇다면 기업들은 어떻게 고객들에게 자신의 메시지와 브랜드 가치를 전달할 수 있을까?

고객 로열티 구축이 미래 전략의 핵심이다

이처럼 기업의 마케팅 환경이 급격하게 변화했기 때문에, 대중매체를 통한 브랜드 커뮤니케이션은 효과를 담보할 수 없게 되었고, 사방에 흩어져 있는 고객들을 찾아가는 마케팅은 훨씬 더 어려워지고 있다. 그 결과 고객을 쫓아다니는 것이 아니라 고객들이 한 곳에 모이게 한 다음 브랜드 가치나 메시지를 전달하는 것이 마케팅의 방향이 되고 있다. 고객에게 메시지를 효과적으로 전달할 수 있는 유일한 수단은 브랜드에 대한 고객들의 관여를 자극하여 고객 로열티를 강화하고, 그러한 로열 고객들을 대상으로 메시지를 전달하는 것이다.

오늘날 고객들은 언제나 제품 정보에 접근할 수 있고 다양한 대안들을 용이하게 비교할 수 있다. 결과적으로 브랜드를 바꾸는 데 소요되는 시간적, 금전적 비용이 현저하게 감소하였다. 공유된 많은 정보의 도움으로 기존에 사용하던 브랜드를 다른 브랜드로 바꾼다고 하더라도 실패를 경험할 가능성이 줄어들었기 때문에, 고객을 브랜드에 지속적으로 묶어두기가 매우 어려워졌다

결국, 향후 마케팅에서 경쟁우위를 확보하기 위한 가장 핵심적인

전략은 브랜드에 대한 고객 로열티 구축이 될 것이다. 즉 고객 스스로 브랜드에 남아 있게 하는 것이다. 브랜드만큼이나 고객도 특정 브랜드와 관계를 지속하고 더 발전시키길 원할 수 있다. 이러한 로열 고객의 수를 얼마나 확보하는가가 미래의 성과를 가늠하는 기준이 될 것이다.

■ 고객 인게이지먼트는 로열티 구축의 가장 효과적인 수단이다

그런 관점에서 볼 때, 현재뿐만 아니라 미래의 성과를 가늠하는 가장 중요한 척도는 바로 '얼마나 많은 소비자들에게 얼마나 강한 로열티를 쌓아두느냐'가 될 것이다. 고객 로열티의 이슈는 아주 오래 전부터 마케팅의 전략적 목표로 여겨져 왔다. 다만 이 목표를 달성하기 위한 접근방법이 계속 변화해 왔을 뿐이다. 최근에 부각되고 있는 로열티 구축 방법이 바로 고객 인게이지먼트Customer Engagement이다. 고객 인게이지먼트는 고객과 브랜드 간 그리고 고객 상호간의 강한 연결에 초점을 맞춘 개념이다. 고객과 브랜드가 서로 관여하고 경험하고 참여하고 상호작용하고 공유함으로써 더욱 강하게 연결되고 서로에 대한 로열티를 쌓아가는 것이다. 고객 인게이지먼트를 활용해야 하는 이유는, 그것이 디지털로 연결된 마케팅 환경에서 고객 로열티를 구축하는 가장 효과적인 방법이기 때문이다.

02 로열티 마케팅은 어떻게 진화해왔는가

마케팅의 목표로서 고객 로열티

사실 마케터들은 오랫동안 여러 가지 방법으로 로열 고객을 확보하기 위한 노력을 계속해 왔다. 왜냐하면 새로운 고객을 유인하는 것보다 로열 고객을 확보해 이들에게 제품이나 서비스를 지속적으로 판매하는 것이 훨씬 비용 효율적이라는 것을 오래 전부터 알고 있었기 때문이다. 브랜드에 대한 고객 로열티는 브랜드라는 것이 처음 등장한 19세기 말부터 개념화되었고, 본격적으로 관심을 갖기 시작한 것은 1956년과 1961년에 커닝햄 교수가 〈하버드 비즈니스 리뷰〉에 관련 논문을 게재하면서부터이다. 그는 브랜드에 대한 고객 로열티가 고객의 구매행동에 어떤 영향을 미치는지를 실증적으로 보여주었고, 그때부터 많은 마케팅 전략가들이 고객 로열티를 마케팅의 목표로 설정하기 시작했다.

로열티의 개념도 다양하게 정의되고 있다. 어떤 소비자들은 시간이 지나도 특정 브랜드를 일관되게 구매하는 패턴을 보이는데, 이처럼 행동으로 정의되는 로열티를 행동적 로열티(Behavioral Loyalty), 감정, 태도 혹은 성향으로 정의되는 로열티를 태도적 로열티(Attitudinal Loyalty)라 한다. 어떤 소비자들은 브랜드를 정해두지 않고 이것저것 구매하고, 어떤 소비자들은 몇 개의 브랜드를 정해두고 그중에서 선택을 한다. 또 어떤 소비자들은 이전에 구매하던 브랜드를 타성적으로 구입한다. 이를 타성적 로열티(Inertia Loyalty)라고 한다. 타성적 로열티라 하더라도, 소비자가 특정 브랜드를 반복적으로 구매한다면 그 브랜드에 대해 어떤 애정을 갖게 된 것이고, 그 브랜드는 해당 소비자와 어떤 식으로든 관계를 형성하고 있는 것이라 할 수 있다.

로열 고객은 브랜드를 신뢰하고 그 브랜드가 그들의 삶에 가치를 더해 주거나 라이프스타일에 도움을 주어 자신과 뭔가 관련성이 있다고 느낀다. 아이폰이라는 브랜드는 어떤가? 아이폰은 고객들의 삶의 방식을 완전히 바꾸어 놓았고 새로운 가치를 제공하였으며 고객들과 떼려야 뗄 수 없는 관계를 구축하고 있다. 아이폰 이용자들은 아이폰을 쓰는 분명한 이유를 말하고 다른 사람들에게 아이폰을 호의적으로 이야기하며 약점을 방어하려고까지 한다. 이것이 바로 브랜드에 대한 고객 로열티다. 로열 고객들은 이처럼 반복적인 구매행태를 보이고 가격에 대한 민감도가 낮으며, 브랜드에 대한 긍정적인 태도나 감정상태를 유지하고, 그 브랜드를 다른 사람들에게 추천하고자 하는 의향을 보인다.

고객 로열티는 마케팅 활동의 가장 중요한 결과물이면서 마케팅 활동의 목표이다. 시대와 상관없이 마케팅의 중요한 이슈로 다루어졌으며, 이러한 목표를 달성하기 위한 다양한 접근과 기술이 개발되었고, 새로운 접근과 기술이 나타날 때마다 화제가 되었다.

로열티 마케팅의 진화 과정

제품 차별화에 집중했던 1970년대를 거쳐 1980년대에는 서비스 차별화 열풍이 불면서 모두가 고객 만족을 외쳤고, 1990년대에는 관계 마케팅과 고객 관계 관리(CRM)가 부상했다. 2000년대에는 고객 경험이 강조되면서 고객 경험 관리(CEM)가 관심을 모았으며, 2010년 경부터 소비자 중심이 부각되면서 고객 인게이지먼트라는 개념이 등장했다.

이러한 로열티 마케팅 접근의 공통점은 고객의 경험을 기반으로 고객과 브랜드의 관계를 구축한다는 것이다. 다만 시대에 따라 마케팅 환경에 맞는 접근을 시도했을 뿐이다. 고객과 브랜드의 관계는 이성적 관계에서 감성적 관계로 그 흐름이 변화하고 있고, 많은 관련 이슈들이 등장해 왔다. 그렇다면 시대의 변화에 따라 고객 로열티를 유발하기 위해 어떤 접근들이 있어 왔는지 알아보자

■ 고객 만족의 경험을 통한 로열티 구축

제품 차별화가 화두였던 1970년대를 지나 브랜드 간 제품 차별성이 약화되자, 마케터들에게는 제품 외적인 차별화 요소가 필요했다. 이에 따라 1980년대는 서비스를 통한 '고객 만족'을 강조하게 되었다. 서비스를 통한 고객 접촉이 강화되면서 1980년대 후반부터 관계

마케팅(Relationship Marketing)이 이슈가 되었다. 즉, 한 번의 판매 과정을 넘어서 고객 만족을 통해 고객들이 브랜드에 애착을 느끼게 함으로써 고객과 지속적인 관계를 형성해야 한다는 것이었다. 고객 경험에 대한 개념 역시 1980년대에 싹트기 시작해서 1990년대부터 본격적으로 강조되기 시작하였다. 당시에 고객 경험은 제품과 서비스에 대한 만족 경험에 보다 초점이 맞추어져 있었지만 차츰 제품이나 서비스에 국한되지 않고 고객 경험 자체가 하나의 차별화 요소로 인식되기 시작하였다.

■ IT와 결합한 관계 마케팅

2000년대에 들어와서는 CRM이 고객 관계를 관리하는 데 가장 중요한 기술로 부각되었다. CRM은 고객과의 관계를 발전시켜서 더 향상된 고객 가치를 창출하는 전략적 접근방법이라고 정의할 수 있다. CRM은 데이터나 정보를 활용하여 고객을 이해하고 그들과 함께 가치를 창출하는 방법과 기회를 제공해 주었다. 하지만 CRM은 데이터 분석과 데이터 마이닝에 초점을 두었기 때문에 IT전문가들에 의해 주도되었고, 결과적으로 고객과의 관계를 구축하고 관리하는 마케팅 측면에서의 실효성은 크지 않았다.

■ 고객 경험 개념의 확대

2000년대 후반으로 접어들면서 고객 로열티를 구축하는 데 있어 고객 경험을 체계적으로 관리Customer Experience Management하는 것이 중요하다는 주장이 힘을 얻었다. 이때부터 고객 경험은 제품이나 서비스에 대한 만족의 경험, 즉 제품이나 서비스의 관리 차원을 넘어, 차츰 고객과 고객 접점의 관리 차원으로 발전하기 시작했다. 즉 고객 경험의 개념이 확대되어, 단지 제품이나 서비스에 국한하지 않고, 광고, 패키지, 사용자의 평가, 이용의 용이성, 브랜드나 제품에 대한 신뢰 등 "고객이 브랜드를 만나는 모든 접점에서 고객 경험이 일어난다"고 정의되었다. 그리고 이 모든 접점에서 고객 경험을 체계적으로 관리해야 한다는 주장이 대두되었다.

고객 경험이란 브랜드와 고객 간의 모든 상호작용을 의미하며, 고객이 기업이나 브랜드와의 접촉을 통해 내적으로 갖는 느낌과 생각이자 고객의 주관적인 반응이라고 할 수 있다. 브랜드의 개념이 제품이나 서비스가 고객에게 주는 의미나 가치를 표현하는 것이고, 또한 제품이나 서비스가 제공하는 기능적, 감성적 혜택, 제품이나 서비스의 속성, 아이콘이나 심볼 등을 모두 결합해 놓은 것이라면, 고객 경험은 고객이 브랜드로부터 경험하는 모든 것을 지칭하는 개념이라고 할 수 있다.

브랜드라는 용어가 제품이나 서비스를 표현하는 기업의 입장을 의미하는 것이라면, 고객 경험은 브랜드와의 상호작용을 통해 느끼는 고객의 입장을 의미한다. 따라서 고객 경험 관리의 목표는 고객과 만나는 모든 접점이나 상호작용에 대해 고객이 호의적으로 인식하게 하여 고객이 브랜드에 대해 만족하도록 하는 것이다. CRM이 데이터나 정보로 나타나는 고객의 특성을 이해하고 관리하는 것이라면, 고객 경험 관리는 브랜드에 대한 고객의 주관적인 생각을 알아내고 관리하는 것이다.

■ **디지털의 발달과 소비자 참여**

디지털의 발달로 고객 간 커뮤니케이션 채널이 다양해지고 고객들은 서로 연결되고 있다. 고객들의 사회성이 커짐에 따라 브랜드 역시 고객들의 사회적 활동의 일부가 되어 가고 있다. 마케팅 역시 고객과 브랜드 간에 자유롭게 제품과 서비스 그리고 경험을 교환하고 상호 필요로 하거나 원하는 것을 획득하는 사회적인 과정이 되고 있다. 이전과 달리 마케팅은 기업 주도적이 아니라 브랜드와 고객이 상호작용을 통해 함께 만들어 가는 방향으로 진화하고 있고, 고객이 참여를 통해 주도하는 환경으로 변화하고 있다. 또한 고객들은 브랜드가 제공하는 것을 수동적으로 경험하는 것이 아니라 능동적이고 자발적인 참여를 통해 브랜드와 함께 경험을 만들어 가는, 말하자면 소비자 주도로 브랜드와 관계를 형성하는 시대가 되었다.

이처럼 브랜드와 고객 간의 역할이 변화함에 따라, 고객 로열티를 강화하기 위한 새로운 마케팅 방법이 필요해졌다. 즉, 고객의 관심을 사로잡고, 고객과 상호작용하고, 고객의 참여를 이끌어내고, 고객 스스로 브랜드 경험을 주도하게 함으로써 브랜드와 고객의 관계를 강화하는 마케팅이 필요해진 것이다. 이것이 바로 이 책의 주제인 고객 인게이지먼트이다.

이성적 로열티에서 감성적 로열티로의 진화

여기서 로열티 마케팅과 관련된 몇 가지 이슈를 살펴보자. 우선 많은 기업들이 경쟁적으로 운영하고 있는 포인트/마일리지 기반의 로열티 프로그램은 고객의 로열티 구축이라는 본래의 목적을 달성하고 있는가? 그것은 진정으로 기업들에게 차별적 경쟁력을 제공하거나 고객 유도를 통해 부가가치를 창출하는 프로그램인가? 어쩌면 차별적 우위를 확보하기 위한 수단이라기보다는 경쟁적 열위를 모면하기 위해 어쩔 수 없이 끌고 가야 하는 마케팅의 애물단지가 되어 버린 것은 아닌가?

포인트/마일리지 로열티 프로그램은 금전적인 혜택을 매개로 고객을 유지하기 위해 시행하는 것으로, 그 태생이 이성적인 로열티, 즉 금전적 혜택을 기반으로 하기 때문에 고객은 당연히 금전적 혜택 때문에 그 브랜드에 남아 있는 것이다. 따라서 고객들을 지속적으로 유지하기 위해서는 이성적 근거, 즉 금전적 혜택을 지속적으로 제공해 주어야 한다.

마일리지 제도가 시행되던 초기에는 일부 기업만이 이 제도를 운영했고 마일리지 혜택이 기업간 차이가 있었기 때문에 이 프로그램이 차별적 가치를 가지고 있었다. 하지만 지금은 고객유지 관리가 필요한 거의 모든 브랜드가 마일리지 혜택을 제공하고 있고, 그 혜택의 차이 또한 인식하기 어려울 만큼 미미하다. 따라서 초기의 마일리지 제도는 타 브랜드 고객을 유인하기 위한 공격적인 마케팅 수단이었을지 모르지만, 지금은 타 브랜드에 고객을 빼앗기지 않기 위한 방어적인 수단이 되어 버렸다. 또한 경쟁적으로 제공되는 금전적 혜택으로 인해 고객들은 점점 더 큰 금전적 혜택을 기대하게 되고, 더 큰 혜택을 제공하는 기업이 있으면 언제라도 갈아탈 준비를 하고 있다.

마일리지 제도를 원래의 목적대로 유지하려면 경쟁 브랜드와 차별화된 이성적 혜택을 찾아내고 그것을 제공함으로써 고객의 이성적 판단 기준에서 경쟁우위를 유지해야 한다. 최근 롯데카드의 광고는

'평생 소멸되지 않는 포인트'를 준다고 말한다. 만약 롯데카드가 이 프로그램을 통해 더 많은 고객을 확보한다면 경쟁 브랜드들도 '평생 소멸되지 않은 포인트'를 도입할 것이다. 경쟁사가 모방하는 데 아무런 장벽이 없기 때문이다. 단지 롯데카드는 먼저 도입한 이점을 누릴지 모르지만 결국 주요 경쟁사들이 이를 도입하게 되면 이전보다 훨씬 더 나쁜 상황에 빠질 수도 있다.

차별화란 지속적으로 차별적 우위를 유지할 수 있을 때 그 가치가 있다. 만약 이성적 혜택에 의한 차별화가 가능하지 않거나 이성적 로열티를 유지하기가 어렵다면, 고객과의 관계나 고객 로열티를 유지하기 위해서는 이성적 측면을 보완하거나 대체할 수 있는 다른 가치를 제공해야 한다. 로열티 프로그램의 궁극적인 목적이 고객 로열티 구축이라면, 금전적 혜택을 기반으로 한 이성적 로열티를 반드시 장기적이고 비금전적인 로열티로 발전시켜야 한다. 즉, 또 다른 구입 타당성의 제공을 통해 폭넓은 이성적 로열티를 구축하거나 브랜드에 대한 고객의 애착과 선호를 형성함으로써 감성적 로열티를 강화해야 한다. 향후의 로열티 프로그램은 고객 스스로가 프로그램을 찾게 하고, 금전적 혜택은 부가적인 혜택 정도로 인식되게 하여, 프로그램을 통해 서로 윈윈win-win 관계를 만들어가야 한다. 이것이 바로 로열티 프로그램의 바람직한 진화이다.

빅데이터보다 로열티 마케팅이 더 효율적이다

디지털 시대의 소비자들은 각각 다른 방식으로 수많은 미디어들을 소비하고 있기 때문에, 소비자들이 도대체 어디에 머무르고 있는지조차 알 수 없게 되었다. 기업의 입장에서는 고객이나 소비자에게 간단한 메시지 하나도 전달하기 어려운 환경이 되고 있다. 향후 디지털 기술의 발달은 지금보다 소비자들에게 더 많은 커뮤니케이션 수단, 정보, 재밋거리 그리고 취미거리를 제공할 것이고 소비자에게 접근하기가 지금보다 훨씬 더 어려워질 것이다. 그렇다면 향후 고객에게 효과적이고 효율적으로 접근할 수 있는 방법은 어떤 것이 있는가?

■ 소비자 행동을 추적하는 일은 점점 더 어려워지고 있다

먼저 소비자가 어디에 있는지, 무엇을 좋아하는지, 어떤 행동을 하는지를 파악하고 그들이 있을 곳에 그들이 필요할 만한 정보를 제공하고 그들이 좋아할 만한 제안을 하는 방법이 있다. 이것이 바로 최근 마케팅의 최대 화두인 빅데이터이다. 빅데이터는 소비자들의 행동과 태도를 예측하고 심지어 드러나지 않는 소비자 행동이나 태도 그리고 소비자들 간의 관계성까지 밝혀내기 위해 다양한 접근방법을 개발하고 있다.

그러나 디지털 기술의 발달은 더 많은 데이터를 양산할 것이고 이를 분석하기 위해 더 많은 기술을 요구할 것이다. 데이터를 양산하는 디지털 기술과 이를 분석하여 의미 있는 통찰을 만들어내는 데이터 매니지먼트 중 어느 것이 더 빨리 발달해 갈지는 아무도 모를 일이다. 설령 데이터 매니지먼트가 디지털 기술의 발달을 앞선다고 하더라도 시시각각 변화하는 소비자들의 행동과 태도를 추적하는 일은 그리 만만한 일이 아니다. 특히 광범위하게 흩어져 있는 소비자들을 추적하여 설득하는 일은 정말 어려운 과제이며 엄청난 기술과 투자를 요구한다.

■ 고객 스스로 찾아오게 하는 것이 효율적이다

그렇다면 보다 효율적인 대안은 무엇인가? 흩어져 있는 고객들을 한곳에 모이게 하는 것이 하나의 대안이 될 수 있다. 이는 현재 대부분의 온라인/모바일 포털이나 플랫폼 비즈니스들이 활용하는 방법이다. 소비자들을 모이게 하고 모인 소비자들을 분석하여 설득하는 것은 어쩌면 빅데이터보다 훨씬 더 효율적인 방법이다. 소비자들이 스스로 찾아오게 하고, 찾아온 소비자들이 떠나지 않게 하는 것이다. 이것이 바로 로열티 마케팅이다.

오늘날 소비자들은 기업이 제공하는 메시지나 제안보다 주변 사람들의 평가를 더 중시하는 경향이 있다. 이로 인해 고객 로열티가 고객 유지의 수단일 뿐만 아니라 신규 고객을 유인하는 수단이 되기도 한다. 우리 제품이나 브랜드에 애착을 가진 로열 고객들은 사방으로 열려 있는 커뮤니케이션 루트를 통해 우리 제품이나 브랜드에 대해 이야기할 것이고 이것이 바로 새로운 고객을 유인하는 가장 효과적인 방법이 될 것이다.

■ 로열티 마케팅은 다양해진 미디어를 환영한다

빅데이터 접근이 숲 속에서 길을 만드는 것이라면 로열티 마케팅의 접근은 고객으로 하여금 길을 만들게 하는 방법이다. 빅데이터 기반의 접근이 다양하게 미디어를 추적하는 것이라면 로열티 접근은 오히려 다양해진 미디어를 활용한다. 로열티 마케팅으로 접근을 한다면, 미디어가 다양해지는 것을 염려하고 고민하기보다는 오히려 기뻐해야 한다. 우리의 로열 고객이 우리 제품이나 브랜드를 홍보해 줄 미디어가 늘어나는 것이기 때문이다. 디지털 기술이 더 발달하고 미디어가 점점 더 분화될 것으로 예상한다면 앞으로 어떤 접근이 가장 효율적일까?

03 디지털 시대, 왜 고객 인게이지먼트인가

레고 그룹은 어떻게 재기에 성공했는가

고객 인게이지먼트를 이해하기 위해 먼저 고객 인게이지먼트를 효과적으로 실현한 사례를 살펴보자. 세계적인 장난감 회사인 레고 그룹LEGO Group은 1932년에 설립된 회사이다. 'play well' 이라는 의미의 덴마크 말인 'leg gotd'를 어원으로 Lego라는 회사명을 지었다고 한다. 레고 그룹은 설립 이래 매출이 꾸준히 상승하여 테마파크, 의류, 보석 등 다양한 영역으로 사업을 확장해 왔다. 그런데 1993년부터 중국의 유사 제품들이 시장에 공급되면서 매출 성장세가 현저히 약화되었고 비디오게임과 컴퓨터게임이 활성화되면서 매출이 급격히 하락하기 시작했다. 2004년에는 하루에 100만 달러씩 손실을 보는 상황에 이르렀다. 회사를 회생시키기 위해 우선 레고 그룹을 이끌어 왔던 오너 가족들이 경영 일선에서 물러나고 외부에서 전문경영인을 영입했다. 레고 그룹의 CEO로 영입된 조르겐 크누드스톱은 1,000명이 넘는 직원들을 해고하였고, 핵심 사업인 레고 장난감 부문에 회사의 역량을 집중하는 전략을 채택했다. 새로운 레고 제품 개발에 박차를 가하기 시작했고, 아이디어 개발에서 시장 출시까지 걸리는 시간을 단축시켰다. 디자이너 수도 줄였고, 적은 수의 디자이너들이 더 많은 창의적인 아이디어를 만들어내게 했다. 2004년까지 15,000가지이던 블록의 구성 요소들을 7,000가지로 줄였다. 이러한 엄청난 변화 덕분에 회사의 매출은 바닥을 딛고 다시 상승하기 시작했다.

회사가 다시 일어설 수 있게 된 것은 구조적인 개선 이외에도 레고의 고객 중시의 철학 덕분이었다. 2004년 당시, 2년 사이에 판매가 40% 하락하는 위기에 처했을 때, 레고는 위기를 극복할 수 있는 방법은 오직 고객이라고 생각했고, 부채 규모가 10억 달러에 육박하는 상황에서도 고객 서비스와 브랜드 이미지 개선을 위한 대규모 투자를 결정했다. 재활 과정에서 그들은 기본적인 원칙으로 되돌아가야 한다는 것을 재확신하고 핵심 사업이 아닌 사업들을 모두 매각하였다. 그러나 무엇보다 중요한 것은 전 세계에 있는 수백만 고객들과의 관계를 재정립하고 고객의 경험을 강화하기 위해 노력했다는 사실이다.

■ 고객 접점의 확대를 통한 고객 관계 강화

먼저 고객과 상호작용할 수 있는 접점 채널들을 차츰 늘려 나갔다. 그 결과 현재는 레고 스토어와 레고닷컴LEGO.com 이외에도 55만 건의 유튜브 동영상, 사용자들 자신이 원하는 디자인을 만들 수 있는 '레고 디지털 디자이너'가 있고, 4백만 명의 '레고 클럽' 회원들이

레고 디지털 디자이너: 고객 참여 플랫폼

있으며, 회원들에게 제공되는 '레고 잡지', 고객들과 수시로 대화할 수 있는 소셜 미디어, 다수의 블로그와 온라인 포럼들을 운영하고 있다. 이러한 고객 접점들을 활용하여 수시로 고객들과 접촉하면서 레고에 대한 그들의 관여와 관심을 끌어올리고 있다. 또한 그들과 적극적인 커뮤니케이션을 통해 니즈를 파악하고, 많은 것을 공유하면서 그들과 함께 제품을 디자인하고 있다. 레고 그룹의 마케팅은 고객에서 시작해서 고객으로 끝나는 고객 지상주의이다.

■ 고객과의 커뮤니케이션 활성화

고객과 커뮤니케이션하는 중추역할은 레고 클럽이 담당하고 있는데, 레고를 사랑하는 수백만 명의 글로벌 회원들이 사용자 커뮤니티를 구축하고 있다. 회원들에게는 정기적으로 레고 잡지가 전달되고 일년에 5회 이상 레고의 제품과 다양한 조립 방법에 대한 정보가 전달된다. 고객들의 관여도를 높이고 고객들과 지속적으로 접촉하기 위한 이러한 활동에는 상당한 투자가 필요하지만 실제로 회원들은 비회원보다 평균 세배 이상의 매출을 올려주고 있다.

■ 고객세분화를 통한 단계적 로열티 구축

레고 그룹은 고객의 유형별로 접촉 방법을 세분화하고 있다. 고객 각자의 니즈에 보다 부합하며 고객의 로열티를 구축하고 유지하기 위한 고도의 전략이다. 레고의 고객 로열티 전략은 친숙도 피라미드 Affinity Pyramid라는 고객세분화 아이디어에 기초하고 있다. 가장 수익성이 좋은 고객층이 피라미드의 최상단에 위치하는데, 레고 제품에 엄청난 열정을 보여주는 고객층이다. 피라미드의 가장 아랫단에는 이따금씩 레고 제품을 사지만 레고 브랜드와의 결속이 그다지 강하지 않은 일반 고객층이 있다. 즉 레고 제품에 관여하는 수준에 따라 고객층을 등급화한 것이다. 레고의 핵심 전략과제는 아랫단의 고객을 윗단으로 이끄는 것이다. 말하자면 지속적인 접촉과 관심을 통해 보다 관여도가 높은 고객으로 변화시켜 나가는 것이다.

■ 개방형 혁신 플랫폼을 활용한 아이디어 개발

다음은 레고의 제품 개발 프로세스이다. 레고는 고객들을 새로운 제품 아이디어의 원천으로 활용한다. 레고가 아이디어를 수집하는 하는 곳이 바로 '레고 아이디어LEGO Ideas'인데, 누구나 레고의 제품

이나 서비스에 대한 새로운 아이디어를 제안할 수 있는 개방형 혁신 플랫폼Open Innovation Platform이다.

지금은 50만 명 이상의 고객들과 함께 새로운 제품을 만들고 공유하며 여기서 만들어진 제품에 대한 위험까지 적극적으로 회사가 감수한다. 한마디로 레고 그룹은 개방형 혁신의 선구자로서 오랫동안 그 길을 걸어왔다.

레고 마인드스톰즈

레고 그룹은 어떻게 이러한 개방형 혁신 플랫폼을 갖게 되었을까? 1998년 출시된 레고 로봇세트인 마인드스톰즈Mindstorms가 처음 개발되었을 때까지만 해도, 레고 그룹의 제품 개발은 전통적인 폐쇄형 혁신 프로세스에 따라 회사 내 소수 디자이너들에 의해서만 이루어졌다. 내부 디자이너들이 개발한 마인드스톰즈가 출시되고 얼마 지나지 않아 10만 명이 넘는 고객들이 제품에 대해 이야기하고 있다는 것을 알게 되었다. 심지어 일부 고객들은 제품 프로그램을 해킹해서 더 다양한 재미를 유발할 수 있도록 제품 성능을 개선하려고까지 했다.

실제로 MIT 대학과 함께 프로그램이 가능한 로봇시리즈인 마인드스톰즈 NXT를 개발한 지 얼마 되지 않아, 로봇이 서로 다른 변형된 활동을 할 수 있게 하는 소프트웨어를 해킹당했다. 해커들은 레고의 저작권을 침해하였지만 프로그램 개발팀이 생각하지도 못했던 혁신을 추가해 제품을 크게 향상시켰다. 그래서 레고 그룹은 해킹한 사람들을 고발하는 대신 그들과 친구가 되기로 했다. 그들과 협력해서 같이 작업하기로 한 것이다. 그 결과 2세대 마인드스톰즈가 개발되었고 큰 성공을 이루어냈다. 그들은 사용자의 입장이었기 때문에 로봇이 어떤 일을 하기를 원하는지 회사의 엔지니어들보다 더 잘 알고 있었던 것이다.

그때 이후로 레고 그룹은 고객이 주도하는 혁신을 통해 성공을 이루어 가는 방법을 터득했다. 뉴욕의 엠파이어스테이트 빌딩이나 시드니의 오페라하우스와 같은 건축물을 만드는 레고 아키텍처LEGO Architecture 역시 외부 기업가가 제안한 아이디어였는데, 그는 레고와 이 아이디어에 대한 라이선싱 계약을 맺고 큰 부자가 되었다고 한다.

2008년에 레고는 고객 주도의 개방형 혁신에 더욱 박차를 가하여 일본에서 시작된 큐우슈Cuusoo라는 커뮤니티를 체계적으로 관리해 갔다. 큐우슈는 일본말로 'I wish'라는 의미를 담고 있다. 이 커뮤니티 사이트에는 누구든지 새로운 아이디어를 올릴 수 있는데, 고객이 아이디어를 제출하고 1년 이내에 투표를 통해 1만 명 이상의 회원들로부터 '구입의향'을 얻어내면 제품화할 아이디어로 채택되고, 회사가 정한 몇 가지 기준을 통과하면 제품화가 시작된다. 개발된 제품이 출시되면 판매수입의 1%를 아이디어를 낸 사람에게 나누어 준다. 이

레고 어벤져스

러한 과정을 거쳐 만들어진 제품들은 이미 다수 사용자들의 제품 수용도가 확인된 상태이기 때문에 기대 이상의 판매성과를 거두었다. 큐우슈는 50만 명 이상이 모인 커뮤니티로 성장했고 오늘날 레고의 아이디어 창고인 '레고 아이디어LegoIdeas'로 진화했다.

지금까지 살펴본 레고 그룹의 마케팅 활동은 인게이지먼

레고 아키텍처

트 마케팅의 대표적인 사례라고 할 수 있다. 이제 인게이지먼트 마케팅에 대해 좀 더 자세히 알아보자.

디지털 마케팅과 고객 인게이지먼트

■ 디지털 마케팅의 핵심은 고객들을 한 데 모이게 하는 것이다

디지털 시대의 성공적인 비즈니스는 흩어져 있는 고객들을 한 곳에 모이게 하고, 오랫동안 머무르게 하면서 그 고객들을 대상으로 네트워크 효과를 창출하고 그들의 활동을 통해 수익을 창출하는 것이다. 이러한 비즈니스를 플랫폼 비즈니스라고 한다. 네이버 등의 포털, 페이스북, 인스타그램, 카카오톡 등의 SNS, 게임 등 많은 디지털 시대를 대표하는 기업들이 이러한 비즈니스 구조에 해당되는데, 이러한 구조는 바로 로열티 마케팅의 기본적인 구조와 동일하다.

로열티 마케팅 역시 고객을 모이게 하고 모인 고객을 대상으로 마케팅 활동을 전개하여 지속적인 성과를 창출하는 것이다. 어쩌면 이것이 바로 디지털 시대이기 때문에 로열티 마케팅이 중요한 이유일 것이다. 프로그램이 매력적일수록 많은 고객들이 모여, 오랫동안 머무르고, 머문 고객들이 많을수록 더 큰 수익을 창출할 수 있을 것이다. 따라서 프로그램들은 자신의 매력도를 높이기 위해 끊임없이 진화하고 있다.

그렇다면 어떤 컨텐츠나 유인 요인들이 고객들을 모이게 하고 지속적으로 머무르게 하는 것일까? 먼저 성공적인 프로그램들이 제공하는 컨텐츠나 유인 요인들을 알아보자. 그들이 제공하는 컨텐츠나 유인 요인들이 바로 디지털 시대의 소비자들이 원하는 가치이자 디지털 시대의 특징일지도 모른다. 그리고 그러한 가치들이 바로 로열티 마케팅의 방향성을 제시해 줄 것이다.

■ 디지털 마케팅의 다섯 가지 가치

디지털 시대는 이전과 달리 어떤 특징을 만들어 냈고, 디지털 시대에 성공한 기업들은 고객들에게 어떤 가치를 제공하고 있을까? 온라인과 모바일 플랫폼에 사람들이 모이고 지속적으로 머무르는 이유는 크게 다섯 가지가 있다. 재미나 흥미(Fun/Entertainment), 절약(Saving), 정보(Information), 교류(Networking) 그리고 참여(Participation)이다. 이러한 요소들은 온라인과 모바일의 발달로 인해 사람들이 관심을 갖거나, 그들의 관심을 끄는 것들이다. 이들 중 하나의 요소에 의해 사람들이 모이는 경우도 있고 여러 가지 요소가 복합적으로 사람들을 유인하기도 한다.

포인트/마일리지 기반의 로열티 프로그램, 스마트 월렛이나 소셜 커머스 등은 대체로 '절약'을 기반으로 한 것이다. 게임들은 주로 '재미'가 주된 가치일 것이다. 페이스북, 트위터, 카카오톡 등 소셜 네트워크 서비스는 '교류'를 기반으로 한다. 유저들은 '참여'를 통해 많은 '정보'를 공유하고, 서로 '교류'하면서 추억도 만들고 '재미'도 얻는다. 이러한 종합적 혜택 때문에 매우 많은 사람들이 일상적으로 SNS를 사용한다.

네이버, 다음 등 포털 서비스는 초기에 고객 참여형으로 정보를 제공하는 서비스에서 출발하여 뉴스, 날씨, 특정 관심사 등으로 정보를 다양화하고, 블로그, 카페, 밴드 등의 커뮤니티를 통해 사용자들 간의 교류를 강화했다. 최근에는 웹툰이나 게임을 통해 재미 요소를 제공하는 등 사용자들을 지속적으로 머무르도록 하기 위해 계속 진화하고 있다.

다음과 합병한 카카오의 카카오 톡도 무료 문자 서비스(Saving)를 통한 교류에서 시작하여, 카카오 스토리를 통해 교류 서비스를 강화했다. 그리고 카카오 스타일을 통해 절약과 정보를 제공하고, 게임이나 웹툰을 통해 재미를 강화해 왔다. 카카오는 이렇게 모인 고객들을 활용하여 카카오 택시, 카카오 대리운전, 인터넷 은행 등으로 수익모델을 확대해 가고 있다.

요즈음 각광받고 있는 핀터레스트Pinterest는 참여를 기반으로 정보를 통해 재미를 유발하는 플랫폼으로, 향후 어떤 모습으로 진화할지 예측하기 어렵다. 고유의 특성인 참여, 정보, 흥미를 강화하거나 절약, 교류로 진화할지도 모른다. 결국 재미, 절약, 정보, 교류, 참여의 다섯 가지 요소가 디지털 시대의 성공적인 비즈니스 기반이며, 효과적인 디지털 마케팅의 기반을 제공하는 요소라고 할 수 있다. 이 책에서는 이것들을 디지털 마케팅 드라이버Drivers라고 부른다.

■ 디지털의 발달로 소비자의 특성이 변화하고 있다

이러한 디지털 시대의 특성들은 소비자들 역시 변화시키고 있다. 소비자들은 자신들이 필요로 하는 정보를 쉽게 얻을 수 있기 때문에 기업이나 브랜드에 대한 정보는 이제 기업만이 갖는 정보가 아니라 모두가 공유하는 정보가 되어 버렸다. 심지어 개인의 정보조차도 다양한 방법으로 노출되고 있다. 개인이 스스로 노출하기도 하고, 개인이 노출하지 않더라도 빅데이터, 데이터 마이닝 등 데이터 분석 기술을 활용하여 알아 낼 수 있다. 즉, 모든 것이 개방(Openness)되어 있는 사회가 된 것이다. 디지털 기술이 발달할수록 개방의 수위는 높아질 것이고 오히려 개인 정보를 감추기 위한 기술이 발달하게 될 것이다. 이러한 개방성이 강화될수록 기업이나 브랜드의 진정성(Authenticity)이 더 중요해진다.

네트워크를 할 수 있는 기반이 다양화되면서 소비자들은 점점 더 다양한 방법으로 연결(Connection)되어 의견을 공유(Sharing)하고 상호작용(Interactivity)을 통해 집단화하고 집단지성을 만들어 가기도 한다. 또한 소비자들은 기업이나 브랜드 활동, 정치적, 사회적 이슈 등에 참여하여 집단의 목소리를 내고 창의성(Creativity)을 뽐내고 있다. 기업과의 관계에 있어서도 소비자들은 개인적 혹은 집단의 힘으로 기업 활동에 간섭하거나 적극적으로 참여한다. 그들은 기업과 상호작용하며 기업의 활동을 평가하기도 하고 창의적인 의견들을 제시하며 기업 활동을 돕기도 한다.

■ 연결된 개인으로서 소비자는 정보를 창조하고 이슈를 주도한다

과거 소비자들은 제한된 정보에 의존하였고, 다른 사람들과 연결될 수 있는 커뮤니케이션 통로가 없었기 때문에 각자가 고립된 개인이었다면 이제 각 소비자들은 서로 연결된 개인이 되었고, 정보의 수용자가 아니라 스스로 정보를 만들어내는 정보의 창조자가 되었다. 기업이나 브랜드가 제시하고 전달하는 것을 수용하는 피동적 개인이 아니라 능동적으로 이슈를 만들어내고 활동하는 주체가 된 것이다.

■ 인게이지먼트는 디지털로 변화된 소비자의 특성을 반영한다

인게이지먼트는 바로 이러한 특성들을 그대로 반영하고 있다. 즉 소비자들은 주체적으로 자신이 원하는 것을 찾아내고 그것에만 관심을 갖기 때문에, 그들의 로열티를 형성하기 위해서는 우선 그들의 관심(Interest)과 관여(Involvement)를 이끌어낼 필요가 있다. 또한 그들은 서로 연결되어 있기 때문에 그들 스스로 컨텐츠를 만들어 친구나 동료들과 공유하게(Sharing) 하고, 그들을 참여시키고(Participation) 그들과 상호작용(Interactivity)을 함으로써 가치 있는 정보도 얻고 그들의 창의성도 활용할 수 있어야 한다. 소비자들에게 다양한 경험(Experience)을 제공하고 그 경험들을 공유하게 함으로써 브랜드에 대한 그들의 이해도와 호감도를 강화할 수 있다.

이런 모든 활동은 브랜드와 고객 간의 관계를 만들어내고 그 관계를 강화하는 기반이 된다. 관심과 관여, 경험, 참여, 상호작용, 그리고 공유는 고객과의 관계를 구축하고 고객의 로열티를 창조하고 강화하는 가장 중요한 수단이다. 이 다섯 가지 요소가 바로 디지털 시대 고객 로열티 구축을 위한 인게이지먼트 드라이버들이다.

디지털 시대에 고객과의 관계 구축을 위해서 브랜드가 갖추어야 할 기본적이고 필수적인 조건이 있다. 바로 진정성과 신뢰이다. 디지털 시대에는 정보의 개방성으로 인해 진정성 없는 브랜드는 고객들로부터 외면 받을 수밖에 없다. 부정적인 정보가 일부 고객들에게만 노출되고 동일한 정보에 대해 고객마다 수용하는 태도가 달랐던 과거와 달리, 이제 이러한 정보들은 모든 고객에게 공유되고 그들 간의 상호작용에 의해 집단적인 평가를 받고 집단적인 행동을 유발할 수 있다. 브랜드는 항상 내부 및 외부 고객들에게 진정성 있는 모습을 보여주어야 한다. 그렇지 않으면 고객들에게 사랑받던 브랜드가 잠깐 사이에 모두에게 지탄받는 브랜드가 될 수도 있다. 진정성 없는 브랜드나 마케팅 활동은 모래성과 같다는 것을 명심해야 한다.

고객 인게이지먼트란 무엇인가

■ 사회성이 강해진 소비자와 브랜드의 관계

인게이지먼트Engagement는 2차 대전 후 실존주의자들이 사용하기 시작한 용어로서 '사회 참여', '자기 구속'이라는 의미를 담고 있다. 실존주의에서는 인간을 사회적인 현실에 구속되어 있으면서 동시에 그 현실을 변화시켜 나가는 존재로 간주하고, 이러한 인간과 현실의 관계를 나타내는 말로 이 용어를 사용했다. 즉 정치나 사회문제에 자진해서 적극적으로 참여하는 일을 인게이지먼트라고 하기도 한다.

실존주의자들이 인게이지먼트를 인간과 현실의 관계로 정의했듯이, 마케팅에서는 인게이지먼트를 사회성이 더욱 강해진 소비자와 브랜드의 관계로 정의하고 있다. 이 정의에서도 브랜드 이슈에 대한 소비자의 적극적인 참여와 사회 이슈에 대한 브랜드의 적극적인 참여의 개념을 포함하고 있다. 디지털 기술이 발달하고 특히 소셜 미디어가 다양화되면서 소비자들은 집단성(Collectivity)을 갖게 되었고, 기업이나 제품을 평가하기 시작했다. 그 과정에서 보다 적극적인 소비자들은 소셜 미디어 활동을 통해 기업이나 브랜드의 마케팅 활동에 직접 관여하고 참여하기 시작했다. 디지털의 발달이 소비자와 브랜드 간 상호작용과 소비자들의 적극적인 활동 참여, 즉 인게이지먼트를 가능하게 함으로써 브랜드와 소비자 간에 보다 적극적인 관계를 구축할 수 있는 계기를 마련한 것이다.

■ 고객과의 약속 혹은 고객의 관여와 참여

인게이지먼트Engagement란 용어는 다양한 의미를 담고 있어서 함축적으로 표현하는 데 어려움이 있다. 사전적으로 인게이지먼트는 '약속', '약혼'이라는 의미를 담고 있고, 인게이지engage는 '주의나 관심을 사로잡다', '관계를 맺다'라는 의미를 담고 있다. 웹스터사전은 '인게이징engaging'을 '호의적인 관심을 끌어내는 경향'이라고 정의한다.

마케팅 용어로서 고객 인게이지먼트는 고객 참여의 확대된 개념으로, 고객의 관심과 관여를 이끌어내는 과정, 상호작용, 경험 등 고객이 적극적으로 마케팅 활동에 직접 참여하는 과정, 그리고 그 결과로 고객과의 관계(Customer Relation)를 구축하는 과정을 포함하는 개념이다. 고객 인게이지먼트는 "마케팅의 자극에 대해 고객들이 무의식이 아닌 의식적으로 그리고 감정적, 지각적, 인식적으로 반응하는 것"으로 정의할 수 있으며, 함축적으로는 마케팅 자극에 대한 고객의 참여라는 개념을 포함하고 있다.

■ 고객과 기업이 함께 가치를 창출해 가는 일련의 과정

고객 인게이지먼트의 개념은 2006년 3월 광고연구재단Advertising Research Foundation(ARF)에 의해 처음 소개되었고 그 후 많은 연구논문들이 발표되면서 미래형 마케팅의 핵심적 방향성으로 자리 잡고 있다. 이 분야의 전문가인 홀비크Hollebeek는 고객 인게이지먼트를 "고객 가치, 소비자 관여, 브랜드에 대한 고객 로열티를 포함하는 개념"으로 정의한다. 이 개념은 고객과의 상호작용을 통한 경험과 이를 통해 고객과 함께 가치를 창출하는 과정에 기반을 두고 있다. 보르디Bordie는 고객 인게이지먼트란 "고객과 브랜드가 상호작용하고 이를 통해 브랜드와 고객이 함께 가치를 만들어 가는 경험으로 인해 생겨나는 고객의 심리상태"라고 정의한다. 즉 "브랜드와 고객이 자주 접촉하고 상호작용하는 가운데, 고객과 브랜드 상호간의 다양한 경험을 통해 생성되는 고객과 브랜드의 관계"를 말한다.

학자들의 정의를 요약해 보면, 고객 인게이지먼트는 '브랜드와 고객이 가치를 함께 창출(Co-creative)하는 역동적이고 반복적인 프로세스'이며 '브랜드와 고객이 상호작용으로 함께 만들어 가는 공유된 경험을 통해 창출된 브랜드와 고객 간의 인지적, 감성적, 행동적 관계'라 할 수 있다.

고객 인게이지먼트가 목표로 하는 로열티는 단순히 제품을 반복적으로 구입하는 정도의 로열티가 아니라 오랫동안 경험을 공유하고 함께 가치를 만들어 가는, 감성적 관계에 기초한 로열티이다. 고객 인게이지먼트를 강화하기 위해서 브랜드는 고객과 지속적으로 접촉하여 그들의 관여를 높이고 그들을 브랜드 활동에 참여시키고, 그들과 함께 가치를 창출하는 경험을 만들어 가야 한다.

결론적으로, 고객 인게이지먼트는 고객의 관여와 참여를 유도하고, 상호작용을 통해 브랜드 경험을 창출함으로써 고객과의 관계를 강화하고 고객 로열티를 쌓아 가는 과정이라고 할 수 있다.

고객 인게이지먼트는 어떤 효과를 가져오는가

■ 브랜드에 대한 높은 수준의 관여를 유발한다

소비자들은 자신들에게 중요하거나 특별한 의미가 있는 제품 카테고리나 브랜드에 대해서는 높은 관여도를 보인다. 그들의 중요한 문제를 해결해 주기 때문에 중요(실용적, 기능적 측면)할 수도 있고, 그들에게 즐거움을 주거나, 개인적 또는 사회적으로 특정한 이미지를 갖게 해주기 때문(감성적, 경험적 측면)에 중요할 수도 있다. 인게이지먼트가 형성된 고객들은 해당 카테고리나 브랜드가 그들에게 의미가 있기 때문에, 브랜드에 대한 관여 수준이 높아지고, 브랜드에 대해 더 많이 알려고 하고, 브랜드에 대해 다른 사람에게 이야기해주고 싶어 하며, 가격이 다소 비싸더라도 구매하는 행동을 보인다..

■ 고객의 인식, 감정 및 행동의 변화를 일으킨다

인게이지먼트가 형성되기 시작하면 고객들은 마케팅 자극에 대해 수동적으로 수용하는 사람이 아니라 점차 브랜드와 교류하려 하고 마케팅 활동에 능동적으로 참여하여 브랜드와 함께 가치를 만들어내는 공동 창조자의 역할을 하게 된다. 보르디Bordie에 의하면 고객 인게이지먼트는 세 가치 차원, 즉 인식적(cognitive), 감성적(emotional) 그리고 행동적(behavioral) 차원으로 나타난다고 한다.

스타벅스 커피만을 찾는 스타벅스 애호가의 경우를 살펴보자. 스타벅스 애호가는 커피에 대해 나름의 생각을 가지고 있다. 그는 커피는 스타벅스가 가장 맛있다거나 스타벅스 커피를 마시면 기분이 좋아진다거나 자신은 세계 최고의 브랜드를 마신다고 생각한다. 그는 스스로 스타벅스에 대해 잘 알고 있다고 생각하고 스타벅스를 선택하는 이유를 머릿속에 가지고 있다. 인식 프로세스, 즉 지각과 사고 작용을 보다 지속적이고 활발하게 하며 브랜드에 주의를 집중한다. 또한 자신이 최고의 커피를 마시는 것에 대해 내심 흐뭇해하고, 자신의 고급스런 취향에 대해 만족스럽게 생각한다.

더 나아가, 그는 스타벅스 커피를 마시면 기분이 좋아진다고 느낀다. 감성적 차원에서 그는 다른 커피에서 느낄 수 없는 내적인 즐거움을 스타벅스에서 느낄 수 있고 이를 통해 스타벅스 브랜드에 더 큰 애정과 열정을 갖게 된다. 친구들과 커피를 마실 때는 스타벅스에 가자고 요청하고, 친구들에게 자신이 스타벅스를 찾는 이유, 스타벅스 커피의 맛, 스타벅스 커피점의 좋은 점을 이야기하는 등, 행동 차원에서도 열정을 가지고 브랜드를 위한 활동에 참여한다.

이처럼 고객 인게이지먼트는 고객이 인식적 차원, 감성적 차원 그리고 행동적 차원에서 변화를 일으키게 하는 역할을 한다. 실용적인 브랜드인 경우에, 고객 인게이지먼트는 고객의 브랜드 선택 동기, 사용 그리고 경험을 제공하는 역할을 한다. 감성적이고 쾌락적인 (Hedonic) 브랜드인 경우는, 브랜드 자체가 경험적, 상징적 속성을 가지고 있기 때문에 고객 인게이지먼트는 고객에게 자부심을 느끼게 하고 자기표현의 기회를 제공하며 즐거움을 가져다준다.

■ 감성적 유대와 애착을 형성시킨다

고객과 브랜드 간에 인게이지먼트가 형성되면, 브랜드와 고객은 감성적으로 연결되고, 고객은 제품과 서비스에 열정과 애착을 갖게 되며, 브랜드가 지향하는 방향과 목적을 긍정적으로 수용한다. 처음에는 브랜드와 고객이 이성적 동기로 관계를 갖기 시작하지만 반복적 상호작용을 통해 감성적 유대가 형성되면서 인게이지먼트가 점차 강화된다. 이러한 고객은 자발적으로 브랜드 활동에 참여하고 스스로 브랜드에 대해 주변에 긍정적인 메시지를 전달하는 행동을 하게 된다. 이성적 관계가 아닌 감성적 관계를 구축한 고객일수록 더 오랫동안 로열 고객으로 남아 있으며, 브랜드를 재구매하거나 다른 사람들에게 추천하거나 경쟁 브랜드를 거부할 가능성도 커진다.

■ 브랜드와 고객 간의 관계를 강화한다

특정 브랜드를 지속적으로 구입하는 고객이 해당 브랜드에 대해 갖게 되는 유대나 결속이 바로 브랜드 관계(Brand Relationship)이다. 브랜드 관계는 기본적으로 신뢰나 효과/성능에 대한 인식을 기반으로 형성되지만, 소비자 구매행동에 있어서 실용적인 측면이나 인식적인 측면을 초월하여 무한 신뢰, 심지어 애정과 같은 감정적인 반응을 포함한다. 그렇게 되면 고객은 그 브랜드가 자신의 정체성을 반영하고 있다고 생각하고 다른 사람에게 자신의 정체성을 표현하는 중요한 수단으로 그 브랜드를 사용한다. 따라서 브랜드는 고객과 더욱 친밀한 관계를 갖게 되는데, 이것이 인게이지먼트, 나아가 고객 로열티 형성에 필수적인 과정이며 필요조건이다.

■ 기업과 고객 상호간에 혜택을 제공한다

최근의 고객 인게이지먼트 전략은 마케팅이나 세일즈 캠페인과 달

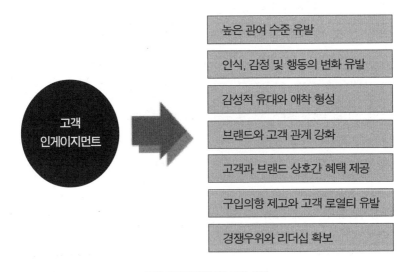

고객 인게이지먼트의 기대 효과

리, 고객과 브랜드가 상호 의존적인 니즈 충족과 상호 존중에 기반하여 친구 같은 관계 구축을 지향한다. 고객의 피드백은 고객에게도 중요하다. 고객의 불평과 의견을 듣고 이를 기반으로 제품이나 고객 경험을 향상시킬 수 있다면 브랜드와 고객 모두가 혜택을 얻을 수 있기 때문이다. 즉 브랜드는 로열 고객을 확보할 수 있고 고객들은 그들이 정말로 원하는 가치를 얻을 수 있다.

고객과의 관계 구축은 브랜드에게 여러 가지 이점을 제공한다. 브랜드는 고객과의 대화를 통해 고객이 원하는 것을 알아내고 고객이 만족하는지를 확인할 수 있다. 동시에 큰 비용을 들이지 않고도 고객의 피드백을 얻을 수 있다. 또한 더 많은 고객을 유인하여 비즈니스 성과를 향상시킬 수 있다.

■ 구입의향을 높이고 고객 로열티를 유발한다

인게이지먼트가 형성된 고객(Engaged Customer)은 SNS, 블로깅 등을 통해 다른 고객들을 만나고 상호작용을 하는 가운데 브랜드에 대해 이야기하고 브랜드에 대한 활발한 추천 활동을 하게 된다. 또한 참여를 통해 새로운 제품이나 서비스의 창출을 돕거나 기업의 혁신 프로세스에 기여하기도 한다. 인게이지먼트는 궁극적으로 소비자의 구입의향을 제고하고 고객의 로열티를 유발한다.

■ 시장 경쟁우위와 리더십 확보를 용이하게 한다

최근 연구에 의하면, 고객 인게이지먼트와 브랜드 로열티는 브랜드의 건강도를 평가하는 척도가 될 수 있다고 한다. 다수의 고객이 브랜드 커뮤니티의 일부, 즉 로열 고객층이 되면, 브랜드는 시장에서 경쟁우위를 확보하고 시장의 리더십을 얻는 데 유리한 고지를 점령하기 때문이다.

고객 인게이지먼트나 감성적 로열티의 수준이 높을수록 고객들의 지불가치는 비례적으로 증가하기 때문에 고객 인게이지먼트가 높은 고객들이 브랜드의 성과를 이끌어간다. 이미 광고회사 오길비는 브랜드 Z 인덱스Brand Z Index를 개발하여 이러한 현상을 실증적으로 증명했다. 인게이지먼트 수준이 낮은 소비자들을 브랜드에 열성적인 로열 고객으로 전환시키면, 브랜드 성과에 대한 그들의 기여가 엄청나게 향상된다. 연구에 따르면 열성적인 로열 고객은 일반 소비자에 비해 58배의 가치가 있다고 한다. 따라서 대부분의 시장에서 열성적인 로열 고객의 비중이 가장 높은 브랜드가 항상 시장의 리딩 브랜드가 된다. 리딩 브랜드는 추종 브랜드보다 열성적인 로열 고객 비율이 평균 3배 정도 높다고 한다.

04 고객 인게이지먼트 접근 프레임워크

로열 고객의 확보는 디지털 시대에 가장 효율적이고 효과적인 마케팅의 기반이자, 마케팅의 목표라고 할 수 있다. 그렇다면 어떻게 고객 로열티를 효과적으로 끌어낼 수 있을까? 이 책에서는 고객 로열티 강화를 위한 체계적인 접근 방법으로서 '고객 인게이지먼트 접근 (Engagement Marketing Approach)'을 제시하고 그 세부적인 방법을 소개한다. EMA는 다음 3가지로 구성된다.

- 브랜드 가치의 정립: 브랜드 가치와 사회적 가치
- 브랜드 가치의 전달: 3가지 밸류 드라이버
- 브랜드 가치 전달과정에서의 고객 인게이지먼트 유발: 5가지 인게이지먼트 드라이버

EMA는 가치 정립에서부터 로열티 구축에 이르는 일련의 체계적

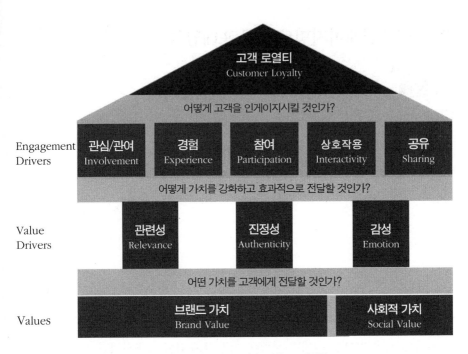

고객 인게이지먼트 접근 프레임워크

인 접근 방법을 제시한다. 디지털 시대에는 고객이 원하는 가치와 브랜드가 그 가치를 전달하는 방법이 과거와는 다를 수밖에 없다. 따라서 브랜드에 대한 고객 로열티를 강화히기 위한 접근 방법 또한 변화된 마케팅 환경과 고객 특성을 반영해야 한다.

브랜드 가치의 정립: 브랜드 가치와 사회적 가치

■ 가치는 고객과의 관계를 유발하는 시발점이다

브랜드 가치는 브랜드와 고객의 관계를 창출하는 가장 핵심적인 연결고리다. 디지털 시대라고 해서 브랜드의 역할과 마케팅의 본질이 변하는 것은 아니다. 고객이 무엇을 원하는지를 이해하고 고객이 원하는 가치를 창출하고 전달함으로써 고객의 니즈를 충족시키고 고객과의 관계를 관리하는 것이 마케팅의 기본적인 역할이다.

결국 마케팅의 궁극적인 목표는 고객이 원하는 가치를 제공하여 브랜드에 대한 고객의 호감을 형성하는 것이다. 호감을 통해 생성되는 로열티는 브랜드가 전달하는 가치를 고객이 수용하면서 시작된다. 즉, 브랜드가 전달하는 가치가 고객에게 의미와 가치가 있을 때 브랜드와 고객 간의 관계가 지속되고 고객 로열티로 발전하게 된다. 따라서 어떤 브랜드 가치를 정립하는가는 마케팅 활동이 효과를 거두기 위한 가장 중요하고 핵심적인 기반이라고 할 수 있다.

■ 가치는 디지털 시대의 고객 니즈를 반영해야 한다

로열티에서 가장 중요한 것은 브랜드가 전달하는 가치가 고객이 추구하는 가치와 얼마나 부합하는가 하는 것이다. 브랜드 가치는 고객의 니즈, 브랜드가 제공할 수 있는 경쟁우위 요소, 브랜드의 지향 목표 등을 반영하여 전략적으로 도출되지만, 마케팅 환경과 고객 니즈의 변화에 따른 고객 가치의 변화를 반영하지 않으면 안 된다.

과거 기능적 혜택에 중점을 두었던 브랜드 가치는 이제 감성적 혜택, 상징적 혜택으로 확장되었고, 고객들의 개성과 그들이 관심을 갖는 사회적 가치까지 반영해야 하는 시대가 되었다. 브랜드 가치는 이러한 고객 니즈의 변화를 반영하여 정립되어야 한다. 또한 고객들이 체감하고 실제로 혜택을 누릴 수 있는 가치를 설정하고 그들에게 적극적으로 커뮤니케이션하고 구현해야 한다.

코카콜라 open happiness

■ 가치는 브랜드가 고객의 사랑을 받는 이유이다

브랜드의 가치는 고객이 브랜드를 선택하는 이유이고, 고객이 브랜드를 사랑하는 이유이다. 고객들이 그들의 삶을 풍요롭게 하거나 개성을 표현하기 위해 필요로 하는 가치나 의미는 특정 브랜드에 국한될 수도 있겠지만, 다른 브랜드들도 동일한 가치나 의미를 제공할 수 있다. 따라서 다른 브랜드들도 제공하는 일반적인 가치가 아니라 타겟 고객에게 독특하게 느껴지는 우리 브랜드만의 가치, 그들의 삶을 다른 사람들과 구별해 주는 차별화된 가치를 제공하여 그들의 선택과 선호를 유도해야 한다.

가끔 경험하는 일이지만, 필자의 일부 고객기업들은 다른 브랜드와 동일한 가치를 브랜드 가치로 설정하는 것에 대해 불편함을 드러내기도 한다. 하지만 브랜드 가치는 표면적으로 나타나는 가치의 정

sk 행복 나눔

의보다는 가치를 구현하는 세부적인 접근이 더 중요하다. 실제로 고객들이 추구하는 가치를 큰 범주로 나누어보면, 행복, 즐거움, 건강, 아름다움 등 몇 가지로 분류된다. 따라서 정의되는 표면적인 가치는 동일할 수 있지만 이를 구현하는 세부적인 접근이나 체감하는 경험의 차이에 의해서도 충분히 차별적인 인식을 만들어갈 수 있다.

예를 들면, 코카콜라와 SK는 '행복'이라는 동일한 가치를 브랜드 가치로 설정하고 있지만 두 브랜드의 가치는 뭔가 다른 차이가 있다. 따라서 어떤 가치를 전달할 것인가도 중요하지만, 동일한 가치를 전달하더라도 자기 브랜드만의 독특한 색깔을 입하고 자신만의 컨텐츠를 담아 전달한다면 완전히 차별화된 가치로 발전시켜갈 수 있다. 실제로 누구도 코카콜라의 '행복'과 SK의 '행복'을 동일한 가치라고 인식하지는 않으니까 말이다. 다만 우리 브랜드만의 독특한 색깔과 세부적인 접근으로 고객의 사랑을 받아야 할 이유를 만들어야 한다.

■ 가치를 전달하는 방법에도 변화가 필요하다

디지털과 모바일의 발달로 인해 소비자들은 이전보다 더 넓게 퍼져있고 그들과 접촉하기 어렵고 하나의 메시지조차 전달하기 힘든 환경이 되어 버렸다. 이제 브랜드 가치를 전달할 기회가 많지 않기 때문에 고객의 관심을 끌고 호감을 갖게 하는 매력적인 브랜드 가치를 갖고 있지 않으면 안 된다. 따라서 브랜드 가치가 과거보다 훨씬 더 중요해졌고 여러 가지 가치를 전달하기보다 하나의 가치라도 명확하고 일관성 있게 전달하는 것이 중요해졌다. 또한 브랜드 가치를 마케팅 커뮤니케이션을 통해 일방향적으로 전달하는 것은 효율성이 낮아지고 있으며 그러한 커뮤니케이션 자체가 신뢰를 잃어가고 있다. 고객들은 자신이 직접 경험하지 않은 것은 믿으려 하지 않는 경향이 강해지고 있기 때문에, 고객과 직접 소통할 수 있는 기회를 창출해야 하며 그들의 직접 경험을 통해 브랜드 가치를 체감하고 그들 스스로 인식하게 해야 한다. 브랜드 가치를 어떻게 정립하고, 어떤 브랜드가 가치 있는 브랜드인지에 대해서는 6장에서 구체적으로 살펴보자.

■ 사회적 가치도 중요한 가치로 부각되고 있다

디지털의 발달로 연결과 공유가 확산됨에 따라 소비자들의 사회성이 더 강화되었고, 소비자들의 의식에도 변화가 생겨났다. 사회환경적으로도 그들이 살고 있고, 살아가야 할 사회와 그 환경에 대한 의식이 강화되었다. 또한 사회적 이슈와 사회적 가치에 대한 관심도 이전보다 훨씬 커졌다.

브랜드가 점점 인간의 생활 속에 깊숙이 자리 잡게 됨에 따라, 브랜드의 역할에 대한 시각도 변하고 있다. 사회성이 강화된 디지털 시대에는 소비자들의 의식 변화로 인해, 사회적 역할까지 수행하는 브랜드가 더 각광받고 사회적 역할을 외면하는 브랜드는 관심에서 멀어지거나 지탄의 대상이 되고 있다. 즉 디지털 시대에는 사회적 가치역시 중요한 가치로 부각되고 있는 것이다.

브랜드는 소비자들의 삶의 방식이나 라이프스타일을 변화시키고 그들의 관심거리가 되기 때문에, 브랜드 또한 사회적 존재로서 그들이 구성하는 사회에 긍정적인 가치를 창출해야 한다. 차츰 고객들도 브랜드 본연의 가치뿐만 아니라 사회적 가치를 창출하는 브랜드를 선호하는 경향이 강화되고 있다. 고객이 관심을 갖는 가치를 공유하고 고객과 함께 호흡함으로써 브랜드는 고객들과 더 깊고 친밀한 관계를 형성할 수 있다.

■ 진정성과 도덕성, 사회적 가치가 중요해지고 있다

지속가능한 경영을 실현하기 위해서는 기업 활동의 핵심인 마케팅에서도 지속가능한 마케팅을 해야 한다. 디지털 기술과 소셜 미디어의 발달로 기업이나 브랜드에 관한 많은 정보가 소비자들에게 공유되고, 소비자들은 기업의 마케팅 활동이나 사회 활동에 적극적으로 참여하는 시대가 되었다. 또한 인터넷과 모바일을 기반으로 소비자들이 직접 개인이나 집단으로서 기업의 진정성과 도덕성 그리고 사회적 가치를 평가하는 시대가 되었다.

다가올 세상은 이러한 경향이 더 강화될 것이다. 따라서 기업은 미래의 성과를 담보하고 지속적인 가치와 성과를 창출하기 위해 진정성을 가지고 스스로를 돌아보고, 브랜드 가치뿐만 아니라 기업의 사회적 가치를 키워가는 노력을 기울여야 한다.

연구결과에 따르면 기업의 사회적 배려는 오히려 기업에 더 큰 이익을 돌려준다고 한다. 스스로 사회에 미치는 부정적인 영향을 최소화하고 개선하기 위해 노력하고, 적극적으로 사회적 이슈를 제기하거나 사회적 이슈에 대한 소비자들의 관여와 행동 변화를 유도하는 기업은 사회적 가치를 중시하는 소비자들로부터 사랑받는 기업이 될 수 있다. 최근 기업들의 사회적 가치 실현에 대한 접근 방법과 사회적 이슈를 활용한 인게이지먼트 방법에 대해서는 7장에서 살펴본다.

브랜드 가치의 전달: 3가지 밸류 드라이버

고객이 느끼는 브랜드 가치는 그것을 어떻게 전달하느냐에 따라 달라질 수 있다. 예를 들면, 코카콜라의 핵심가치인 '행복'을 단순히 광고를 통해 전달하는 것보다 타겟 고객의 행복한 순간을 제시하고 그들이 행복을 느낄 수 있는 감성적인 방법으로 접근하는 것이 보다 강력하고 효과적이다. 그렇다면 디지털 환경에서 브랜드 가치를 효과적으로 전달하는 방법은 무엇일까?

■ 감성: 브랜드에 대한 호감과 애착을 만든다

마케팅의 본질은 변하지 않지만 시장 환경의 변화에 따라 중점을 두어야 할 요소는 달라진다. 시장 환경의 변화를 유발하는 요인은 다양하다. 1980년대 이후 인터넷이 발달하고 제품이나 브랜드에 대한 정보가 소비자들 간에 공유되면서 소비자들은 제품 품질에 큰 차이가 없다는 것을 알게 되었다. 이에 따라 브랜드 간 경쟁은 점점 더 치열해졌지만 더 이상 제품이나 브랜드의 이성적인 속성만으로 차별화하기에 힘든 환경이 되었다. 그리고 개인화 트렌드의 가속화와 함께 차별화 요소로서 감성적 측면의 중요성이 대두되기 시작하였다.

이성적 가치란 브랜드가 제공하는 물리적 가치이고 이성적 판단을 자극하는 것인 반면에 감성적 가치는 고객의 내면적 정서와 감정을 자극하는 것이기 때문에 보다 개인화된 접근이라고 할 수 있다. 또한 이성적 속성에 의한 브랜드 선호는 정보가 주어지는 시점에만 영향력을 발휘하지만 감성적 자극에 의한 브랜드 선호는 시간을 두고 지속적으로 영향력을 발휘하는 특성을 가지고 있다. 따라서 감성적 자극은 구입 당시에 직접적인 구매유인 요인으로 작용하지 않을 수 있지만 일단 브랜드에 대한 감성적 호감과 애착이 형성되면 그 영향력은 훨씬 강력하고 지속적으로 나타난다.

최근 브랜드들은 고객의 감성을 이해하려고 노력한다. 하지만 고객의 관점에서 해당 카테고리에 대한 핵심 감성이 무엇이고, 어떻게 끌어낼 수 있는지, 고객을 어떻게 감성적으로 인게이징할지에 대해서는 많은 고민이 필요하다. 감성적 접근의 효과와 고객의 감성을 자극하는 방법에 대해서는 8장에서 살펴본다.

■ 관련성: 브랜드에 대한 절대적 선택기준을 제시한다

1990년대 이후 디지털 정보화 기술이 발달하고 인터넷에서 모바일로 중심이 급속히 옮겨가면서 정보의 양 또한 급격히 늘어났다. 하지만 너무 많은 정보의 양으로 인해 오히려 사람마다 접근하는 정보가 달라짐에 따라, 오히려 정보의 불균형을 만들어내고 있다.

개인화 경향의 가속화와 브랜드 차별성의 부재로 인해, 소비자들은 과거처럼 브랜드들을 상대적으로 비교하여 선택하는 것이 아니라, 자신이 얻을 수 있는 정보를 활용하여 브랜드를 평가하고 선택하는 현상이 나타나고 있다. 이러한 태도의 변화로 인해 과거 어느 때보다 브랜드 선택에 있어서 자신과의 관련성을 중시하는 경향이 강해지고 있다.

고객 관련성이란 브랜드가 제품이나 서비스를 통해 전달하고자 하는 가치가 고객과 얼마나 관련성이 있는가의 문제이다. 디지털로 인해 브랜드와 고객이 만나는 접점이 다양해지고 있는 가운데, 모든 접점에서 관련성이 중요한 이슈가 되고 있다. 고객들은 제품이나 서비스가 자신이 원하는 것인지, 브랜드 경험이 자신의 니즈나 욕구를 충족해 주는지 등을 중요하게 생각한다. 따라서 브랜드는 고객의 개별적인 삶과 라이프스타일에 깊숙이 파고들어야 하고, 관련성이 높은 컨텐츠로 그들과 강한 연결고리를 만들 수 있어야 한다.

대부분의 브랜드들에게 관련성 강화가 가장 필요한 대상은 젊은층이다. 브랜드 사용자의 연령이 높아지고 브랜드 역시 노후화가 진행되면서 젊은층과의 관련성이 약화되고 있기 때문이다. 젊은 고객층과 브랜드 경험을 공유하여 관련성을 강화하는 방법에 대해서는 9장에서 구체적으로 설명한다.

■ 진정성: 브랜드 가치 구축을 위한 가장 기본적인 조건

지난 몇십 년 동안 너무 많은 브랜드들이 제대로 지키지 못할 수많은 약속들을 늘어놓은 결과, 브랜드에 대한 소비자들의 신뢰가 무너져 버렸다. 또한 인터넷, 소셜 미디어, 모바일 등 다양한 디지털 미디어의 발달로 인해, 브랜드에 대한 모든 정보가 공개되어 그럴듯하게 포장된 마케팅 메시지나 일방향적으로 전달되는 마케팅 메시지는 그 이면에 뭔가 불편한 진실이 있다는 것을 소비자들이 알아채기 시작하였고, 기업들이 광고나 언론 매체를 통해 제시한 약속들이 과연 잘 지켜졌는가에 대해서도 의문을 품기 시작했다.

브랜드에 대한 모든 정보가 공유되고 브랜드의 모든 활동들이 공개적으로 평가되는 시대가 되었기 때문에 진정성 없이 가식적으로 다가오는 브랜드는 소비자들의 신뢰를 얻을 수 없다. 신뢰를 얻지 못한 브랜드는 브랜드 가치를 쌓을 수 없으며, 이전에 인정받던 브랜드들도 진정성이 허위로 드러나면 바로 추락하는 시대가 되었다. 브랜드가 진정성을 강화하는 방법에 대해서는 10장에서 다룬다. 앞에서 설명한 바와 같이 명확한 브랜드 가치를 일관성 있게 담고 있어야 한다. 또한 고객들과 관련성이 높은 이슈나 컨텐츠를 감성적으로 전달할 수 있어야 한다.

가치 전달 과정에서의 고객 인게이지먼트 유발: 5가지 인게이지먼트 드라이버

인게이지먼트 드라이버는 효과적으로 고객의 인게이지먼트를 유발하는 마케팅 방법들로서 고객과 관계를 강화하고 궁극적으로 고객 로열티를 유발하게 하는 수단이다. 인게이지먼트 드라이버들은 제품, 매장, 서비스, 광고, 프로모션, 이벤트 등 모든 고객 접점에서 다양한 마케팅 활동들을 통해 구현되는데, 그러한 마케팅 활동들에 인게이지먼트 드라이버 중 하나 혹은 여러 요소를 적용한다면 보다 효과적으로 고객의 로열티를 창출하거나 강화시킬 수 있다.

카테고리 및 고객의 특성, 브랜드의 위상, 캠페인의 특성 등 다양한 요인들을 고려하여 마케팅 활동에 맞는 인게이지먼트 드라이버를 선택하고, 다양한 드라이버들을 통합적으로 활용함으로써 고객 인게이지먼트를 더 효과적으로 강화할 수 있다. 고객 로열티 강화를 위해 고객 인게이지먼트를 만들어내는 다섯 가지 요소는 다음과 같다.

- 브랜드에 대한 관심과 관여
- 브랜드 경험
- 브랜드 관련 활동 참여
- 브랜드와의 상호작용
- 브랜드 경험의 공유

■ 관심/관여: 고객 인게이지먼트의 시발점

브랜드 인지도가 낮거나 고객의 관심에서 멀어진 브랜드들은 우선 브랜드에 대한 고객들의 관심과 관여를 높여야 한다. 마케팅 활동을 전개하기 위해서는 기본적으로 브랜드가 인지되어야 하고 브랜드에 대한 주의와 관심을 끌 필요가 있다. 이것이 브랜드에 고객을 인게이지시키는 첫 번째 단계이다.

브랜드 인지도가 낮은 신생 브랜드, 고객의 관심에서 멀어진 브랜드, 그리고 카테고리 자체에 대한 관여도가 낮은 브랜드는 고객들의 관심과 관여를 유발할 수 있는 획기적이고 창의적인 접근이 필요하다. 브랜드 자체의 이슈만으로 관심과 관여를 유발하기 힘들다면 브랜드를 상징하는 요소나 유명인, 또는 고객들의 공통 관심사나 사회적인 이슈를 활용할 수 있고, 창의적인 아이디어로도 그들의 관심을 끌 수 있을 것이다. 11장에서는 브랜드에 대한 고객의 인지를 높이고 관심을 환기하는 방법을 설명한다.

■ 경험: 미래 경쟁력의 원천

고객 경험은 인게이지먼트 마케팅에서 가장 중요하고 기본적인 드라이버이다. 이후에 설명할 상호작용, 참여, 공유와 같은 드라이버들도 넓은 의미에서 경험의 일부이다. 고객 경험은 '고객이 브랜드와 만나는 모든 접점에서의 총체적인 경험'으로 정의될 수 있기 때문에, 길거리에서 마주치는 브랜드 간판, 주변인을 통해 들은 이야기, 배달, A/S 등과 같은 구매 프로세스, 그리고 브랜드의 사회적 활동까지도 포괄적인 의미에서 경험에 해당된다. 이 책에서는 인게이지먼트 드라이버로서 경험을 포괄적인 브랜드 접촉을 의미하는 광의의 개념이 아니라, 창의적인 캠페인이나 마케팅 활동을 통해 고객들에게 의미 있고 독특한 경험을 창조하는 측면에 초점을 둔 협의의 개념으로 정의한다.

그렇다면 경험이 왜 중요해졌을까? 기업의 가치창출 방법이 이전 기업 주도에서, 인터넷과 정보 기술의 발달로 인해 소비자 주도로 변화하였기 때문이다. 소비자가 주도하는 환경에서는 제품 자체보다는 고객이 브랜드에 대해 어떻게 느끼고 생각하느냐가 더 중요해진다. 이와 더불어 기업들이 수십 년간 고객에게 전달한 메시지와 고객제안에 대한 불신이 커서 더 이상 기업이 전달하는 메시지들을 신뢰하지 않고 그들이 경험한 것만 믿는 경향이 강화되었기 때문이다. 즉,

기업이 던지는 수백 개의 메시지보다는 그들이 눈으로 보고 느낀 한 번의 경험이 의사결정에 중요한 영향을 미치게 된 것이다.

더구나 디지털 기술의 발달은 많은 새로운 경험을 제공해 주었고, 고객들의 새로운 경험에 대한 기대는 그만큼 더 커졌다. 향후 디지털의 발달로 기업은 고객들에게 더 많은 경험의 기회를 제공할 것이고, 마케팅에서 고객 경험의 경쟁은 훨씬 더 가속화될 것이다. 고객에게 독특한 경험을 제공하는 다양한 마케팅 접근 방법과 그 사례에 대해서는 12장에서 다룬다.

■ 참여: 자긍심과 브랜드 애착의 강화

인간은 스스로 참여하여 뭔가 이루어낼 때 보다 큰 애착과 가치를 느낀다. 대부분의 기업들은 고객에게 불편함을 주는 것이 고객의 만족이나 브랜드에 대한 선호를 떨어뜨릴 것으로 여기지만, 디지털 시대의 소비자들은 불편함을 감수하고라도 참여를 통해 자부심과 자긍심을 느끼고 싶어 한다. 특히 디지털의 발달로 인해 정보의 공유가 자유로워지고 자신의 의견을 전달할 수 있는 수단이 다양해짐에 따라 기업의 활동에 간섭하거나 참여하고자 하는 고객의 욕구와 움직임이 강해지고 있다.

기업 활동에 대한 고객의 참여는 브랜드에 대한 애착과 로열티를 강화할 수 있는 좋은 방법이 될 뿐만 아니라 고객들에게 브랜드를 키운다는 자부심과 성취감까지 제공할 수 있다. 또한 기업은 고객들로부터 창의적인 아이디어를 제공받을 수도 있고, 그들을 깊이 이해하는 기회를 얻을 수도 있다. 기업 활동에 참여한 고객들은 자발적으로 기업이나 브랜드의 홍보대사가 되어 기업이나 브랜드를 적극 홍보해 주기도 한다. 이처럼 고객과 기업은 상호 협력을 통해 서로에게 도움이 되는 가치를 창출할 수 있다. 고객 참여의 효과와 참여를 유도하는 다양한 접근 그리고 고객으로부터 창의적인 아이디어를 얻는 방법에 대해서는 13장에서 다룬다.

■ 상호작용: 쌍방향성에 기초한 지속적 관계 유지와 강화

상호작용은 고객 참여의 일종이기는 하지만 쌍방향성 커뮤니케이션을 통해 고객 인게이지먼트와 로열티를 유도하는 훨씬 강력한 방법이기 때문에 별도의 드라이버로 다룬다. 이 쌍방향성을 손쉽게 하는 것이 바로 인터넷과 모바일이다. 상호작용은 우선 고객의 반응을 이끌어내고 고객의 의견을 확인할 수 있기 때문에 고객과의 쌍방향 커뮤니케이션 기반을 마련해 준다는 점에서 그 의미가 크다.

오늘날 고객들은 그들의 이야기를 들어주고 그들을 존중해 주기를 바란다. 브랜드의 푸시 마케팅보다는 브랜드와 직접적으로 커뮤니케이션하기를 원한다. 따라서 고객들을 푸시하기 위해서 특정 미디어 채널에 의존하기보다는 그들과 상호작용하는 인바운드In-bound 마케팅이 보다 효과적이다. 또한 상호작용은 반복적인 고객접촉과 참여를 유도하여 고객들을 브랜드에 오랫동안 머무르게 하고 브랜드에 밀착되게 할 수 있기 때문에 브랜드와 고객 간의 관계를 강화하고 지속하게 하는 효과적인 인게이지먼트 방법이다.

특히 상호작용을 통해 사용자가 컨텐츠를 생산해내게 하는 것은 또 다른 효과를 창출한다. 일방향적으로 전달되는 광고와 비교해 볼 때 컨텐츠는 온라인과 모바일 상에서 더 오랫동안 활용되고 확산되기 때문에, 디지털 시대에 중요한 커뮤니케이션 수단이 되고 있다.

특히 고객이 스스로 만든 컨텐츠의 경우 고객들은 그것을 주변 사람들과 공유하고자 하는 강한 욕구를 느끼기 때문에 상당한 파급 효과가 있다. 상호작용의 효과와 방법에 대해서는 14장에서 상세히 다루고 있다.

■ 공유: 기대 이상의 파급적 효과 창출

디지털 기술의 대표적인 특성은 연결성이다. 오늘날 고객들은 서로 정보나 컨텐츠를 주고받는 것이 일상화되어 있다. SNS는 고객들이 서로 교류하고 커뮤니케이션하며 자신을 표현하는 중요한 수단이 되었다. 재미있는 것, 유익한 것, 자신의 행적, 자신을 표현할 수 있는 것 등 공유할 거리만 제공하면 고객들은 지체 없이 다른 사람에게 퍼나른다. 디지털 시대에는 이러한 공유 행동을 활용하지 않으면 마케팅 효과를 거두기 어려운 반면 이를 잘 활용하면 상상 이상의 효과를 거둘 수 있다.

재미있고 유익한 정보나 컨텐츠는 고객들이 필요로 하는 컨텐츠이지만, 브랜드가 제공하는, 브랜드 색깔이 짙은 컨텐츠는 일반적인 컨텐츠보다 공유 행동을 이끌어내기가 어려울 수 있다. 따라서 고객들이 거부감 없이 컨텐츠를 공유할 수 있도록 마케팅 캠페인 자체에 공유를 유발하는 요소를 담는 것이 효과적이다. 경쟁심을 유발하여 주변에 자발적으로 공유하게 하는 방법, 공유해야만 참여할 수 있는 방법, 주변과 공유함으로써 성과를 만들게 하는 방법 등 다양한 방법을 고민해 볼 수 있다. 캠페인을 기획할 당시부터 공유를 유발할 방법에 대한 아이디어를 찾아내고 이를 반영하는 것이 중요하다. 15장에서 공유 행동을 위한 다양한 아이디어를 만나보자.

고객 인게이지먼트 요소들의 상호 연관

■ 인게이지먼트 드라이버들은 강한 상호 연관성을 갖고 있다

5가지 인게이지먼트 드라이버들은 서로 밀접한 연관성을 가지고 있다. 앞에서 설명했듯이 디지털 시대의 마케팅은 기본적으로 경험의 창출이 그 기반이고, 대부분의 활동은 폭넓은 의미에서 경험의 일부이거나 경험과 밀접한 관련성을 갖고 있다. 예를 들면, 참여는 그 자체가 경험이고 상호작용은 참여 활동을 반복하게 하는 것이다. 따라서 참여와 상호작용은 분명히 경험의 일부이다. 하지만 참여가 수반되지 않는 경험, 상호작용이 일어나지 않는 고객 경험이나 참여 활동도 있기 때문에 경험을 독자적인 드라이버로 분류한 것이다. 초기 관심과 관여를 유발하는 과정이나 공유 과정 역시 종종 경험이 기반이 된다.

결론적으로 고객의 인게이지먼트를 유발하는 드라이버들은 넓은 의미에서 고객 경험을 창출하는 요소들이다. 하지만 고객의 관심과 관여, 경험, 참여, 상호작용, 그리고 공유 등은 서로 다른 고객의 태도와 행동을 유발하는 드라이버로서 마케팅 캠페인의 세부 목표가 될 수 있다. 어떤 캠페인은 하나의 드라이버, 즉 하나의 목표를 가지고 설계되고, 어떤 캠페인은 여러 드라이버들을 목표로 설계될 수 있다. 기획 당시에는 목표로 설정되지 않았지만 다른 요소가 부가적인 효과로 나타나기도 한다. 예를 들면 스타벅스의 '마이 스타벅스 아이디어'는 참여와 상호작용의 두 가지 드라이버를 목표로 기획되었고, 스타벅스의 '크리스마스 빨간 컵' 캠페인은 관심/관여와 경험을 목표로 기획되었지만, 공유 효과까지 거두게 된다. 이처럼 고객 로열티 강화를 위한 인게이지먼트를 유발하기 위해서는, 현재 브랜드 위상과 인게이지먼트의 전략적 방향성에 맞게 세부 목표를 설정하고 이에 부합하는 캠페인 아이디어를 도출해야 한다.

THE FUTURE OF

MARKETING

2부

고객 인게이지먼트의
전략적 접근

개요

2부에서는 고객 인게이지먼트를 강화하기 위한 전략적 접근 방법을 소개한다. 브랜드의 역할은 고객이 원하는 브랜드 가치를 창출해서 마케팅 도구를 활용하여 전달하는 것인데, 비즈니스와 마케팅 환경이 바뀌면 브랜드 가치의 유형과 속성 그리고 그러한 가치를 전달하는 방법 또한 변화해야 한다.

디지털 시대에 마케팅의 전략적 접근은 어떻게 달라져야 하는가? 먼저 5장에서는 마케팅 관점에서 디지털 시대를 정의하고, 디지털 시대의 마케팅과 고객 인게이지먼트의 방향성을 제시해 주는 두 가지 전략적 사고를 소개한다. 6장에서는 이러한 방향성에 기초한 브랜드 가치 정립 방법을 제시하고, 7~9장에서는 브랜드 가치를 효과적으로 전달하는 도구로서 5가지 밸류 드라이버를 설명한다.

05 디지털 마케팅을 위한 전략적 사고:
관계 구축과 인간미의 시대

관계 구축의 시대

'브랜드'란 말은 원래 고대 노르웨이의 '굽다Brandr'라는 단어가 그 기원이라고 한다. 자기 집 가축들을 다른 집 가축들과 구별하고 자신의 소유라는 것을 알리기 위해서 가축들에게 새기던 낙인을 지칭하던 말이었다. 즉 자신의 소유를 나타내는 용도로 사용된 것이다. 그후 브랜드의 중요성이 강화되고 브랜드의 역할이 변화함에 따라 브랜드의 의미와 정의도 계속 진화해왔다. 브랜드에 대해서는 학자들마다 서로 다른 정의를 내리고 있는데, 마케팅의 거장인 데이비드 아커David Aaker 교수와 켈러Keller 교수는 다음과 같은 정의를 내놓았다.

"자신의 상품이나 서비스를 경쟁자들의 상품이나 서비스와 구분하여 식별하고 그들과 차별화하기 위해 사용하는 독특한 이름이나 상징물, 즉 로고나 패키지 디자인, 혹은 그 결합체."

미국마케팅협회도 이와 유사한 정의를 내렸다. 하지만 단순히 '특정 상품이나 서비스를 나타내는 상징'이었던 브랜드는, 생산자 주도에서 소비자 주도로 마케팅 환경이 변해감에 따라, 기업이 아니라 소비자들이 추구하는 혜택과 가치들을 브랜드에 녹이기 시작하였다. 즉 생산자가 자율적으로 브랜드나 제품에 담을 것을 결정하는 것이 아니라 소비자가 원하는 것을 담기 시작했던 것이다. 또한 브랜드의 수가 많아지고 경쟁이 심화되면서 제품이 주는 본질적인 가치나 기능적인 혜택에서 제품 간 차별성이 약화되면서 기능적 편익을 넘어 소비자의 감성적 편익이나 가치를 담기 시작했고 심지어 상징적 가치까지 브랜드에 담아내고 있다.

■ 브랜드는 소비자의 개성을 담아내고 그들 삶의 일부가 되고 있다

또한 소비자들이 추구하는 가치가 다양해지고, 각자의 개성을 중시하는 경향이 대두되면서 브랜드 역시 타겟 소비자들이 추구하는 개성에 부합하는 브랜드 개성(Brand Personality)을 만들어내기 시작했다. 브랜드는 차츰 소비자들의 기본적인 니즈를 충족시켜주는 역할을 넘어 그들의 내면적인 욕구를 충족시켜 주는 영역으로까지 확장되었고 그 역할 또한 변화되었다. 점점 브랜드는 소비자들의 생활에서 없어서는 안 될 필수적인 요소가 되었고 소비자들과 떼려야 뗄 수 없는 관계가 되었다.

아이폰, 갤럭시, 네이버, 구글, 카카오톡 같은 브랜드가 없는 삶을 상상해 보라. 아마 많은 사람들이 공황상태에 빠질 것이다. 특히 '아

브랜드는 계속 진화하고 있다.

이폰'이라는 브랜드는 사람들의 삶과 라이프스타일을 통째로 바꾸어 놓고 있다.

■ 브랜드는 인간과 같은 존재로서 사람들과 깊은 관계를 형성한다

아이폰하면 창의와 혁신, 나이키하면 승리나 세계적인 스포츠 스타, 풀무원하면 안전한 먹거리가 떠오른다. 코카콜라는 늘 즐거움과 행복을 전달한다. 이처럼 브랜드는 사람들에게 공유된 인식이고 문화(Brand Culture)이며 사람들과 깊은 관계를 맺고 있는 친구이자 동료이다.

아이폰, 네이버, 카카오톡, 구글 같은 브랜드를 통해 소비자들은 새로운 라이프스타일을 살아가고, 루이비통, 버버리, 메르세데스 벤츠 같은 브랜드를 통해서는 자신의 사회적 가치를 드러내고 개성을 표현한다. 이처럼 사람들의 삶 속에서 깊은 관계를 형성하고 있는 브랜드가 친구가 아니면 무엇이겠는가!

브랜드는 이제 나의 친구가 되기도 하고, 동료가 되기도 하고, 나를 변화시켜 주기도 하고, 나를 즐겁게 하고 슬프게 하기도 한다. 카카오톡은 나를 다른 사람들과 연결해 주고, 스타벅스는 나에게 뿌듯함과 편안함을 주고, 폭스바겐은 나의 기분을 전환시켜 주고, 코카콜라는 나를 즐겁게 해 주며, 참이슬은 친구들과 즐거운 시간을 갖게 해 주고, 롯데리아는 즐거운 만남을 준다. P&G는 광고를 통해 엄마의 사랑을 이야기하고, 유니레버는 여성들에게 자신감을 심어 주고, 카스 맥주는 음악과 함께하는 젊은이들의 즐거운 삶을 전해 준다. 브랜드는 이제 제품을 통해 혜택을 제공할 뿐만 아니라 사람들의 감성까지도 움직이고 있다.

브랜드는 이제 인간과 같은 존재가 되었다고 해도 과언이 아니다. 이렇게 브랜드의 역할이 변화한 것은 사람들이 친구나 가족들처럼 자신의 삶을 구성하는 요소로 브랜드를 진화시켜 왔기 때문이다. 앞으로도 브랜드는 친구나 가족들과 마찬가지로 인간에게는 없어서는 안 될 필수적인 삶의 요소로 자리 잡게 될 것이다.

■ 브랜드가 사회생활을 시작했다

소비자들은 페이스북, 트위터, 유튜브나 기업이 만든 소셜 마케팅 웹사이트 등 개인화된 채널을 통해 자신을 남들에게 보여주고, 브랜드, 제품이나 서비스, 기업 등에 관한 이야기를 다른 사람들과 주고받는다. 그러한 이야기들은 소셜 네트워크를 통해 주변 사람들에게 퍼져나가고 또 그들 간에 공감을 형성함으로써 해당 브랜드나 기업에 적지 않은 영향을 미친다.

얼마 전 동서식품 대장균 시리얼 사건을 생각해 보자. 그 후 어떤 일이 벌어졌는가? 이전과는 전혀 다른 양상의 소비자 활동들이 일어난다. 소비자들이 목소리를 낼 수 있는 다양한 장소와 매체가 있기 때문에 과거와 달리 더 많은 사람들에게 이야기가 전달되고, 더 많은 사람들이 이에 관여하게 된다. 브랜드 혹은 특정 제품에 대한 이야기는 단지 그 제품을 사용하는 사용자들만의 이야기가 아니라 단시간 내에 사회적 이슈가 되어 버린다.

기업들의 대응 방법은 어떠한가? 과거에는 그러한 이슈에 대해 진실이 아님을 밝힘으로써 대응하거나, 더 이상 이슈가 확산되지 않게 차단하는 방법으로 리스크를 관리했을 것이다. 하지만 이제 이슈의 확산은 더 이상 기업의 힘으로 통제할 수 있는 영역이 아니다. 단 한 명의 소비자가 수천, 수만, 수백만의 소비자들과 커뮤니케이션하는 상황이 되었기 때문이다. 기업의 의도와 상관없이 브랜드가 사회적으로 유명해지는 셈이다. 페이스북, 트위터, 유튜브 등 온라인과 모바일의 소셜 미디어가 늘어남에 따라, 온라인에서든, 오프라인에서든, 혹은 다른 형태의 고객 경험을 통해서든, 고객과 브랜드, 그리고 고객들 간에 매 순간 상호작용이 이루어지게 되는데, 이것이 바로 브랜드의 사회적 본성이다. 브랜드는 자신의 의도와는 상관없이 사회 생활을 시작하게 된 것이다.

브랜드의 역할 및 커뮤니케이션 방법과 관련하여 디지털과 소셜 미디어가 발달하기 전후를 비교해 보면 브랜드의 사회적 본성을 보다 잘 이해할 수 있다. 즉 이전에 기업이 주도하는 커뮤니케이션에만 참여했던 브랜드가 이제는 사회로 나와 사회 구성원으로서 소비자들의 삶을 변화시키기도 하고 그들의 이야깃거리가 되기도 하며 사람처럼 사회적으로 평가받기도 한다.

브랜드는 사회적 존재로서 사람과 유사한 삶을 살아가고 있다. 이런 관점에서 본다면, 브랜드는 이제 막 대학을 거쳐 사회에 나온 청년과 같다. 브랜드는 원래 사회적 본성을 가지고 있었는데 소셜 미디어가 그 본성을 일깨워준 것이라고 할 수 있다. 소셜 미디어 시대의 브랜드를 인간의 사회생활에 빗대어 생각해 본다면 브랜드의 지향 방향을 좀더 쉽게 이해할 수 있을 것이다.

■ 브랜드의 사회적 가치는 사회 구성원들과의 관계에 의해 결정된다

마케팅 환경이 변화되었기 때문에 마케터들은 이러한 변화에 적응하는 것은 물론이고 적극적으로 활용해야 한다. 우리의 사회생활이 그렇듯이 일방적으로 잘났다고 떠드는 것은 더 이상 통용되지 않는다. 즉 브랜드가 일방향적이고 의도적으로 전달하는 메시지나 이미지는 소비자들에게 큰 호응을 얻어 내지 못한다. 존재감을 드러내는 데는 유용할지 모르지만, 다른 구성원들의 공감을 끌어낼 수는 없기 때문이다.

사람들의 이미지와 마찬가지로 브랜드의 이미지나 가치도 사회 속에서 결정된다. 제품이나 서비스 자체에서 오는 브랜드의 기능적 가치, 브랜드가 다른 사회 구성원들에게 미치는 영향, 그리고 브랜드의 사회적 역할 등에 기초해 다른 사회 구성원들이 브랜드의 이미지와 가치를 평가한다. 인간 관계와 마찬가지로 브랜드 가치 역시 그 브랜드가 사회 활동을 통해 사회 구성원들과 만들어낸 관계(Relationship)에 의해 결정된다.

소비자들은 사회 구성원이고 서로 연결되어 있어서 브랜드와 직접적인 접촉이 없다고 하더라도 그들 간에는 브랜드에 대한 수많은 대화가 만들어진다. 소비자와 개인적으로 접촉하는 상황에서부터 수백만 명을 대상으로 한 메시지 전달에 이르기까지 이러한 관계와 연결고리를 관리하는 것이 오늘날 브랜드 마케팅의 기본적인 과제이다. 브랜드가 이러한 과제를 잘 수행한다면, 브랜드는 소비자들과 거래에 기초한 관계를 넘어 소비자들의 기억에 남을 경험을 제공하고 그들과 감성적 관계를 형성하면서 사회적으로 인정받는 사회의 구성원이 될 것이다.

디지털과 소셜 미디어의 발달로 인해 소비자들은 더 많은 정보를 얻을 수 있게 되었고, 소비자가 제품이나 서비스를 접촉하고 구입할 수 있는 채널 또한 다양해졌다. 소비자에게 브랜드 메시지를 전달할 수 있는 채널은 많아졌으나, 그것이 소비자에게 전달될 가능성은 오히려 줄어들고 있고 소비자들은 과거보다 손쉽게 브랜드를 스위치할 수 있게 되었다. 이러한 마케팅 환경의 변화로 인해 브랜드 로열티, 즉 소비자와의 관계가 한층 더 중요해지고 있다.

■ 브랜드 로열티가 브랜드 마케팅에서 가장 중요하다

브랜드 로열티는 브랜드를 소비자들의 인식에 깊이 자리 잡게 하기 때문에 소비자들은 스스로도 그 브랜드를 사용할 뿐만 아니라 자발적으로 브랜드에 대해 다른 사람에게 이야기하게 만든다. 인간의 사고는 사회적이어서 인간들 간의 상호작용에 의해 많은 영향을 받는다. BMW, 버버리, 코카콜라, 나이키, 스타벅스 등 세계적인 브랜드들은 그동안 소비자들과 여러 가지 상호작용을 통해 가치를 교환하고 강한 유대감과 공감대를 형성해 왔다. 그들은 제품이나 서비스를 통해 소비자들이 원하는 가치를 제공하였을 뿐만 아니라 소비자들이 공감하는 사회적 가치를 창출하는 데도 꾸준히 노력해 왔다.

1930년대부터 사회심리학자들은 브랜드가 소비자들의 태도와 행동에 영향을 미치는 데 있어 브랜드의 사회적 관계가 가지는 중요성을 강조해 왔고, 행동경제학자들도 소비자와 브랜드의 상호작용이 그들 간에 강한 감성적 요소와 인지적 요소를 만들어낸다는 사실을 밝혀냈다. 최근에는 사회적 규범과 구매의사 결정간의 연결고리를 규명하기 위해 더 많은 사회심리학자들과 마케팅 연구자들이 소셜 미디어를 적극적으로 연구하고 있다. 학자들은 연구를 통해 소비자들의 커뮤니티는 단순히 거래에만 관여하는 것이 아니라 브랜드 경험을 어떻게 해석해야 할지에 대해 상호 영향을 미치고, 브랜드와 진정한 관계를 가지려는 의지에도 영향을 준다는 사실을 밝혀냈다.

예를 들어, 사람들은 그들이 아는 다른 사람이 어떤 브랜드에 긍정적으로 반응한다고 생각하면, 그들 또한 그 브랜드에 대해 긍정적으로 반응한다는 것이다. 또한 뇌과학 연구에서는 사회적 영향이나 단서가 두뇌가 정보에 반응하는 방식에 영향을 준다고 한다. 연구결과에 따르면 다른 사람의 생각을 듣고 나면 선호 자체를 바꾸는 상황이 발생하는데, 특히 외부 사람들보다는 그들이 소속된 팀이나 커뮤니티에 소속된 사람들의 영향에 보다 민감하게 반응한다고 한다.

지금까지 여러 연구 결과를 종합해 보면, 브랜드가 사회적 특성을 갖게 됨에 따라, 브랜드 로열티는 브랜드 마케팅에서 가장 중요한 요소가 되고 있다. 브랜드 로열티를 가진 고객은 주변 사람들에게 브랜드와 관련하여 긍정적인 영향을 미치는 반면, 주변 사람들로부터 전해지는 부정적인 영향에 덜 민감하다. 따라서 강한 고객 로열티를 가진 브랜드들은 소비자들의 사회적 연결성으로부터 이익을 얻거나 보호받을 수 있다. 소비자의 삶에서 브랜드를 접촉하는 매 순간이 소비자와 브랜드 간 관계를 강화하는 좋은 기회가 된다. 또한 그중에서 사회적 정서를 공유하는 순간들은 그런 관계를 강화하는 데 매우 강력한 영향을 미친다.

■ 소비자들과 가치를 공유해야 결실 있는 관계가 구축된다

그렇다면 관계 중심 마케팅으로 어떻게 전환할 수 있을까? 진정성, 신뢰, 다면적 접촉 등으로 관계를 형성할 수 있을까? 우리 자신은 소비자들과 진정한 관계를 갖기 위해 노력해 왔는가를 우선 되돌아볼 필요가 있다. 대부분은 확실히 그렇다는 대답을 하기 어려울 것이다. 지금까지 해 왔던 마케팅은 대부분 표면적으로 드러나는 제품이나 서비스의 가치에 집중되어 있었다. 그렇기 때문에 마케터들에게는 그런 방법이 익숙하고 훨씬 용이하게 느껴질 것이다. 하지만 이제 브랜드의 사회적 참여는 피할 수 없는 상황이 되었다. 오히려 브랜드의 사회적 참여는 마케팅 노력과 자원을 보다 효율적으로 사용하고, 소비자들에게 보다 인간적으로 다가가는 방법이 될 수 있다.

브랜드가 소비자와 장기적이고 가치 있는 관계를 구축하기 위해서는 가치 있는 제품이나 서비스를 제공하는 것뿐만 아니라 소비자들이 그들의 삶에서 중요하다고 생각하는 다양한 가치들에 공감하고 이를 함께 만들어 가는 노력이 필요하다.

소비자들이 가진 가치와 이상을 밀접하게 묶어 주는 제품이나 서비스, 그들과 함께하는 사회적 활동, 다양한 브랜드 경험, 그리고 다른 브랜드와의 차이를 인식하게 하는 몇몇 순간들이, 브랜드와 소비자들 간에 밀착된 관계를 창조하는 사회적 고리가 될 수 있을 것이다. 브랜드의 사회생활은 단순히 제품이나 서비스 차원이 아니라 보다 전체적인 관점으로 브랜드 마케팅 활동을 통합하는 힘이 될 수 있다. 오히려 이러한 마케팅 환경에서 브랜드가 소비자들과 가치를 공유하고 상호 공감하게 되면, 브랜드는 그들과 장기적이고 다면적이며 결실 있는 관계를 구축해 갈 수 있을 것이다. 이를 관계의 시대(Relationship Era)라고 한다.

■ 관계의 시대 마케팅은 지속적인 관계 구축에 초점을 둔다

관계의 시대를 처음 이야기한 사람은 마케팅 전략가인 덕 레비Doug Levy이다. 마케팅이 제품의 시대(Product Era)와 소비자의 시대(Consumer Era)를 거쳐 관계의 시대로 진화한다고 그는 설명한다. 그에 따르면, 1900년대에서 1960년대까지를 제품의 시대라고 정의하는데, 비즈니스는 오로지 제품의 생산에 집중되었다. 마케팅은 단순히 제품에 대한 정보만 전달하는 역할을 했으며, 커뮤니케이션은 제품의 우월성을 전달하는 것이 일반적이었다. 1960년대에 들어서면서 마케터들이 이성적인 수준에서 제품 정보를 전달했을 뿐 소비자의 감성적인 수준에는 도달하지 못했다는 반성을 하기 시작하면서 소비자들의 니즈나 욕구를 중시하는 소비자 시대가 탄생했다. 제품의 시대에 마케팅이 제품에 대한 정보 전달에 초점을 두었다면, 소비자 시대에는 소비자들이 제품을 구매하도록 설득하는 데 초점을 두었다.

최근 시작된 관계의 시대 마케팅은 브랜드와 소비자들 간에 지속적으로 유지될 수 있는 관계를 키워 가는 데 초점을 두고 있다. 이제 소비자들은 브랜드를 상품으로 소비하는 것이 아니라 그들과 관련성을 가진 삶의 일부로 인식하고 있다. 이러한 관계의 시대에 마케팅의 역할과 목적은 소비자들을 이해하고 설득하는 것이 아니라 브랜드가 소비자들과 지속적으로 유지할 수 있는 관계를 만들어 가도록 하는 것이다.

■ 관계 구축의 기본은 진정성과 관련성이다

관계의 시대의 마케팅의 출발점은 브랜드이다. 마케팅의 핵심 이슈는 바로 브랜드의 진정성과 소비자와의 관련성이다. 브랜드는 고객에게 다가가서 관계를 맺기 이전에 브랜드가 진정으로 소비자들에게 무엇을 전달할 수 있는지를 먼저 알고 있어야 한다. 진정성은 소비자들에게 신뢰를 준다. 신뢰란 브랜드가 제공하겠다고 한 가치를 전달하는 것만을 의미하는 것은 아니다. 소비자 자신이 원하는 가치, 즉 소비자와 관련성이 높은 가치를 떠올리면 해당 브랜드가 상기되고 브랜드가 그것을 진정성 있게 전달하는 것을 포함하는 것이다. 가장 중요한 것은 브랜드가 제공하는 가치가 소비자가 원하는 가치와 일치되어야 한다는 것이다. 또한 그 저변에는 소비자들이 원하는 가치를 진정으로 이해하고 또 그것을 제공하려고 하는 진정성이 깔려 있어야 한다.

■ 소비자 접점의 생태계를 풍부하게 해야 한다

커뮤니케이션, 광고, 프로모션 그리고 마케팅 효과를 측정하는 방법에 이르기까지, 관계의 시대에는 소비자 시대와는 완전히 다른 접근과 마케팅 방법이 필요하다. 마케터의 역할 또한 더 이상 고객을 설득하고 구매를 유도하기 위해 반복적으로 캠페인을 하는 것이 아니다. 마케터는 고객이 원하는 가치와 브랜드의 가치를 일치시키고, 소비자들의 신뢰를 구축하고, 소비자들과의 접점 생태계를 풍부하게 하여 그들과 다면적으로 접촉해야 한다. 이를 위해서는 디지털과 전통 미디어 모두를 활용하여 소비자들과 좀더 가까워질 필요가 있다.

관계의 시대에는 소비자들을 설득하는 것이 그렇게 효과적이지 않다. 신뢰를 기반으로 브랜드와 소비자가 상호 공감하는 가운데 관계가 구축되게 하고 이를 지속적으로 유지하는 데 전력을 다해야 한다.

마케터들은 소셜 미디어, 모바일, 매스 마케팅 등 다양한 매개를 통합적으로 사용하여 소비자들과 보다 나은 관계를 창조하기 위한 상호작용을 만들어가야 한다. 제품의 장점을 내세울 기회를 찾기보다는 소비자들을 사로잡고 관계를 맺는, 즉 인게이징할 기회를 잡는 것이 중요하다. 다양한 방법을 동원해서 소비자들이 인게이징하게 함으로써 브랜드는 소비자들을 더 잘 이해하고 그들과 더 깊은 연결고리와 강한 관계를 만들어갈 수 있다.

인간미의 시대

■ 기계에 대응하는 인간

MIT공대의 경영대학원 교수인 에릭브린 욜프슨은 그의 저서 『제2의 기계시대The Second Machine Age』에서 디지털 기술로 인해 혁신적으로 변화하는 지금, 제2의 기계시대에 들어서고 있다고 말한다. 제1의 기계시대는 인간과 가축의 육체적 한계를 넘어서 유용한 에너지를 얻을 수 있게 해준 증기기관의 발달로 촉발된 산업혁명이 만들어낸 시대이다. 이는 기계에 의한 기술혁신으로 인간 역사에 유례없는 변화를 만들어낸 첫 번째 시대였고, 이제 컴퓨터를 비롯한 디지털 기술이 또 다른 혁신적인 변화를 일으키는 제2의 기계시대를 맞고 있다고 한다. 제1의 기계시대가 인간의 육체적인 능력의 한계를 넘어서게 해 주는 혁신이었다면, 제2의 기계시대는 인간의 지적인 능력을 강화시켜 혁신적인 변화를 일으키는 시대이다. 디지털 기술에 힘입어 인간은 지적인 능력의 한계를 뛰어넘는 새로운 세계로 들어서고 있다는 것이다.

2004년 프랭크 레비Frank Levy와 리처드 머네인Richard Murnane은 그들의 저서 『새로운 노동 분업The New Division of Labor』에서 인간은 기계, 즉 컴퓨터와 분업을 하게 되었다고 한다. 디지털이 발달한 지금은 인간과 컴퓨터가 육체적 노동뿐만 아니라 지적 활동까지도 분업을 하는 시대가 되었다. 구글과 같은 기업들은 운전자가 없는 무인자동차를 개발하였고, 2011년에 애플의 아이폰은 '시리siri'라는 지능을 가진 개인비서 기능을 내놓았다. IBM의 왓슨이라는 슈퍼컴퓨터는 퀴즈를 푸는 게임쇼인 제퍼디Jeopardy의 최종 우승자들과 대결하여 이기기도 했다. BMW의 인공지능 서비스는 소비자가 모바일 기기에 질문을 올리면 질문자의 단어, 문맥, 그리고 숨어 있는 감정까지 해석해서 즉각적으로 응답을 해 준다. BMW의 전문가의 업무를 기계가 대신해 주는 것이다.

기계는 서서히 육체적 노동에서 정신적 노동으로, 물리적 작업에서 인지적 작업으로, 이성적 역할에서 감성적 역할로 그 영역을 넓혀 가고 있다. 인공지능의 발달은 아주 사소한 영역에서 시작해서 중요한 영역까지 확대가 되고, 정해진 틀이나 규칙에 의해 움직이던 기계는 이제 패턴을 스스로 인지하고 복잡한 의사소통을 하는 등 인간의 영역을 대체하고 있는 것이다.

■ 디지털의 발달은 인간적인 것을 그리워하게 만들 것이다

기계의 발달은 인간의 삶을 획기적으로 개선해 주고 있지만, 한편으로 인간의 영역은 기계에 의해 급속도로 침범당하고 있다. 일부 영역은 여전히 인간의 영역으로 남아 있겠지만 기계가 침범한 영역에서는 인간의 역할이 거의 없어지고 있다. 육체적 영역은 더 이상 인간의 역할이 아니고, 지적 영역도 차츰 기계에게 내주게 될 것이다.

디지털 기술의 발달로 인간의 지적 영역이 침식당하면서, 인간의 역할은 감성적 영역으로 축소되고 있다. 결국에는 가장 인간스러운 영역만 인간의 역할로 남겨지게 될 것이다. 그리고 기계와 다른, 인간만의 특성이 강조되는 시대가 도래할 것이다. 필자는 이를 인간미의 시대(Humanity Era)라고 부른다.

■ 인간미의 시대

세계적인 브랜드 컨설팅 회사인 리핀콧Lippincott은 디지털 기술의 발달로 인해 서로 연결된 이 시대를 인간의 시대(Human Era)라고 부른다. 소비자들은 디지털의 발달이 만들어 낸 다양한 소셜 미디어의 출현으로 인해 기업이나 브랜드의 진정한 모습과 그 실체를 볼 수 있게 되었다. 소비자들은 자신을 전체 중 한 사람이 아니라 독립된 개인으로 인정하고 존중해 주는 브랜드와 관계를 맺고 싶어 하며, 브랜드가 보다 투명하고 개인적인 방법으로 접근해 올 때 반응을 보인다. 인간의 시대에 사람들은 브랜드가 인간적으로 다가가고 영감을 주는 경험을 제공하며 진정성 있는 브랜드 이야기를 해 주기를 기대한다.

소비자들은 브랜드가 신뢰할 수 있고 가치를 공유할 수 있는 인간처럼 행동해 주기를 기대하고 있다. 그러한 브랜드는 소비자와 공감대를 이루고 인간처럼 이야기를 걸어주는 브랜드이며, 소비자들이 그 브랜드를 자신과 동일시하도록 지속적으로 노력하는 브랜드들이다. 즉 보다 인간적으로 교류할 수 있는 인간미를 갖춘 브랜드라고 할 수 있다. 따라서 필자는 이 시대를 '인간의 시대' 보다는 '인간미의 시대(Humanity Era)'로 표현하는 것이 더 바람직하다고 생각한다.

■ 인간은 서로 연결되어 있고 관계를 형성하며 살아간다

인간(人間)은 한자 표현에서도 알 수 있듯이, 사람들과의 관계 속에서 살아가는 존재이다. 인간은 다른 사람들과 연결되거나 관계를 맺고자 하는 원초적 욕구를 가지고 있다. 인간의 가장 기본적인 연결 구조가 바로 가족이다. 가족관계에서 보듯이, 인간들 간의 연결성이 의미를 갖기 위해서는 일방향이 아니라 쌍방향으로 커뮤니케이션이 이루어지면서 관계의 수준을 높여가야 한다. 사실 최근의 트렌드를 보면 가족의 규모가 점점 줄어들고 있고, 심지어 일인 가정이 늘어가는 추세이다. 말하자면 인간의 가장 기본적인 연결구조가 깨지고 있는 것이다.

이처럼 가족관계가 약화되는 시기에 사람들을 다시 연결해 주고 있는 것이 바로 디지털이다. 디지털의 발달로 인해 사람들 간의 대화 수단이 훨씬 더 다양화되었고 소셜 미디어 등으로 인해 인간은 다시 서로 연결되고 있다. 사람들이 서로 연결해야 할 이유를 일깨워주고 그것을 가능하게 해 준 것이 바로 디지털 기술이다. 디지털은 사람들에게 서로를 연결할 수 있는 능력을 부여했고, 그 결과 사람들은 다양하고 역동적인 네트워크를 만들어내고 있다.

■ 인간은 커뮤니케이션을 통해 서로 연결되려고 한다

인간은 서로 연결되기 위해서 커뮤니케이션을 한다. 커뮤니케이션을 하면서 서로 배우고, 가르치고, 물어보고, 감사하고, 칭찬하고, 사과하고, 기쁨을 나눈다. 커뮤니케이션은 글이나 대화로 하기도 하고 단지 웃어 주거나 쳐다보는 몸동작만으로도 이루어진다. 소비자들은 브랜드가 자신들과 커뮤니케이션을 해 주기 바란다. 소비자들은 브랜드를 하나의 인간처럼 인식하는 것이다. 소비자들이 가장 원하는 것은 브랜드가 자신들에게 진심으로 커뮤니케이션을 해주는 것, 바로 가장 인간적인 것이다.

■ 진정성을 전달하려면, 먼저 기업문화에 뿌리내리고 있어야 한다

인간적인 것이 중요한 시대에, 사람들이 서로 관계를 유지하기 위해서는 진정성과 상호 신뢰가 필요하듯이 브랜드와 소비자들의 관계에 있어서도 상호 신뢰와 진정성이 요구된다.

하지만 브랜드와 소비자들 간에 진정성 있는 관계를 만들고 유지하는 것은 결코 쉬운 일이 아니다. 실제로 소비자들과 진정한 관계를 형성한 브랜드는 그리 많지 않다. 제품뿐만 아니라 모든 고객 접점에서 진정성과 신뢰를 전달할 수 있으려면, 먼저 그것이 기업문화에 뿌리내리고 있어야 하고, 모든 직원에게 체화되어 있어야 한다. 하지만 기업의 문화는 단기간에 만들어지거나 바뀌지 않는다. 몸집이 큰 조

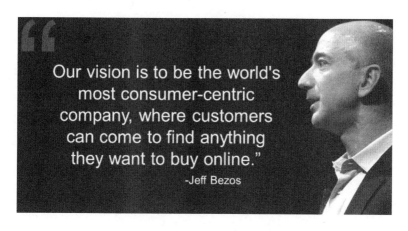

아마존의 미션: 지구에서 가장 고객 중심적인 기업

직일수록 일상적인 고객의 경험에 일일이 대응하고 그들과 연결고리를 만들어 가는 것이 쉬운 일이 아니다. 소비자들과 진정한 관계를 구축하려면 먼저 기업이 직원들을 신뢰하고 기꺼이 권한을 이양할 수 있어야 한다. 성공적인 기업들은 직원들에게 방향만을 제시해 주고 그들 스스로 실행하도록 격려한다.

■ 고객 중심을 넘어 고객 집착을 지향해야 한다

인간미를 갖춘 브랜드로 인정받고 있는 성공한 브랜드들의 기업문화는 소비자들과 공감을 이루는 몇 가지 특성을 지니고 있다. 그들은 경영진에서부터 일선 직원에 이르기까지 고객의 삶에 깊이 빠져들어 그들과 교감하는, 고객 지향적인 문화를 만들어 간다. 아마존은 '지구에서 가장 고객 중심적인 기업(Earth's most customer-centric company)'이라는 미션을 설정하고 그들만의 문화를 만들어 가고 있다. CEO인 제프 베조스는 고객 중심(Customer-driven)을 넘어 고객

집착(Customer Obsession)을 지향해야 한다고 강조한다. 회의 시간에 항상 빈 자리를 하나 남겨두는데, 이 상징적인 고객의 자리는 '항상 고객 가까이 있으며 늘 고객의 소리를 듣는다'는 아마존의 기업문화를 나타낸다.

아마존과 같이 극도로 고객 지향적인 기업들은 단순히 리서치 등을 통해서만 고객을 이해하지 않는다. 그들은 고객의 삶 속에 들어가 고객들이 어떻게 느끼고 어떻게 생각하는지를 이해하려고 노력한다. 이러한 문화가 정착되어 있기 때문에 고객의 문제에 어떻게 대처해야 할지 예상치 못한 방법을 찾아내곤 하는 것이다.

■ 인간미의 시대에는 소비자들과 브랜드가 함께 가치를 창조한다

인간미의 시대가 도래하면서 가치를 창출하고 전달하는 방식이 변하고 있다. 가치 창출이 과거보다 훨씬 더 개인화되고 있으며, 브랜드가 가치를 창출해서 전달하는 것이 아니라 소비자들과 함께 가치를 창출하고 있다. 즉 소비자들을 가치창출 과정에 참여시키고 있는 것이다.

최근 비즈니스에서 성공을 이룬 브랜드와 비즈니스 모델을 살펴보면 진정성을 가지고 소비자들과 가치 있는 연결고리를 구축해 가고 있다. 이러한 고객 관계는 브랜드에게 고객에 대한 더 많은 통찰력을 제공해 주고, 고객의 지갑 점유율을 높여주며 더 큰 수익을 가져다준다. 소비자는 제품이나 서비스를 구매하는 것이 아니라 제품이나 서비스의 주체가 되고 싶어 한다. 단순히 제품이나 서비스를 소비하는 것이 아니라 자신이 선택한 브랜드와 관계를 맺고 가치를 창출하는 데 동참하고 싶어 하는 것이다.

스타벅스 와이파이: "안녕! 친구 왔어?"

브랜드는 이제 소비의 주체이자 사회의 일원으로서의 소비자들과 어떻게 하면 가치 있는 관계를 창출할 수 있는지 깊이 고민해야 한다. 소비자를 단순히 소비의 주체로만 생각하고 브랜드와 기능적인 경험만을 나눈다고 생각한다면 소비자를 충분히 이해하고 있다고 할 수 없다. 제품이나 브랜드에만 국한된 상호작용을 넘어 소비자가 관심을 가질 만한 다양한 이슈, 특히 사회적인 가치까지 함께 고려해야 한다.

■ 인간적인 대화를 통해 소비자들과 친숙해져야 한다

인간미의 시대의 브랜드들은 사람들처럼 이야기하고 행동해야 한다. 일방향적인 커뮤니케이션이 아니라 소비자들과 눈을 맞추고 대화하는 것과 같은 느낌의 커뮤니케이션을 해야 한다. 스타벅스는 고

객이 아이디어를 제안하는 '마이 스타벅스 아이디어My starbucks idea'
사이트를 구축하고 고객들과 쌍방향으로 커뮤니케이션을 하고 있다.
스타벅스는 고객들에게 공개적으로 아이디어를 제안하도록 독려하
고, 브랜드 메시지를 전달하는 데 투여하는 만큼의 에너지를 고객과
대화하는 데 투여하고 있다.

스타벅스가 지향하는 고객과의 대화는 이전처럼 딱딱하고 공식적
인 대화가 아니라 사람들 간의 일상적인 대화처럼 편안하고 친근한
대화다. 스타벅스에 와서 와이파이를 켜면, '로그인 하셨습니다' 라는
일반적인 멘트가 아니라 '안녕! 친구 왔어?' 식의 친밀한 인사말이 던
져진다. 우리의 일상생활을 떠올려보면 고객들과 어떻게 대화해야
하는지 쉽게 알 수 있다. 친구와 대화할 때처럼 친숙한 대화방식을
활용하면 고객들을 대하는 진심 어린 마음을 더 잘 전달할 수 있을
것이다.

■ 뚜렷한 인간적인 매력과 개성을 창조해야 한다

인간적인 브랜드가 되려면 소비자들의 관심을 끄는 매력이나 개성
이 있어야 한다. 독특한 개성을 창조해 내고 이를 매력적으로 보여줄
수 있어야 한다.

코카콜라는 늘 생활 속에서 소비자들과 함께 호흡하는 브랜드라는
이미지를 갖고 있다. 생활에 활력을 가져다주는 친구처럼 인간적인
브랜드들은 작은 실천을 통해 고객들에게 감동을 준다. 애플은 사용
자들이 설명서 없이도 제품을 사용할 수 있게 한다. 스타벅스는 컵에
고객의 이름을 써 주어 친근한 느낌을 제공한다. 구글은 매일 로고를
바꾸어 줌으로써 늘 새로움을 제공한다. 이러한 것들은 대단한 혁신

이 아니다. 작지만 뭔가 색다른 감성을 제공하는 것들이다.

　이러한 사소한 것들이 고객들에게 예상치 못한 놀라움을 주고 작은 즐거움을 선사한다. 이러한 작은 실천들은 즉각적으로 엄청난 반응을 이끌어내지는 않지만 이것들이 누적되면 하나의 브랜드 특성이나 개성으로 자리 잡게 된다. 어떤 시도들은 혁신적이고, 어떤 것은 다분히 인간적이고, 또 어떤 것은 우리로 하여금 생각을 하게 만든다. 이와 같은 노력들은 연구를 통해 나오는 것이 아니다. 늘 고객의 소리에 귀 기울이고 그들과 대화하고 같이 호흡하다 보면 자연스럽게 떠오르는 것이다.

■ 인간미를 가진 브랜드는 실수를 할 수도 있고 결점도 있다

　브랜드들도 실제 인간들처럼 결점이 있다. 브랜드가 완벽해야 한다고 여기던 시대는 지나갔다. 브랜드 역시 인간미가 느껴지려면 실수를 할 수도 있고 결점을 가질 수도 있다. 고객들에게 완벽한 모습만 보이려고 하지 말고 있는 그대로의 모습과 진정성을 보여줄 수 있어야 한다. 사람은 완벽하지 않고 저마다의 어려움이 있는 것처럼, 브랜드 역시 완벽하지 않다는 것을 굳이 숨길 필요는 없다. 누군가에 의해 어떤 방식으로든 브랜드에 대한 평가가 이루어지면 그것을 솔직하게 공개하는 것도 나쁘지 않다. 그것이 사실이니까.

06 가치 정립: 브랜드 가치 Brand Value

　　브랜드는 상품이나 서비스를 고객과 연결하는 매개이다. 브랜드와 고객은 상호 정보와 가치를 주고받으면서 관계를 형성한다. 브랜드는 고객의 삶에 가치 있고 의미 있는 뭔가를 창출하여 고객에게 전달함으로써 존재 의미를 갖는다. 고객들은 브랜드를 구매하고 사용함으로써 브랜드가 전달하는 가치, 즉 혜택과 효용을 느끼고 누린다. 마케팅은 이러한 브랜드 가치를 고객에게 전달받고 전달하는 역할을 담당한다. 즉 고객들이 브랜드로부터 원하는 가치를 파악하고 이를 제품이나 서비스 형태로 창조하여 브랜드의 이름으로 고객에게 전달하는 것이다. 마케팅을 통해 파악하고 전달한 브랜드 가치가 고객들에게 수용되어 그들의 삶에 도움을 주고 그들 삶의 일부라고 인식되면 브랜드는 고객과 관계를 구축하고, 나아가 그들의 로열티를 얻을 수 있다. 결국 고객 인게이지먼트와 로열티 구축을 위해 브랜드와 고객의 관계를 만들어 주는 시작점이자 연결고리가 바로 브랜드 가치인 것이다. 브랜드가 전달하는 가치가 고객에게 의미 없는 것이라면 브랜드와 고객의 관계는 시작되지조차 않기 때문이다. 그렇다면 디지털 시대에 브랜드 가치는 어떻게 정의되어야 하며, 이를 효과적으로 전달할 수 있는 방법은 무엇인가?

브랜드 가치에 관한 몇 가지 질문

■ 브랜드 가치보다 제품의 속성이 우선하는가?

많은 브랜드들은 제품의 새롭고 독특한 특성을 브랜드 가치로 인식하는 경향이 있다. 일반적으로 기업은 기존 제품이나 경쟁 제품 대비 새롭거나 우월한 특성을 찾아 신제품으로 출시한다. 매번 차별화된 새로운 제품의 속성을 만들어야 한다는 강박관념을 가지고 있다. 신제품이 출시되면 매번 새로운 차별화된 속성을 적극적으로 커뮤니케이션한다. 매번 다른 속성이 커뮤니케이션되는 셈이다. 브랜드가 지향하는 가치를 기준으로 제품의 새로운 특성을 찾기보다는 제품의 차별적 특성이 우선적으로 고려되는 것이다.

일련의 제품의 특성들이 브랜드가 지향하는 가치에 부합하고 소비자들이 이를 일관성 있게 인식하면 문제가 없지만, 소비자들이 제품의 특성만 인식하고 브랜드에 대한 이미지나 연상이 명확하게 각인되지 않는다면 브랜드가 소비자들의 인식 속에 자리 잡기는 어렵다. 대부분의 브랜드들은 좋은 제품과 서비스를 만들어 제공한다는 일반적인 목표를 가지고 제품의 특성은 전달하지만, 브랜드 차원에서 브랜드가 지향하는 궁극적인 가치와 혜택을 명확하게 정의하고 있는

Start something new.

When you start with amazing products, you can create amazing things.

애플의 핵심 가치: Start something new

브랜드는 그렇게 많지 않다.

　우리나라를 대표하는 삼성전자와 현대자동차는 어떤 목표를 가지고 어떤 가치를 소비자에게 전달하고 있는가? 고객 가치 측면에서 갤럭시나 제네시스가 지향하는 목표는 무엇인가? 이러한 브랜드를 생각하면 어떤 가치나 이미지가 떠오르는가? 애플을 떠올리면 새로움(New), 창의성(Creative), 혁신(Innovative) 같은 단어가 생각나고, 우리 생활에 혁신적인 변화를 주고 우리의 삶과 라이프스타일을 변화시키고 있다는 생각이 들 것이다. 애플의 홈페이지를 방문해 보면 다음과 같은 문구를 발견할 수 있다.

Start Something New.

When you start with amazing products, you can create amazing things.

이 문구에서도 나타나는 것처럼 애플은 지속적으로 창의성을 핵심적인 브랜드 가치, 즉 비즈니스의 지향점으로 삼고 이를 위해 지속적으로 노력하고 있다. 애플 신제품의 슬로건을 보면 애플이 얼마나 브랜드 가치에 충실하게 제품을 창조하고 일관성 있게 커뮤니케이션하는지 알 수 있다.

2007년 original iPhone, 'Apple reinventes the Phone'

2008년 iPhone 3G, 'The first phone to beat the iPhone'

2009년 iPhone 3Gs, 'The fastest, most powerful iPhone yet'

2010년 iPhone 4, 'This changes everything, again'

2011년 iPhone 4S, 'The most amazing iPhone yet'

2012년 iPhone 5, 'The biggest thing to happen to iPhone since iPhone'

2013년 iPhone 5S, 'Forward Thinking'

2015년 iPhone 6, 'The only thing that' s changed is everything'

애플을 연상할 때 직접적으로 창의성이라는 단어가 떠오르지는 않는다고 하더라도, 애플이 창의성과 연관성이 높다는 것은 대부분 인정할 것이다.

많은 기업들이 매년 단기 성과에 급급하여 제품 커뮤니케이션에만 집중하고, 중장기적이고 지속적인 성과를 창출하는 브랜드 커뮤니케이션에는 소홀한 경향이 있다. 이러한 제품 속성 중심의 커뮤니케이션이 반복되면 고객들의 이성적인 판단 기준만 강화하게 되고, 결국 제품에서 차별적 특성이 없으면 외면당하게 되는 함정을 스스로 만들 수 있다.

■ 브랜드 가치는 차별적 커뮤니케이션 요소에 불과한가?

브랜드 가치란 단순히 커뮤니케이션 요소가 아니라 전사적 지향목표, 즉 제품 개발, 서비스, 매장, 마케팅 커뮤니케이션 등 브랜드와 관련된 모든 영역이 지향해야 하는 목표이다. 아이폰의 브랜드 가치가 Something New라면, 제품 개발, 서비스, 매장, 마케팅 활동 등에서 새로움과 창의성이 부각될 수 있도록 전사적으로 초점을 맞춰야 한다. 고객들이 브랜드를 만나는 모든 접점에서 Something New를 경험하고 이런 경험이 쌓여, 아이폰을 떠올리면 뭔가 새롭고 창의적이라는 연상을 하게 된다. 그러한 연상은 고객의 인식 속에 남아서 다음 제품도 뭔가 새롭고 창의적일 것이라는 기대를 갖게 만든다.

하지만 대부분의 기업들은 브랜드 가치를 전사적인 지향점으로 생각하지 않고 고객에게 전달하는 커뮤니케이션 메시지 정도로 인식하고 있다. 그 결과 브랜드에 대한 중장기 지향목표를 갖지 못하고 시장 상황에 따라 그때그때 브랜드의 핵심가치를 조정해 왔다. 이러한 일관성의 부재로 인해 소비자들은 브랜드가 제시하는 가치가 무엇인지 헷갈려하거나, 여러 브랜드들이 특색 없이 비슷한 가치를 제시하는 것으로 인식하게 되었다. 소비자에게 차별화 목적으로 너무 많은 가치와 혜택을 전달하려는 욕심 때문에 소비자들에게 브랜드 가치를 명확하게 각인시키지 못하고 있는 것이다.

■ 브랜드 가치는 고객 지향적 개념인가, 기업 중심적 개념인가?

필자의 경험에 의하면 실제로 국내 기업들은 대부분 '세계 최고', '아시아 No.1' 등과 같이 금전적 성과나 시장 위상과 관련된 기업 중

기아자동차 '디자인 기아'

심의 목표는 설정되어 있지만 고객 가치와 관련된 목표를 설정하고 있는 기업은 많지 않다. 그 결과 브랜드를 떠올렸을 때 소비자들에게 연상되는 명확한 가치를 가지고 있는 브랜드는 손에 꼽을 수 있을 정도로 적다. 예를 들면, '친환경과 바른 먹거리' 라는 가치를 설정하고 있는 풀무원, '디자인' 을 핵심가치로 내세우고 있는 기아자동차, '고객 행복' 을 추구하는 SK그룹 등이 그런 브랜드들이다.

설령 고객 가치와 관련된 목표를 가지고 있는 경우라 하더라도 그러한 가치를 기업의 전반적인 활동에서 가장 우선적인 목표로 삼고 전 직원이 노력하는 기업은 더욱 찾아보기 힘들다. 대부분의 브랜드들은 핵심가치를 설정하기는 했지만 그 가치를 브랜드와 강하게 연결하는 데 실패하고 있다. 소비자들이 그러한 가치를 생각할 때 가장 먼저 떠오르는 브랜드가 되지 못하거나, 브랜드만의 차별적이고 독특한 가치로 인식되지 못하고 있다.

기아자동차의 디자인 기아. 기아자동차의 경우, 2006년 디자인 경영을 선포하고 '디자인 기아' 를 대대적으로 표방하면서 본격적인 디자인 경영에 돌입했다. 당시 기아자동차는 모든 사무실에 '디자인 기아' 포스터를 붙이고, 직원들이 사용하는 문구용품에까지 '디자인 기아' 로고를 붙이는 등 전 직원들에게 디자인이 기업의 지향목표임을 인식시켰다. 내부 직원들의 의식통합과 공통된 지향성을 만들어내기 위한 노력이었다. 그 결과 로체이노베이션, 포르테, 소울에 이은 K5, K7, K3 시리즈로 제품이 구현되었고, 이를 통해 디자인 기아의 실체와 산출물을 확실히 보여주었다. '기아' 하면 디자인을 제일 먼저 떠올릴 만큼 고객들은 기아 브랜드의 지향가치를 확실하게 인식할 수 있게 되었다. '디자인 기아'는 기업이 자신의 브랜드의 지향가치를 명확히 하고 전사적으로 매진한 대표적인 사례라고 볼 수 있다.

기업이나 브랜드에 대한 대부분의 정보가 공유되고, 기업보다는 고객이 주도하는 시장 환경에서는, 기업 중심의 목표가 아닌 소비자들이 체감하고 혜택을 누릴 수 있는 가치를 기업 목표로 정립하여 소비자들과 커뮤니케이션하고 구현하는 브랜드만이 소비자들로부터 사랑받을 수 있을 것이다.

브랜드의 핵심 가치에서 시작하라

그렇다면 우리 자신의 브랜드를 되돌아보자. 우리 브랜드가 존재하고 사랑받아야 할 이유가 있는가? 우리 브랜드가 지속적으로 추구하는 가치가 있는가? 고객들에게 전달하고자 하는 브랜드의 명확한 핵심가치가 설정되어 있는가? 그리고 그러한 가치를 창조하고 전달하기 위해 그 가치를 제품이나 서비스 등의 전사적인 활동의 지향점으로 삼고 있는가?

브랜드 비전과 미션은 소비자들이 살아가는 세상의 일원으로서 브랜드가 존재하고 사랑받아야 할 이유에 관한 것이다. 소비자들은 각자 알게 모르게 그들만의 세계를 만들어 가고 있다. 그들의 세계에는 그들의 가치관, 인격, 개성, 친구들, 커뮤니티, 그리고 그들이 사용하고 소비하는 많은 브랜드들이 있고, 이들과 함께 자신들만의 세계를 만들고 영위해 간다. 소비자들마다 자신의 세계를 구성하는 요소는 대부분 유사하지만 각 구성 요소의 특성은 각기 다를 것이다. 각각의 소비자들은 서로 다른 브랜드를 소비하고 선호한다. 브랜드가 그들의 세계 속에 들어간다면 그것은 브랜드가 존재 이유를 갖고 있기 때문이다. 많은 사람들에게 인기 있는 브랜드는 많은 이들로부터 존재 가치를 인정받는 브랜드이고, 소수에게 사랑받는 브랜드는 특정인에게 존재 가치를 인정받는 브랜드이다.

코카콜라는 "세상을 상쾌하게 하는 것, 세상을 밝게 바라보는 행복의 순간을 만들어 주는 것, 그리고 가치를 창조하고 차이를 만들어 가는 것"을 브랜드 미션으로 설정하고 있다.

To refresh the world

To inspire moments of optimism and happiness

To create values and make a difference

스타벅스의 브랜드 미션은 "한 번에 한 사람씩, 한 잔씩, 그리고 한 이웃씩, 인간의 정신에 영감을 불어넣고 풍요롭게 하는 것"이다.

To inspire and nurture the human spirit

- one person, one cup and one neighborhood at a time

애플의 CEO 팀쿡은 애플의 목표가 "Better"라고 밝히고 있다.

To innovative and improve, to relevant, to make it … better.

이러한 미션을 갖고 있다면 이 브랜드들은 소비자들의 세계 혹은 사회의 구성원으로서 존재할 가치가 있지 않겠는가? 브랜드들이 그러한 미션을 달성하거나 달성하려고 노력한다면 소비자들에게 지속적으로 사랑받을 수 있지 않을까? 하지만 어떤 브랜드가 '세계 최고', '아시아 1등' 같은 브랜드 비전이나 목표를 설정하고 있다면 고객들은 어떤 생각들을 가질까? 아마도 소비자들을 위한다기보다는 기업의 이익만 추구한다고 느끼지 않을까? 이런 종류의 목표는 고객 중심적 사고가 아니라 기업의 재무적, 성과 중심적 사고에서 만들어진 것이다. '최고라는 사실'이 아니라 '최고인 이유'가 바로 브랜드의 진정한 존재 가치이고 사랑받을 이유이다.

■ 브랜드 아이덴티티 정립을 통해 브랜드 가치를 명확하게 전달한다

브랜드 아이덴티티는 브랜드를 생각하면 소비자들에게 떠오르는 핵심적인 연상과 독특한 이미지를 담고 있는데, 브랜드가 고객에게 전달할 지향가치의 방향성, 즉 브랜드의 중장기적인 가치목표라고 할 수 있다. 브랜드 아이덴티티는 브랜드의 정체성이고 브랜드의 색깔이며 다른 브랜드와 구별해주는 가장 핵심적인 요소일 뿐만 아니라, 브랜드 이미지를 일관성 있게 전달하고 관리할 수 있게 하는 기준이 된다. 대부분의 글로벌 리딩 브랜드들은 브랜드의 존재 이유를 브랜드 아이덴티티와 동일시하고 있다. 즉 브랜드가 존재하는 이유가 바로 브랜드가 고객에게 의미 있는 가치를 제공하는 것이기 때문에, 이를 브랜드의 중장기적 지향목표로 삼고 그 가치를 향해 달려간다. 브랜드는 고객과 세상에 도움이 되는 가치를 설정하고 제품, 서비스 그리고 고객 경험을 통해 지속적으로 가치를 창출하고 전달하여 고객의 연상에 떠오르게 하고 브랜드의 차별화된 이미지로 각인시키기 위해 노력한다.

브랜드 비전이나 브랜드 아이덴티티는 브랜드가 지향해야 할 방향성이기 때문에, 브랜드 전략화를 위해 가장 먼저 설정되어야 한다. 과거에는 브랜드 비전이나 브랜드 아이덴티티가 그다지 중요하게 고려되지 않았다. 하지만 이제 브랜드 간 차별적 요소가 약해지는 가운데 미디어, 인터넷, 모바일의 발달로 브랜드와 관련된 정보가 적나라하게 공개되고 고객들의 평가기준도 더욱 엄격해졌으며 심지어 브랜드를 공개적으로 평가하는 시대가 되었다.

시간이 흐를수록 점점 더 브랜드의 가치를 전달할 수 있는 기회는 점점 더 줄어들고 소비자들의 평가는 더욱 엄격해질 것이다. 앞으로의 시장 환경을 고려하면, 이제 브랜드들은 명확한 아이덴티티와 브랜드 가치를 통해 소비자들에게 경쟁 브랜드와 다른 강한 인상을 심어주지 않으면 경쟁에서 살아남을 수가 없다. 브랜드들은 자신의 비전과 아이덴티티를 명확히 정의하고, 일관성 있고 통합적인 방법으로 그것을 전달해야 한다. 즉, 자신이 어떤 브랜드이고 어떤 혜택과 가치를 제공하는지 소비자들에게 명확하고 일관되게 인식시켜야 한다. 그렇지 않으면 독특한 색깔도 없고, 고객이 크게 기대하지도 신뢰하지도 않는, 그저 그런 브랜드로 남을 수밖에 없다.

■ 소비자들 스스로 브랜드를 재정의하게 해야 한다

소비자들은 브랜드를 이전보다 훨씬 더 냉소적으로 바라보고 있으며 브랜드가 소비자를 움직이려 하는 것에 매우 불편함을 느낀다. 아직까지 브랜드들은 소비자들에게 자신의 내면을 보여주는 것에 익숙하지 않고, 준비도 되어 있지 않기 때문에 이러한 상황이 매우 곤욕스러울 것이다. 하지만 소비자의 인식 변화를 먼저 읽고 그에 맞게 브랜드 전략을 조정하는 기업들이 나타나고 있으며, 이런 기업들이 변화하는 시대의 마케팅을 주도하게 될 것이다.

과거 마케팅의 역할이 더 많은 소비자들에게 더 많은 메시지를 전달하는 것이었다면, 오늘날은 소비자 개개인과 커뮤니케이션하는 데 초점을 맞추고 있다. 이러한 변화에 따라, 브랜드 육성은 마케팅 부서만의 과제가 아니라 고객 접점을 관리하는 부서를 포함한 모든 직원들의 책임이 되었다. 또한 인터넷과 모바일의 발달로 인해, 힘의 균형이 기업에서 소비자에게로 옮겨감에 따라, 소비자들은 기업이 전달하는 브랜드 가치나 약속을 그대로 수용하는 것이 아니라 그들 스스로 브랜드를 재정의하기 시작했다.

소비자가 브랜드를 재정의하도록 하기 위해서 기업은 소비자들이 브랜드에 대한 이해의 폭을 넓히고 브랜드에 대한 진실을 파악할 수 있게 지원해야 한다. 대중으로서의 소비자가 아니라 개인으로서의 소비자와 적극적으로 소통하여 소비자들 스스로 브랜드를 이해하는 방법을 찾을 수 있도록 도와야 한다.

그동안 기업들은 소비자와의 직접 접촉이 제한적이라고 여겨왔기 때문에 그 효과에 대해 그다지 신뢰하지 않는 경향이 있었다. 하지만 최근 브랜드에 대한 소비자들의 불신이 강해지고 미디어가 다양해짐에 따라, 직접적인 접촉을 통해 소비자들과 커뮤니케이션할 기회를 모색하는 브랜드들이 점점 많아지고 있다.

■ 내부 구성원들이 소비자와 소통하면서 브랜드를 육성해야 한다

브랜드의 역할은 어떤 가치를 고객들에게 전달할지를 약속하고 지켜나가는 것이다. 브랜드는 소비자에게 전달하는 약속에 대한 신뢰를 줄 수 있어야 한다. 그런데 실제로는 소비자뿐만 아니라 내부 직원들에게조차 브랜드에 대한 신뢰를 잃어가고 있는 것이 사실이다. 영앤루비캠Young & Rubicam의 연구에 따르면, 소비자들이 신뢰하는 브랜드는 1997년 52%에서 2008년에는 22%로 떨어졌다고 한다.

그렇다면 신뢰는 어떻게 형성할 수 있을까? 신뢰는 브랜드가 소비자들에게 전달한 약속을 소비자들이 꾸준히 경험함으로써 조금씩 쌓여지는 것이다. 따라서 소비자들에게 브랜드가 얼마나 대단한지를 알리는 것보다는 소비자가 기대하거나 관심을 가질 만한 컨텐츠에 초점을 맞추어 그들이 지속적으로 경험하도록 해야 한다. 브랜드에 대한 경험은 매우 다양한 곳에서 일어난다. 소비자들이 기대하는 것을 이해하고 브랜드에 담기 위해서는 우선 개방성(Openness)이 필요하다. 브랜드를 만들어 가는 과정에 소비자와 내부 직원들을 개방적으로 참여시켜야 한다. 특히 소비자가 기대하는 것을 명확히 파악하기 위해서는 소비자와 내부 직원 간 소통의 통로를 확보해야 한다. 브랜드 관리자들은 달콤한 언어로 소비자들을 유혹하려고 하기보다는 내부 직원들이 소비자들과의 소통을 통해 진솔한 정보를 전달할 수 있도록 지원해야 한다. 또한 내부적으로도 그들의 소리를 경청하고 실현하려고 노력해야 한다.

노스페이스: 멈추지 않는 탐험

이러한 접근은 소비자들과 직접 교류를 통해 브랜드를 육성하는 방법이고 조직 내부에 브랜드에 대한 관심과 열정을 심는 방법이다. 두말할 나위도 없이 이러한 노력은 진정성을 가지고 수행되어야 한다. 실패한 사례들에서 보듯이, 보여주기 식의 접근은 오히려 참여한 소비자들의 반감을 사고 부정적인 입소문을 양산하게 된다.

■ 하나의 메시지, 하나의 가치라도 제대로 전달해야 한다

새로운 미디어가 계속 생겨나면서 소비자들은 정보와 마케팅의 홍수 속에서 살고 있다. 따라서 소비자들은 그들에게 필요한 마케팅 메시지만 선별해서 들으려고 하고 웬만한 마케팅 메시지에는 귀를 기울이려 하지 않는다. 이러한 시장 환경에서는 하나의 메시지만이라도 제대로 전달하고, 하나의 가치만이라도 명확하게 인식시킨다면 마케팅 활동은 매우 성공적이라고 할 수 있다. 여러 가지 가치를 전

노스페이스: 우리의 겨울은 밖에 있다

달하는 경우, 소비자들이 인식하고 떠올리는 이미지나 가치가 명확하지 않을 수 있다. 단 하나의 이미지나 가치라도 바로 연상된다면 브랜드만의 자산이 확보되는 셈이다.

노스페이스의 탐험. 아웃도어 브랜드인 노스페이스는 브랜드의 핵심 가치를 '멈추지 않는 탐험(Never Stop Exploring)'으로 설정하고 소비자들에게 탐험이라는 가치를 일관되게 전달하고 있다. 한국 노스페이스는 2013년 가을/겨울 시즌을 맞아 영등포 타임스퀘어에 있는 팝업스토어에서 체험 프로모션을 열었다. 브랜드의 핵심 가치를 알리기 위해 '우리의 겨울은 밖에 있다'는 메시지를 내걸고 고객들이 직접 체험하게 하는 마케팅을 시도했다.

체험 매장을 방문한 고객들의 눈 앞에 놀랄 만한 겨울 세상이 펼쳐졌다. 그리고 미리 마련된 얼음을 60초 안에 깨면 그 안에 들어 있는 노스페이스 패딩 점퍼를 가져갈 수 있는 기회가 주어졌다. 체험 이벤트에 참여한 고객들은 노스페이스의 브랜드 가치를 이해하게 되었고, 스스로 브랜드와 브랜드 가치를 주변에 전파하는 역할을 수행했다.

2013년에 이어 2014년에도 노스페이스는 '멈추지 않는 탐험' 캠페인을 지속하였다. 2014년 가을/겨울 시즌을 맞아 '승부욕 돋는 노스페이스 영상'이라는 제목으로 유튜브에 바이럴 영상을 올렸는데 한 달 만에 조회수가 770만을 넘었고 43일 만에 1,000만을 넘었다고 한다. 이는 국내에서 제작된 바이럴 영상으로는 신기록이었다.

이 이벤트에서는 고객들이 매장을 방문했을 때 갑자기 매장 바닥이 사라지기 때문에 벽의 클라이밍 월에 매달릴 수밖에 없는 상황이 벌어진다. 천정에서는 다운자켓이 내려오고 "제한 시간 30초! 노스페이스 다운자켓을 겟Get 하세요!"라는 미션이 공개된다. 그리고 벽에 매달린 사람들이 다운자켓을 얻기 위해 허공으로 몸을 날리는 상황이 이어진다. 이 이벤트는 세계적인 광고 전문지인 〈애드위크Adweek〉와 미국의 〈피플People〉지 온라인판 등에도 소개되었고, 국내뿐만 아니라 전 세계 네티즌들의 뜨거운 관심을 받았다. 노스페이스는 이색적인 영상을 통해 소비자들의 인지와 신뢰를 높이고 브랜드의 핵심 가치를 효과적으로 전달하였다.

가치 있는 브랜드의 조건

P&G의 최고마케팅 책임자였던 짐 스텐겔Jim Stengel은 브랜드 가치의 중요성을 이렇게 말했다.

"애플과 마찬가지로 성공한 기업이나 브랜드들은 사람들이 가치 있다고 생각하는 뭔가를 가지고 있다. 그런데 그 가치는 단지 현재의 삶에 편리함과 풍요로움을 줄 뿐만 아니라 소비자들이 삶을 영위함에 있어서 지속적으로 의미 있는 뭔가를 제공할 때 계속 주목을 받는다."

그렇다면 소비자들의 삶에 지속적으로 의미를 주는 가치 있는 브랜드란 어떤 브랜드인가?

■ 카테고리를 넘어 소비자에게 차별적 가치를 인식하게 한다

산업화가 진행되면서 모든 비즈니스는 크든 작든 인간의 삶에 가치를 제공해 왔다. 단기간 동안 나에게 즐거움을 주고 일시적으로 편리함을 제공하며 다른 기업과 유사한 가치를 제공하는 브랜드는 오래 기억되지 않는다. 특히 제품 카테고리가 본질적으로 제공해야 하는 가치만을 전달하는 경우, 이성적으로는 나의 삶에 가치를 주지만 감성적으로는 별로 특별할 것이 없다고 소비자들은 생각한다. 왜냐하면 다른 브랜드를 통해 이미 제공받고 있는 가치는 소비자들에게는 더 이상 새롭지 않고 당연한 것으로 받아들여지기 때문이다.

예를 들어, 자동차는 이동의 편리성을 통해 우리의 삶을 풍요롭게 해 준다. 하지만 자동차가 제공하는 이러한 본질적 가치는 이미 당연한 것으로 여겨진다. 그래서 소비자들은 본질적인 가치를 넘어 특별한 가치를 제공하는 브랜드를 찾는다. 성능이 다른 브랜드보다 월등하게 뛰어난 브랜드, 나의 이미지와 품격을 높여 주는 브랜드, 유지비가 적게 들 뿐만 아니라 내가 추구하는 첨단의 이미지를 갖고 있는 브랜드, 상대적으로 적은 비용으로 나와 가족이 여유로운 여가 생활을 즐길 수 있게 해 주는 브랜드, 바로 그런 브랜드들을 선택하는 것이다. 누구나 공통적으로 제공받을 수 있는 가치가 아니라 내 삶을 더욱 풍요롭게 하고 내 삶을 다른 사람들과 차별화해 주는 그런 가치를 소비자들은 늘 추구한다.

스타벅스에서 누리는 독특한 경험. 스타벅스는 최고 품질의 커피를 제공하기 위해 지속적으로 노력한다. 이것이 바로 커피 카테고리의 본질적인 가치를 제공하기 위한 노력이다. 이와 더불어 스타벅스는 커피를 마시는 새로운 경험과 매장에서의 독특한 경험을 창조하기 위해 노력한다. 다양한 커피의 맛과 향뿐만 아니라 매장 내에서의 다양한 경험을 제공함으로써 다른 경쟁 브랜드와 차별화된 독특한 가치를 끊임없이 제공하려고 한다. 광고나 전통적인 마케팅보다는 매장에서 고객들의 경험을 새롭게 하고 향상시키는 데 투자를 집중한다.

'마이 스타벅스 아이디어My Starbucks Idea'를 통해서는 고객들과 함께 더 나은 커피를 만들고 고객 경험을 향상시킬 수 있는 아이디어를 개발한다. 무료 와이파이를 통해 고객들이 매장에서 보내는 시간을 즐기게 하고, 스타벅스 모바일 앱이나 SNS 활동을 하거나 '마이 스타벅스 아이디어'의 여러 가지 활동에 참여하면 이에 대한 보상을 제공하기도 한다. 미국에서만 700만이 넘는 고객들이 이 프로그램에 참여하고 있다.

스타벅스는 모든 고객 접점에서 기분 좋은 경험을 제공하고 고객들이 브랜드와 관련된 많은 활동에 참여하게 함으로써 더 다양한 경험을 하게 한다. 이것이 스타벅스가 핵심 가치를 향상시키고 고객의 로열티를 향상시키는 방법이다.

스타벅스 이름 부르기 캠페인. 스타벅스는 2012년 3월 영국에 있는 매장에서 고객의 이름을 불러주는 개인화 서비스를 런칭했다. 고객이 주문을 할 때, 이름을 물어보고 주문한 커피의 컵에 고객의 이름을 적고 커피가 준비되면 고객의 이름을 불러 알려주는 서비스다. 매장에서 고객들이 보다 친밀한 고객 서비스를 경험할 수 있도록, 스타벅스 직원들도 모두 이름이 적힌 배지를 달았다. 이름 부르기 캠페인의 런칭 광고에서는 기존의 서비스가 얼마나 인간미 없는지를 지적하고, 이러한 상황을 변화시키고 스타벅스에서 새로운 경험을 제공할 것이라고 선언하여 스타벅스의 서비스에 대한 기대를 높였다.

"오늘날 얼마나 많은 것들이 비인간적이고 비개인화되고 있는지 아십니까? 이것이 바로 스타벅스가 뭔가 다른 서비스를 하기로 결정한 이유입니다. 이제부터 당신을 라떼나 모카로 부르지 않고 당신의 가족이나 친구들이 부르는 것처럼 우리도 당신의 이름을 부르겠습니다."

스타벅스는 '마이 스타벅스 리워즈' 회원들에게 본인의 이름을 불러주는 것을 시작으로 스타벅스에 대한 고객 경험을 완벽하게 만들어 가고 있다.

■ 소비자가 지속적으로 브랜드의 가치를 인식할 수 있게 한다

소비자가 구매 시점에만 브랜드의 가치를 인식하는 것이 아니라, 그 브랜드를 사용하는 매 순간에 가치를 인식할 수 있게 하는 것이 중요하다. 브랜드 가치가 소비자들의 삶 속에서 지속적으로 의미를 갖게 하는 것이다. 자동차나 휴대폰과 같은 내구재뿐만 아니라 콜라, 피자, 화장품 등 구매 주기가 짧은 제품의 경우에도 그러한 의미와 가치를 제공할 수 있다면 반복구매를 통해 지속적으로 브랜드의 고객으로 남아 있게 된다.

존 거제마가 그의 저서 『브랜드 버블』에서 강조했듯이, 끊임없이 움직이고 변화하고 혁신하는 브랜드는 전혀 새로운 형태의 차별화를 창조한다. 이것이 바로 브랜드에 활기를 불어넣는 차별화(Energized Differentiation)이다. 가치 있는 브랜드는 늘 새로운 자극이나 변화를 제공함으로써 소비자들의 삶에 지속적으로 활기를 주고 그들의 삶 속에 살아있게 된다. 그리고 그 과정에서 브랜드의 핵심 가치에 대한 인식을 강화한다.

코카콜라는 소비자들에게 새로움을 주는 가장 대표적인 브랜드이다. 대부분의 코카콜라 캠페인은 소비자들에게 행복한 순간을 제공하기 위한 노력에 집중되어 있다. 코카콜라가 본격적으로 '행복'이라는 브랜드 가치를 전달하기 시작한 것은 2009년 '행복 나누기(Share Happiness)' 캠페인부터였다.

코카콜라 행복 나누기 캠페인. 코카콜라 캔을 비틀면 캔이 두 개로 나누어지고 친구나 동료와 캔을 나누어 마심으로써 우정을 돈독하게 하는 캠페인이다. 코카콜라는 흥미로운 발상으로 고객들을 즐겁게 했고, 고객들이 코카콜라를 나누어 마심으로써 주변 사람들과 행복을 나눌 수 있게 했다. 이벤트에 참여한 고객들은 모두 행복해 했고 그 행복을 코카콜라와 연결시켰다.

이 캠페인은 행복 머신(Happiness Machine) 캠페인으로 이어졌다. 기본적인 아이디어는 코카콜라 자판기가 행복을 전달하는 것이다.

코카콜라: 행복을 나누는 덴마크 국기

자판기에서 콜라 여러 개가 계속 쏟아져 나오기도 하고, 피자, 꽃, 샌드위치, 팝콘, 시계, 가방 등이 나오기도 한다. 어떤 자판기에서는 선물이 공짜로 주어지기도 했지만, 어떤 자판기에서는 선물을 얻기 위해 자판기가 제시하는 특정 행동을 해야 했다. 싱가포르의 한 자판기는 공짜 음료를 얻으려면 옆 사람과 포옹을 해야 하고, 벨기에의 한 자판기는 춤을 추도록 했다. 코카콜라는 사람들의 반응을 비디오로 담아서 유튜브에 올렸다. 수백만 명이 영상을 보았고 엄청난 입소문을 만들어 냈으며, 많은 사람들에게 예상치 못한 즐거움과 행복을 주었다.

코카콜라의 '행복을 나누는 덴마크 국기' 캠페인. 코카콜라는 항상 고객들이 관심을 갖고 참여하게 하고, 고객들을 즐겁게 하는 방법을 찾아낸다. 덴마크 코카콜라 법인은 2013년 글로벌 '행복 나누기' 캠페인의 확장으로 '행복을 나누는 덴마크 국기' 캠페인을 선보였다. 세계에서

코카콜라: 하늘로부터의 행복

행복지수가 가장 높은 나라인 덴마크는 국기 색깔이 코카콜라의 로고 색깔과 같은 데서 캠페인을 착안한 것이다. 또한 덴마크 사람들은 공항에서 사람을 환영할 때 국기를 흔들면서 인사하는 오랜 전통이 있지만 대부분의 사람들은 공항에 갈 때 국기를 준비해 가지 않는다는 점을 활용했다. 공항에 있는 코카콜라 자판기에 덴마크 국기를 숨겨두듯이 비치해 두고 사람들이 가져갈 수 있게 했다. 얼핏 보면 알 수 없을 만큼, 코카콜라의 로고가 덴마크 국기의 일부가 되어 있다. 공항에서 덴마크 사람들은 코카콜라가 비치해 둔 국기를 활용하여 가족과 친구들을 환영하면서 행복한 시간을 보냈다. 코카콜라는 사람들이 공항에서 누군가를 다시 만나고 환영하는 행복한 순간을 코카콜라와 연결시켰다.

코카콜라의 '하늘로부터의 행복' 캠페인. 2014년 3월과 4월에 걸쳐, 코카콜라는 싱가포르의 한 비영리단체와 파트너십을 맺고 드론 무인비행

코카콜라: 여보세요, 행복 전화부스

기를 활용하여 외국인 근로자들이 일하는 건설 현장에 무료로 코카콜라 캔을 배달했다. '하늘로부터의 행복(Happiness from the Sky)'이라는 테마의 이 캠페인은 코카콜라의 핵심 브랜드 가치인 '행복 나누기'의 일환으로, 싱가포르 국민들과 싱가포르에 거주하는 130만 명의 외국인 노동자들을 연결해 주는 프로젝트였다.

코카콜라는 드론 기술을 이용하여 서로 교류하기 힘든 두 커뮤니티가 행복의 순간을 공유하게 한 것이다. 프로젝트를 시행하기 전에, 싱가포르 시민들을 대상으로 고층건물 건설현장에서 일하는 외국인 근로자들에게 전달할 감사 메시지를 그들의 사진에 적는 이벤트를 열어 2,734개의 사진을 모았고 이 메시지를 코카콜라 포장에 묶어 35층 이상의 건설현장에서 일하는 외국인 노동자들에게 드론으로 전달했다. 상상도 하지 못한 메시지를 받은 외국인 근로자들은 싱가포르 국민들에 대한 두터운 애정을 느꼈을 것이고, 싱가포르 국민들은 고향과 집과 가족을 떠나 싱가포르를 위해 고생하는 외국인 노동자들에 대한 고마움과 애정을 느끼는 계기가 되었을 것이다. 또한 이를 연결해 준 코카콜라의 브랜드 가치도 감성적으로 깊이 전달되었을 것이다.

코카콜라의 '행복 전화부스' 캠페인. 코카콜라는 중동 아랍에미리트에서 해외 이주 노동자들을 대상으로 '여보세요, 행복 전화부스(Hello Happiness Phone Booth)' 캠페인을 진행했다. 이 캠페인은 아시아 지역에서 UAE로 건너온 블루컬러 노동자들이 국제 통화료를 절약하고 본국의 가족들과 자주 통화할 수 있는 행복을 제공하기 위해 코카콜라의 플라스틱 병 뚜껑을 동전처럼 사용할 수 있게 한 것이다.

코카콜라의 '누군가를 행복하게 하라' 캠페인. 2015년 크리스마스 시즌에는 사람들에게 진정한 크리스마스의 정신을 일깨워주는 캠페인을 전개했다. '베풀고 서로 함께하는 정신'을 찬양하면서, 작지만 의미 있는 방법으로 사람들이 행복을 퍼뜨리고 나누게 하였다. 북극에서 열리는 워크샵에 산타클로스가 참석해서 차가운 코카콜라를 마시는 장면으로 시작하는 이 TV 캠페인에서, 산타클로스가 '누군가를 행복하게 만들어 주는 방법'이라는 책을 펴면, 어린 소녀가 손으로 그린 그림을 엄마에게 가져다주는 장면, 아이를 안고 눈을 맞으며 지나가는 여성에게 모르는 사람이 우산을 건네주는 장면, 한 의사가 병원 직원들에게 칠면조 고기와 코카콜라를 가져다주는 장면, 노년의 남성이 부인에게 깜짝 크리스마스 이벤트를 열어주는 장면 등, 크리스마스의 행복한 순간들이 하나씩 펼쳐진다.

코카콜라는 사람들에게 크리스마스의 정신을 일깨워주고, 베푸는 마음을 갖는 것이 얼마나 강력한지 보여주면서, 다른 사람들과 행복을 나누도록 독려하였다. 그리고 7만 5천 달러어치의 장난감을 로스 앤젤레스, 필라델피아, 미네아폴리스에 위치한 자선단체에 기부하였고, 3만 개 이상의 전구로 치장된 다섯 대의 트럭 행렬이 200여 개의 도시를 순회하면서 크리스마스 시즌 동안 행복 나누기를 전파했다.

코카콜라는 다양한 아이디어로 지구촌 곳곳의 소비자들에게 행복을 나누는 캠페인들을 전개해 왔다. 글로벌 캠페인을 먼저 기획하고 각 국가별로 변형된 지역 캠페인을 전개하기도 하고, 각 국가별로 기획된 캠페인을 다른 국가들에서 활용하기도 한다. 코카콜라는 행복이라는 브랜드의 핵심 가치를 일관성 있고 명확하게 그리고 꾸준히 전달해 왔다. 코카콜라를 통해 소비자들은 예상치 못한 즐거움과 행복을 느끼고 이를 주변 사람들과 나누고 있다. 그리고 그 과정에서 코카콜라 브랜드와 소비자들은 더욱 가깝게 연결되고 있다.

■ 사회적 이슈까지 고려해야 한다

에뛰드하우스의 핑크 위시트리. 2014년 크리스마스를 맞아, 아모레퍼시픽의 에뛰드하우스는 전 세계에서 동시에 아프리카 소녀들의 교육을 지원하는 '핑크 위시트리' 캠페인을 진행했다. 이 캠페인은 '세상 모든 소녀들의 핑크빛 꿈'을 응원하는 브랜드 가치를 전달하는 사회 공헌 활동이다.

캠페인을 기념해 고객들이 한정판으로 출시된 핑크 위시트리 컬렉션을 구매하거나 핑크 위시트리 캠페인 글로벌 온라인사이트에 있는 핑크 위시 카드 서명 이벤트에 참여하면 100원이 각각 적립되도록 했다. 이 캠페인을 통해 모금된 기부금은 아프리카 아이들을 학교에 보내주는 세이브 더 칠드런Save the Children의 '스쿨미School me' 캠페

에뛰드하우스 핑크 위시트리

인에 기부하기로 했다. 고객들은 강남역 엠스테이지에 설치된 대형 디지털 트리의 인터랙션 이벤트를 통해서도 참여할 수 있었다. 기부 행사에 누군가가 참여하면 7미터짜리 대형 트리의 조명이 형형색색 으로 변하고, 기부 이벤트에 참여한 사람들에게는 다양한 경품이 증 정되었다.

07 가치 정립: 사회적 가치 Social Value

지속가능한 마케팅

2000년대 들어서, 매출과 이익 같은 재무 성과뿐만 아니라 윤리, 환경, 사회문제 등 비재무적 성과도 함께 고려하는 새로운 경영 방식인 지속가능 경영(Sustainability Management)이 등장하였다. '지속가능'이란 '기업이 장기적으로 생존하는 것', 혹은 '환경과 사회가 모두 건강하게 생존하는 것'으로 정의되며, 지속가능 경영이란 '단기뿐만 아니라 장기적으로 기업 경영에 영향을 미치는 경제적, 환경적, 사회적 이슈를 균형 있게 고려하면서 기업의 가치를 지속적으로 향상시키는 경영 방식'이라 할 수 있다.

지속가능 경영 방식은 재무적, 단기적 성과가 아니라 중장기적인 성과와 미래 고객을 중시한다. 미래 고객을 중시한다는 것은 미래의 삶을 영위할 고객에게 도움이 되는 가치를 제공한다는 것을 의미한다. 기업 활동의 본질이 제품이나 서비스를 제공하는 것이라면, 제품이나 서비스에 어떤 가치를 담아서 누구에게, 어떤 방법으로 제공할지 등을 결정하는 마케팅이야말로 기업 활동의 핵심이라 할 수 있다.

기업이 지속가능 경영을 하기 위해서는 마케팅 활동에 있어서도 지속가능성이 우선적으로 고려되어야 한다. 지속가능 마케팅이란 기업에 지속적으로 가치와 성과를 창출해 줄 수 있는 마케팅을 의미한다. 단기 성과로 국한되거나 지속가능한 성과를 저해하는 마케팅 요소들을 배제하고, 장기적으로 더 큰 성과를 창출하는 마케팅 요소에 초점을 맞추는 기법을 지칭한다.

■ 품격 있는 기업, 품격 있는 브랜드가 되어야 한다

최근 기업들의 비리와 부도덕한 재벌들의 문제가 유난히 많이 이슈화되고 있다. 최근에 더 많아졌다기보다는, 정보기술과 미디어의 발달, 소비자의 적극적인 참여로 인해 이전보다 관련된 정보가 더 많이 노출되고 있기 때문이라고 생각된다. 공유와 참여의 시대가 되면서 기업의 활동들은 속속들이 소비자들에게 공개되고 있고 기업들은 공개적으로 소비자들의 평가를 받게 되었다. 이제 인터넷과 모바일을 기반으로 개인이나 집단으로서 소비자들이 직접 기업의 진정성과 도덕성 그리고 사회적 가치를 평가하는 시대가 되었다. 이러한 상황에서 기업이나 브랜드들이 소비자들에게 인정을 받기 위해서는 스스로 품격 있는 기업이나 브랜드가 되어야 한다.

필립 코틀러는 그의 저서 『마켓 3.0』에서 기업이나 브랜드가 아이덴티티와 이미지를 넘어, 진화의 마지막 단계로서 진실성과 품격을 갖추어야 한다고 주장한다. 그가 정의한 품격 있는 기업은 신뢰와 배려의 덕목을 갖춘 기업이다. 품격 있는 기업은 주주의 이익뿐만 아니라 소비자, 지역사회 등 이해관계자들의 이익을 위해 노력하는 기업이고, 자사의 이익만이 아니라 임직원 및 협력업체와 함께 성장하기 위해 노력하는 기업이며, 현재뿐만 아니라 미래 상황까지 고려한 지속가능성을 추구하는 기업이다. 기업과 관련한 사회적 이슈를 고려해 볼 때, 품격 있는 기업이 되기 위해서는 누가 지켜보고 평가하기 때문이 아니라 자발적으로 책임과 의무를 다하는 것이 중요하다. 품격 있는 기업이나 브랜드를 다음과 같이 정의할 수 있을 것이다.

"소비자의 개인적 가치뿐만 아니라 사회적 가치창출과 지속가능성을 고려하고, 주주뿐만 아니라 임직원과 협력업체를 배려하며, 사람과 사회의 보다 나은 삶의 가치를 위해 스스로 책임과 의무를 다하여 사회적 가치를 인정받은 기업이나 브랜드."

그러한 관점에서 품격 있는 기업이나 브랜드는 다음의 요건들을 갖추어야 한다.

1. 배려(Caring): 기업의 이익만 추구하는 것이 아니라 소비자, 임직원, 협력업체, 지역사회 등 주변을 배려한다.
2. 진정성(Authenticity): 진정성을 갖고 기업의 본질적, 윤리적, 사회적 책임과 의무를 다한다.
3. 역량(Competency): 소비자와 사회가 필요로 하는 가치를 지속적으로 창출할 수 있다.
4. 사회적 존재 가치(Social Identity): 소비자가 속한 사회의 구성원으로서 사회적 가치를 창출하고 사회적으로 존재 이유를 인정받는다.

브랜드 희생

오늘날 지구온난화, 비만, 환경오염 문제 등 걱정해야 할 많은 사회 문제들이 있다. 이러한 문제를 야기하는 것은 제품을 생산하고 판매하는 기업뿐만 아니라 제품을 사용하는 소비자에게도 책임이 있다. 소비자나 기업이 스스로 문제를 해결하는 것이 가장 바람직하지만 소비자들의 의식과 행동을 바꾸거나 기업의 생리를 단번에 바꾸는 것은 쉬운 일이 아니다. 기업들은 이러한 문제를 통해서도 오히려 사업의 기회를 찾으려고 한다. 소비자들은 죄의식 없는 소비생활을 영위하기 위해서 그들 스스로 변화하기보다는 그러한 문제들을 기업이 해결해 주기를 기대한다. 소비자들의 사회적 의식이 강화되면서 기업의 역할을 더욱 강조하는 방향으로 소비자들의 사고방식의 변화가 일어나고 있는 것이다. 이러한 상황을 반영하여, 소비자들의 행동이나 습관에 영향을 주지 않고 사회적인 문제를 해결하는 데 필요한 비용을 기업이 떠안는 것을 브랜드 희생(Brand Sacrifice)이라고 한다.

■ 브랜드 희생의 3가지 유형

소비자 트렌드를 연구하여 기업에 정보를 제공하는 기업인 트렌드워칭Trend-watching의 최근 보고서에 따르면, 브랜드 희생은 대체로 세 가지 종류가 있다고 한다. 첫 번째 유형은 소비자 개인의 삶을 건강하게 하기 위한 기업의 희생(Sacrifice for the self)이다. 미국 최대의 드럭스토어 체인인 CVS가 담배 판매를 중단하기로 결정한 것이 대표적인 예이다. CVS는 소비자들의 건강을 위해서 담배를 통한 매출을 희생하기로 했다. 영국의 할인마트 체인인 테스코는 아이들의 구

해양 플라스틱 쓰레기를 재활용한 메쏘드 패키지

매를 유도하기 위해 계산대 앞에 진열해 둔 캔디와 껌 등을 모두 치워버렸다. 패스트푸드 레스토랑인 서브웨이는 건강에 해로운 화학물질을 제품의 재료로 사용하지 않겠다고 선언했다. 이 모두가 소비자 개인들의 건강과 바른 소비를 유도하기 위한 브랜드의 희생이다.

두 번째 유형은 사회를 위한 기업의 희생(Sacrifice for Society)으로, 인텔은 사회적 이슈가 되고 있는 무장세력이 주둔하는 분쟁 지역에서 생산된 광물(분쟁 광물, Conflict Mineral)을 자사의 칩 제조에 사용하지 않기로 결정했다.

세 번째 유형은 지구촌 전체를 위한 기업의 희생(Sacrifice for the planet)이다. 패션 브랜드인 H&M은 제품의 소재로 인한 동물학대를 없애기 위해 앙고라 양모 제품 판매를 중단하기로 결정했다. 미국의 프리미엄 친환경 세제 기업인 메쏘드Method는 모든 패키지 병을 재활용 플라스틱을 사용하여 만든다. 2012년 10월에는 세계 최초로 바다에 버려진 플라스틱을 재활용하여 만든 패키지를 신제품인 '투인원 핸드 앤 디쉬 비누Two-in-one Hand and Dish Soap'에 적용했다. 전 세계 바다에 떠다니는 플라스틱을 모두 청소할 수는 없지만 이들은 사회적으로 이슈를 제기하고, 그것을 조금이라도 해결하기 위해 노력하며, 지구촌의 건강을 위해 비용을 지불한다.

■ 브랜드 희생은 기업에 이익을 되돌려준다

브랜드 희생은 100년이 넘게 이어져 온 소비 지상주의가 만든 병폐를 원상태로 되돌려 놓기 위한 기업들의 희생이다. 하지만 실제로는 그 과정에서 기업들이 수익을 얻고 있다. 아웃도어 브랜드인 파타고니아Patagonia는 고객들에게 가급적 새옷을 사지 말고 갖고 있는 옷을 오래 입도록 권유하는 'buy less' 캠페인을 수년 동안 벌여 왔다. 하지만 이러한 캠페인에도 불구하고 제품 판매는 오히려 늘었다고 한다. 파타고니아의 CEO는 이렇게 말한다.

> "이상하게도, 지구와 사회 환경에 혜택이 되는 방향으로 의사결정을 내릴 때마다 우리는 항상 돈을 벌었다. 우리 고객들은 스스로 환경보호 활동에 동참하고 싶어 하는 것 같다."

기존 고객이 긍정적인 이미지를 느껴 구입을 늘리는 것인지, 다른 브랜드를 이용하던 고객들이 브랜드 희생에 호감을 갖고 옮겨오는 것인지는 정확히 알 수 없다고 한다. 하지만 소비자들은 적어도 정직성과 진정성을 보여주는 인간적인 브랜드에 보상을 하고자 하고 그런 브랜드가 사소한 잘못을 저지르더라도 기꺼이 그 브랜드를 믿어주는 경향이 있다고 한다.

파타고니아: buy less

■ 기업의 사회적 책임에 대한 소비자들의 기준이 엄격해지고 있다

브랜드 희생은 사회 문제나 환경 문제에 대해 기업이 엄격한 기준을 갖기 원하는 소비자들의 최근 변화된 의식을 반영하는 것이다. 소비자들의 기준은 점점 더 엄격해지고 있다. 엑센추어와 하바스미디어가 지구촌 소비자 3만 명을 대상으로 시행한 서베이 결과, 72%의 소비자들은 "기업들이 지구촌과 사회를 잘 돌보고 있지 못하다"고 응답했다고 한다. 그동안 기업들은 기업의 사회적 책임(CSR)을 이야기하고 다양한 활동을 해 왔지만 소비자들은 진정성 없이 의무적으로 하는 기업의 CSR 활동에 매우 회의적이었던 것이다.

사회 전반의 의식 변화로 인터넷과 모바일에서 소비자들이 직접 기업의 진정성과 도덕성 그리고 사회적 가치를 평가하는 시대가 되었다. 이러한 환경에서 기업이나 브랜드들이 소비자들에게 인정받고 소비자의 인식 속에서 경쟁 브랜드 대비 우위를 유지하기 위해서는 진정성을 가지고 행동하고 소비자들에게 의미 있는 혜택을 제공함으로써 그들의 신뢰를 받을 수 있어야 한다.

■ 장기적인 이익을 위해 단기적 희생을 감수한다

브랜드 희생을 감수하는 기업들은 장기적인 비전을 가진 기업들이며, 품질과 고객 혜택에 관한 소비자와의 약속을 지키고 사회적 책임을 다하려고 노력하는 기업이다. 앞서 언급한 CVS는 건강을 추구하는 기업 이미지를 구축하기 위해 담배판매를 포기했고, 멕시칸 레스토랑인 치폴레Chipotle는 한 원료 공급업자가 회사의 동물보호 규정을 어겼다는 이유로 일부 레스토랑에서 돼지고기로 만든 제품의 판매를 중단했다. 인도적인 조건에서 부항생제로 키운 동물의 고기만 사용한다는 치폴레의 약속은 기업 입장에서 단기적으로는 사업 기회를 상실한 것일 수 있지만 그러한 희생이 창출해낸 고객 로열티는 지속적으로 치폴레에 이익을 가져다 줄 것이다.

결과적으로 브랜드 희생은 얼마간의 투자가 필요하지만 기업에 여러 가지 이익과 혜택을 가져다준다. 기업들은 브랜드 희생을 통해 고객의 신뢰를 얻고 고객들의 로열티를 강화할 수 있을 뿐만 아니라 단기적인 판매 성과를 얻기도 한다. 브랜드 희생을 통해 고객 가치에 대한 기업의 방향성을 강화하는 것은 기업의 방향성을 명확히 하는데도 도움을 준다. 이와 같은 직접적인 효과 이외에도 여러 가지 간접적인 이익이 있기 때문에 브랜드 희생은 결국 희생이 아닐지도 모른다. 진정성 있는 기업의 사회적 배려는 기업에 더 큰 이익을 가져다 줄 것이고 브랜드 희생을 통해 기업에 되돌아가는 혜택은 사회적 의식이 강화될수록 더 커질 것이다.

CSR은 모두 바람직한가

최근 기업의 사회적 책임이 강조되면서 많은 기업들이 CSR 활동을 전개하고 있다. 그런데 문제는 많은 기업들이 사회의 소외 계층에 대한 봉사와 지원에 집중하고 있다는 것이다. 기업의 사회적 책임에는 두 가지 목적이 있다. 하나는 기업의 이윤을 재분배하는 차원에서 사회의 저소득층이나 소외 계층을 지원하는 것이고, 다른 하나는 기업 활동이 사회의 지속성에 미치는 부정적인 영향을 없애거나 줄이는 목적으로 사회적 책임을 다하는 것이다. 물론 사회적 약자나 소외 계층을 돕는 일도 바람직하다. 하지만 미래의 우리 삶의 지속성을 위한 대비 또한 매우 중요한 일이다.

■ 사업영역과 관련된 이슈에 대한 책임을 우선적으로 고려해야 한다

기업은 각자 다른 영역에서 기업 활동을 하고 있고 사회에 영향을 미치는 분야도 서로 다르다. 예를 들면 세탁세제를 만드는 회사는 수질 오염, 휴지나 종이를 만드는 회사는 산림 훼손, 자동차 회사는 대기오염과 에너지 고갈의 문제와 관련이 있다. 소비자들의 건강에 미치는 영향도 각기 다르다. 예를 들어, 맥도날드 같은 패스트푸드 업체는 패스트푸드, 탄산음료, 육류 등의 과도한 섭취로 인해, 휴대폰 제조업체는 전자파로 인해 다양한 건강상의 문제를 유발할 수 있다. 즉 기업마다 서로 다른 사회적 이슈와 건강의 이슈를 갖고 있기 때문에 사회적으로 책임져야 할 영역 또한 서로 다르다.

그렇다면 모든 기업이 CSR 활동을 한다면서 모두 불우이웃 돕기만 하는 것이 과연 바람직한가? 특정 영역에 지원이나 봉사가 집중되다

보면 오히려 책임 소재가 불분명해질 수도 있고 불균형적이고 형식적인 지원이 될 수도 있다. 미래에 문제가 될 수 있는 데도 미리 살피지 못하는 결과가 초래될 수 있다.

그렇다면 이런 가능성을 줄이거나 배제하는 방법은 무엇인가? 자사의 사업이 직접적으로 영향을 미치는 사회적 이슈나 소비자 이슈에 대한 책임을 우선적으로 고려해야 한다. 다양한 사회 문제와 소비자 이슈들을 체계적이고 균형 있게 해결해 나가기 위해서는 문제를 유발하거나 유발할 수 있는 기업이 관련된 문제를 완화하거나 제거하기 위한 투자와 활동을 담당하는 것이 바람직하다. 나무를 원료로 많은 제품을 만들어내는 유한킴벌리는 '우리 강산 푸르게, 푸르게' 캠페인을 수십 년 동안 지속해 오고 있다. 삼성전자가 IT 기술융합을 이용해 건강을 증진하고 수명을 늘리기 위해 노력하는 것이나 현대자동차가 자동차 재자원화나 수소전기차 개발을 위해 노력하는 것도 자사 사업과 직접 관련된 사회적 이슈에 도움을 주거나 해결하기 위한 활동이다.

코카콜라의 제2의 생명 캠페인. 플라스틱 페트병을 제품 용기로 사용하는 코카콜라는 매년 엄청난 양의 생활 쓰레기를 만들어 낸다. 코카콜라는 2014년 6월 글로벌 지속가능성 프로그램의 일환으로 베트남에서 페트병 리사이클링을 위한 '제2의 삶 병뚜껑(2nd Lives Cap)' 캠페인을 시작했다. 혁신적인 아이디어 16가지로 코카콜라 캡을 디자인하여 콜라를 마신 후에 페트병을 재활용할 수 있도록 유도했다. 이 16가지 아이디어들은 코카콜라 페트병을 활용한 연필깎이, 페인트 브러쉬, 장난감, 체력단련용 덤벨, 스프레이, 야간 전등, 소스 뿌리개, 샴푸 뚜껑 같은 일상생활에 유용한 도구들이다.

코카콜라 2nd Lives Cap

코카콜라는 베트남에 혁신 아이디어로 만들어진 4만 개의 캡을 무료로 배포하여 코카콜라 페트병을 재활용할 수 있도록 하였고, 2014년에는 인도네시아와 태국 등에도 캡을 공급했다. 이 캠페인은 코카콜라 음료가 환경에 미치는 부정적인 영향에 대해 수십 년 동안 제기되어 온 이슈에 적극적으로 대처하기 위한 노력의 일환이었다.

이 캠페인은 새로운 아이디어를 활용해 디자인된 캡을 통해 단순히 재활용의 차원을 넘어 더 유용한 가치를 만들어내는 업사이클링 Up-Cycling의 개념을 담고 있다. 또한 사회적 관점에서 친환경 노력을 지속하는 동시에 고객들에게 새롭고 흥미로운 경험을 제공하고 고객들의 관심과 자발적인 참여를 유도함으로써 그들의 인게이지먼트를 강화할 수 있었다.

방글라데시의 수도인 다카에서는 동전이 아니라 코카콜라 빈병을 넣으면 작동하는 신기한 아케이드 게임기를 선보였다. 환경에 부정적인 영향을 미치는 페트병을 수거하는 동시에 게이미피케이션

Gamification을 활용해 많은 사람들에게 코카콜라 브랜드를 새롭게 경험하게 한 것이다. 또한 아직 환경 문제에 크게 관심을 갖지 않은 이 지역의 사람들로 하여금 그 문제에 관심을 갖도록 유도하는 사회적 역할도 수행했다.

2009년 11월 덴마크 코펜하겐에서 열린 제15차 UN기후변화협약에서 코카콜라는 식물 원료를 30% 함유한 페트병을 처음으로 선보였다. 어쩌면 페트병에 대한 세계인들의 생각을 변화시키는 계기가 되었을지도 모른다. 슈가케인의 원료를 사용하여 페트병의 일부 소재를 대체한 것인데, 기존의 페트병과 외형상 차이는 없고 리사이클이 가능하며 보다 가볍기 때문에 편리하다는 장점을 가지고 있다. 하지만 식물 원료를 함유했다고 해서 친환경적이라고는 할 수 없다. 하지만 용기 폐기 시에 발생하는 탄소 배출을 줄이는 효과가 있다고 한다. 2010년에 9개 국가에 이 페트병을 내놓았고 우리나라에도 2012년에 소개되었다.

코카콜라는 이스라엘에서는 리사이클링을 독려하기 위해서 전국에 1만 개의 리사이클링 통을 배치하고 페이스북(Facebook Places)에 각각의 위치를 표시해 놓았다. 사람들에게는 코카콜라 빈병을 리사이클링 통에 버리는 모습을 사진으로 찍어서 페이스북에 올리게 하고, 가장 활발하게 리사이클링을 한 사람을 '리사이클링 왕'으로 임명했다. 이 아이디어는 주변에서 리사이클링하는 모습을 보면 사람들이 자신도 스스로 그렇게 할 것이라는 아이디어에서 출발했다. 이 캠페인을 통해 코카콜라는 '사회를 생각하는 양심적인 회사'라는 이미지를 얻었다.

코카콜라와 같이 사회적 책임을 생각하는 기업들은 다양한 아이디어로 그들이 사회에 미치는 부정적인 영향을 최소화하려고 노력해 왔다. 품격 있는 기업은 진정성을 가지고 고객의 건강과 행복을 위해 노력하고, 고객들이 살아갈 사회와 환경을 생각하면서 긍정적인 가치를 만들어 가는 기업이나 브랜드일 것이다. 이것이 바로 기업이 사회적 가치를 창출해야 하는 이유이다. 과거에 소비자들은 공동의 가치가 아니라 개인이 원하는 가치를 만들어 줄 것을 요구했지만, 이제부터는 개인뿐만 아니라 사회가 원하는 가치를 제공해 달라는 요구가 점점 더 강해질 것이다.

■ 사람들이 공감하는 사회적 이슈를 제기하라

생활용품과 식품 카테고리는 소비자들의 일상생활과 밀접하게 연결되어 있다. 기술 기반의 카테고리나 내구재보다 사회적 이슈가 먼저 연상되는 카테고리가 바로 이런 카테고리들일 것이다. 또한 제품에 대한 관여 수준이 낮고, 대부분 브랜드나 제품 간의 현격한 품질이나 성능의 차이도 인식되지 않는다. 그 결과 이러한 카테고리의 브랜드들은 제품의 특성과 건강 이슈 또는 사회적 이슈와 연결하여 차별적 인식과 연상을 유도한다.

예를 들면, 풀무원은 인공적이지 않은 자연 원료, 바른 먹거리 캠페인과 같은 건강을 이슈로 확고한 포지셔닝을 구축한 브랜드이다. 두부, 콩나물과 같은 천연식품들은 제품 특성상 차별화하거나 차별성을 부각하기 힘들기 때문에 수십 년 동안 꾸준히 천연, 자연, 건강과 풀무원 브랜드 간에 연결고리를 형성하려고 노력해 왔다.

유한킴벌리는 지난 30년 동안 지속해 온 '우리강산 푸르게 푸르게' 캠페인을 통해 '바람직한 회사'라는 이미지를 구축한 대표적인 기업이다. 물론 유한킴벌리의 경우 종이를 원료로 한 제품이 많기 때

유한킴벌리: 우리 청춘 푸르게 푸르게

문에 기업의 비즈니스와 직접 관련성이 높은 이슈를 부각하여 부정적 이미지를 차단하고 오히려 긍정적 이미지를 구축한 것이다.

유한킴벌리는 최근 고령화로 인해 국민들의 관심이 건강에 보다 집중되어 있다는 점을 고려하여 '우푸푸(우리 청춘 푸르게 푸르게)' 캠페인을 시작했다. 캠페인의 이름은 말을 줄여 쓰는 최근 트렌드를 반영한 것이다. 이 캠페인은 유한킴벌리가 수십 년 동안 지속해 왔던 '우리 강산 푸르게 푸르게'의 확장 캠페인이고, 사회적 공헌활동의 범위를 확장한 것이며, 시대에 따라 달라지는 사회적 이슈를 반영한 것이다. 이처럼 소비자의 관여수준이 낮고 일상생활과 직접 관련된 제품 카테고리는 사회적 이슈를 통해 고객의 관여를 상승시키고 그 이슈를 브랜드와 연결시킴으로써 브랜드에 대한 주의와 관심을 유도하고 공감대를 만들어내고 있다.

사회적 이슈를 활용한 인게이지먼트

유니레버의 선라이트 프로젝트. 세계적인 생활용품 기업 유니레버는 2010년 '지속가능한 생활 계획(Sustainable Living Plan)'이라는 지속 성장을 위한 10년 계획을 수립했다. 유니레버는 사회의 지속성에 대한 나름대로의 원칙을 '좋은 것을 느끼고 좋은 것을 보면 인생으로부터 더 많은 것을 얻게 된다(feel good, look good and get more out of life)'로 설정했다. 이러한 계획의 시작점으로서, 2011년 선라이트 프로젝트Sunlight Project라고 불리는 캠페인을 전개했다.

이 캠페인은 '더 밝은 미래를 위해 비전을 가진 젊은이들에게 빛을 밝혀주는 프로그램'이라는 의미를 담고 있다. 선라이트 프로젝트 캠페인은 400개가 넘는 유니레버 브랜드 전체를 아우르는 캠페인인데 소셜 미디어를 통해 브랜드의 사회적 사명에 대한 스토리를 담은 웹사이트로 소비자들을 유인하고, 사회 지속성을 위해 소비자들이 그들의 생활을 조금이라도 변화시켜줄 것을 촉구했다. 물론 행동의 변화에는 유니레버 제품을 구매하는 행동도 포함되어 있다. 이 캠페인은 본사가 있는 영국을 비롯해 브라질, 인도네시아, 인도, 미국에서 동시에 시작되었다.

제품 브랜드 차원에서, 그리고 특정 국가를 대상으로 캠페인을 벌여왔던 이전과는 달리, 유니레버는 소비자가 직면한 사회적 이슈를 활용하여 처음으로 기업 브랜드 차원의 캠페인을 전개한 것이다. 유니레버 같이 다양한 카테고리의 제품을 생산하고 많은 브랜드를 운영하는 소비재 기업들의 경우, 제품 브랜드는 소비자들에게 매우 익숙하지만, 기업 브랜드는 소비자들에게 그다지 인식되어 있지 않다. 유니레버는 기업 브랜드를 소비자들에게 인식시키기 위해서 사회적

유니레버 선라이트 프로젝트: Brighter Future

이슈를 들고 나왔다. 소비자들에게 보다 지속가능한 라이프스타일을 만들어주자는 이슈를 제기하여 관심을 불러일으키고, 그것을 유니레버 브랜드와 연결시키려 한 것이다. 유니레버가 어떻게 사회적 이슈를 활용하여 캠페인을 전개했는지 구체적으로 살펴보자.

■ 소비자와 관련성 높은 이슈를 활용하여 감성적으로 어필한다

'왜 아이를 이 세상에 태어나게 합니까?' 라는 제목의 광고로 시작된 유니레버의 선라이트 프로젝트는 사회 지속성과 관련된 이슈를 제기하여, 브랜드에 대한 관심을 유도하였다. 궁극적으로 소비행동, 정확히 보면 브랜드 선택행동의 변화를 유도하는 것이 프로젝트의 핵심 목표였다. 인생에서 중요한 변화를 맞는 단계, 즉 아이를 갖는 것을 주제로 감성적인 어필을 하여 행동의 변화를 유도하고자 했다. 사람들은 감성을 자극하면 더 깊이 관여하는 경향이 있기 때문이다.

유니레버 선라이트 프로젝트: Brighter Future

아이를 갖는 것은

인간의 삶에서 가장 불확실한 순간 중의 하나이다.

전 세계 어디서나

아이가 태어나기를 기대하는 부모들은 모두 걱정이 앞선다.

그런데 왜 우리는 아이를 이 세상에 태어나게 하는가?

지금이 바로, 더 밝은 미래를 창조해야 할

가장 바람직한 때이기 때문에

유니레버는 선라이트 프로젝트를 시작하려 한다.

다른 미래를 창조하기 위해

선라이트 프로젝트 사이트에 모두 동참하라.

■ 사회적 이슈를 다루는 캠페인은 큰 규모로 전개한다

사회적 이슈에 접근하는 방법은 특정 니즈를 가진 소수 집단을 향한 것이 아니라 사회 전체를 향한 것이기 때문에, 보다 많은 사람들이 관심을 갖고 공감대를 형성할 수 있도록 규모가 큰 캠페인으로 전개되어야 한다. 이 캠페인의 런칭 동영상은 시작한지 3주 만에 전 세계적으로 5,000만 뷰를 기록했다. 본질적으로 논란이 많을 수 있는 이슈일 뿐만 아니라 감성적으로 충분히 공감할 수 있었기 때문에 이같이 엄청난 반응을 이끌어낼 수 있었다.

■ 소비자의 즉각적인 행동 변화를 유도한다

결국 이 캠페인은 소비자들의 공감을 통해 행동 변화를 유발하려했다. 주의와 관심을 이끌어내어 관여를 상승시킨다 해도 행동 변화를 유발하지 못하면 아무런 의미가 없다. 따라서 캠페인을 통해 소비자들이 행동으로 옮길 수 있는 방법을 암시적으로라도 제시해 주어야 한다.

이처럼 유니레버가 진실을 담아 사회적 이슈를 제기하고 이를 해결하기 위해 진정성 있게 노력한다면, 고객들은 유니레버 브랜드에 깊은 애착을 갖게 될 것이다.

유니클로의 '웃음을 주는 옷' 캠페인. 2012년 유니클로는 글로벌 브랜드 홍보대사인 프로 테니스 선수 노박 조코비치Novak Djokovic와 함께 '웃음을 주는 옷(Clothes for Smiles)'이라는 CSR 캠페인을 시작했다. 소비자와 함께 CSR 활동을 전개하겠다는 취지로, 2012년 가을/겨울 시즌 동안 유니클로의 히트 제품인 히트텍과 울트라 라이트 다운을 판매해서 1000만 달러의 기금을 조성하기로 했다. 이 기금은 전 세계 어린이들에게 웃음을 가져다주고 꿈을 심어주며 더 나은 미래를 만들어주는 데 사용하기로 했다.

'웃음을 주는 옷' 캠페인은 각각 5만 달러의 기금을 사용하는 두 개의 프로그램을 시작했다. 한 프로그램은 전 세계에서 아이들에게 더 나은 내일을 만들어 주기 위한 아이디어를 수집한 다음, 선별된 아이디어들을 지원하는 것이고, 또 다른 프로그램은 유니세프와 패스트 리테일링이 협약을 맺고 아이들의 교육을 향상시키는 활동들을 수행하는 것이었다. 이 프로그램은 방글라데시, 중국, 필리핀, 세르비아에서 우선 실행되었고, 점차 다른 나라로 확대해 가고 있다.

유니레버 벤앤제리의 페스티벌. 유니레버의 아이스크림 브랜드 벤앤제리 Ben & Jerry는 2008년부터 연례 행사로 기업마케팅을 사회적 이슈와 연계시키는 코즈 마케팅(Cause Marketing)을 진행하고 있다. 이 행사는 싱가포르에서 가장 규모가 큰 아이스크림 페스티벌로서 참가자들은 싱가포르에서 맛보기 어려운 아이스크림 등 30여 종 이상의 아이스크림을 맛볼 수 있다.

2014년 행사는 '공정성'이라는 테마로 사회적 이슈를 다루었다. 뿐만 아니라 상생을 실천하기 위해서, 매년 파트너 기업을 선정해서 행사장에서 소개하고 그들의 제품도 판매해 오고 있다. 벤앤제리는 매년 마케팅 행사를 통해 소비자들을 참여시키고, 싱가포르 국민들에게 사회적 이슈를 제기함으로써 고객의 인게이지먼트를 강화하기 위한 노력을 기울이고 있다.

인간의 감성을 풍요롭게 하는 것도
사회적 가치를 창출하는 방법이다

사회적 가치를 창출하는 방법은 반드시 사회의 약자층을 돕거나 환경 문제를 해결하는 것에 국한된 것은 아니다. 사람이 살아가는 데 있어서 필요한 것들이 활성화되도록 하는 것도 사회적 가치를 창출하는 방법이다. 기계가 발달하면서 오히려 인간은 더욱 감성적이 되고 있다. 인간은 지금보다 문화와 예술에 더 많이 관심을 갖게 될 것이고, 이를 통해 가장 인간적인 감성을 교류하게 될 것이다.

마운틴 듀의 그린라벨갤러리. 펩시코의 음료 브랜드인 마운틴 듀는 2014년 온라인과 오프라인 라이브 이벤트로 거리예술과 도시문화를 지원하는 그린 라벨 갤러리Green Label Gallery를 열었다. 인스타그램을 통해 거리의 아티스트들로부터 작품을 제공받아 온라인 갤러리에 전시했을 뿐만 아니라 네덜란드 아트그룹인 케이오틱 바스타즈Chaotic Bastards와 콜라보레이션하여 암스테르담의 뮤지엄플레인Museumplein에서 전시회를 열었다. 모바일 기술을 이용해 전 유럽에 있는 아티스트들이 그들의 작품을 공유하고, 일반인들이 한자리에서 감상할 수 있는 기회를 만든 것이다. 인스타그램에 그린 라벨 갤러리 해시태그로 1,100개 이상의 작품들이 제출되었고, 디지털아트, 거리예술, 스케치와 사진들이 암스테르담에 있는 월갤러리Wall Gallery와 그린 라벨 갤러리 사이트에 전시되었다. 마운틴 듀의 글로벌 음료 브랜드 개발 담당인 컬트 프레니어 부사장은 이렇게 말한다.

"도시예술은 늘 마운틴 듀 브랜드의 일부였다. 그린 라벨 갤러리

마운틴 듀 그린라벨 갤러리

는 그린 라벨 도시예술 플랫폼을 실생활로 가져오는 계기가 되었고. 마운틴 듀가 도시 예술문화와 인게이지먼트를 맺는 방법이다. 우리 고객은 스포츠에서 음악 그리고 예술에 이르기까지 다양한 분야에 관심과 열정을 가지고 있기 때문에 마운틴 듀는 이러한 활동을 통해 소비자들과 늘 함께 호흡하고 그들이 원하는 경험을 제공하고자 한다."

기업은 영리 추구를 목적으로 하기 때문에 대가 없는 투자를 할 수는 없다. 기업은 장기적 이익을 위해 도시 예술문화를 지원하고 고객들에게는 가치 있는 경험을 제공하는 것이다. 이제 고객들은 장삿속으로 이런 지원을 한다고 비난하지 않는다. 어쩌면 기업이 이런 활동을 통해 이익을 얻어야 한다고 생각할지 모른다. 그렇게 함으로써 기업이 유지될 수 있고 더 많은 가치 있는 활동을 할 수 있기 때문이다.

메이시스 빌리브 캠페인

메이시스 빌리브 캠페인. 미국의 백화점 체인인 메이시스는 7년 동안 매년 크리스마스 시즌에 '빌리브'라는 캠페인을 진행해 왔으며, 특히 2014년에는 모바일을 활용하기도 했다. 빌리브 캠페인은 산타클로스에게 자신의 소망을 담은 편지를 쓰게 하여, 다른 사람과 함께 나누고 돕는 크리스마스 정신을 일깨워주는 데 목적이 있다.

이 캠페인은 실화에 바탕을 두고 있다. 1897년 8살의 버지니아 오핸른Virginia O' Hanlen이라는 소녀가 〈뉴욕선New York Sun〉 신문사에 산타클로스가 진짜 있는지를 묻는 편지를 보냈는데, 그 신문사 편집장이 "그래 버지니아, 산타는 있단다. 사랑과 관용과 헌신이 있는 것처럼 산타는 확실히 있단다"라는 답장을 보냈다고 한다. 이 일화는 세상에 널리 알려졌고 이 이야기에 기반을 둔 '그래, 버지니아(Yes, Virginia)'라는 TV만화, 학교 뮤지컬, 관련 상품 등이 만들어지기도 했다.

메이시스의 빌리브 캠페인도 역시 이 이야기에 기반을 두고 있다.

빌리브 캠페인은 고객들이 메이시스 백화점에 와서 '북극에 있는 산타(Santa at the North Pole)'라고 주소가 적힌 편지를 산타 우편함에 넣으면 된다. 물론 2014년부터는 온라인과 모바일 사이트에서 편지를 써서 산타에게 보낼 수 있다. 편지당 1달러씩 최대 100만 달러까지, 메이시스가 메이크어위시Make-A-Wish라는 자선 단체에 기부하여 중증에 시달리며 생명을 위협받는 아이들의 소망을 들어주는 데 사용된다. 지금까지 7년 동안 870만 달러가 재단에 기부되었다고 한다. 또한 메이시스는 아이들이 모바일과 온라인으로 보낸 편지로 산타에게 보내는 가장 긴 편지라는 기네스 기록에 도전하기도 했다.

메이시스는 매년 이벤트를 새롭게 구성하는데, 2011년 캠페인에서는 매장에 마련한 빌리브 스테이션에서 증강현실 기술을 활용하여 캠페인의 주인공인 버지니아, 올리 그리고 그들의 친구들의 삽화 이미지와 함께 사진을 찍을 수 있게 했다. 메이시스의 빌리브오매직Believe-o-magic 앱을 다운받아 가이드라인대로 정해진 위치에서 포즈를 취해 사진을 찍을 수 있고, 이 사진을 크리스마스 카드에 업로드하여 이메일이나 페이스북을 통해 친구들이나 가족들과 공유할 수도 있다.

빌리브 캠페인 사이트는 캠페인에 대한 지속적인 관심을 유도하기 위해 이벤트에 관한 정보와 산타 메일박스의 위치에 관한 정보를 제공하고 있으며, 캠페인의 일부로 TV로 방영되는 특별 만화, 학교 뮤지컬 프로그램 등에 대한 정보도 제공한다. 또한 메이시스 온라인 커머스 사이트로도 연결되어 '그래 버지니아' 인형 등 관련 아이템을 구입할 수도 있다.

소셜 미디어와 기부 문화

기업의 기부 문화는 이전과 달리, 기업이 직접 기부하기도 하지만, 시민들의 의식을 일깨우고 기부 행사를 홍보하고 기부를 유도하는 활동에도 기업이 적극적으로 나서고 있다. 2014년 크리스마스 시즌에는 여러 곳에서 매우 달라진 기부 문화를 발견할 수 있었다. 이렇게 기부 문화를 변화하게 한 것은, 무엇보다 기업의 기부 활동에 대한 소비자들의 인식 변화 때문이다. 연말연시가 되면 매우 다양한 기부 행사들이 열린다. 기업의 CSR 활동의 하나인 기부 이벤트는 기부라는 목적 이외도 이러한 행사를 통해 기업이나 브랜드에 대한 호의적인 이미지를 쌓으려는 목적을 가지고 있다. 하지만 많은 기업들이 기부 이벤트에 참여하고 있고 그 형식 또한 뚜렷한 차이가 없기 때문에, 소비자들의 관심을 끌지 못했다.

이제 이러한 기부 이벤트 역시 차별화 바람이 불기 시작하고 있다. 어차피 투자를 할 것이라면, 브랜드의 광고 홍보와 마찬가지로 소비자들의 눈을 사로잡고 그들의 기억에 남을 만한 이벤트를 시행해야만 브랜드 이미지 제고라는 효과를 창출할 수 있기 때문이다.

기업의 기부 이벤트의 내용과 형식이 달라진 것은 소셜 미디어의 발달이 만들어 낸 산물이기도 하다. 소셜 미디어가 발달함에 따라 기부 방식도 다양해지고 있다. 페이스북이나 트위터 등을 통해 댓글을 달거나 공유하도록 유도하고 그 수만큼 기부를 하는 것이다. 소셜 참여가 늘어날수록 기업들의 기부액도 커진다. 기부에 있어서도 소비자들은 소셜 미디어 시대답게 즉각적인 피드백이 있는 행사에 참여하기를 원한다. 기부를 직접 하지 않고 시민들의 기부 행사를 홍보하고 독려하는 활동도 많아졌다. 대신 이러한 행사들은 대체로 관심을 끌기 위해 흥미를 유발하는 요소를 갖추고 있다.

빅워크의 걷기 앱. 또한 돈 한 푼 내지 않고도 기부에 동참하는 방법도 있다. '빅워크'는 걷는 거리만큼 기부를 할 수 있는 앱이다. 자신의 건강을 위해 걷다 보면 어느새 기부금이 쌓인다. 위성 위치확인 시스템이 어디에서 얼마나 걸었는지 체크해 10m마다 정확히 1원씩 기부금을 적립한다. 기부금을 내는 사람은 따로 있다. 후원 기업들이다. 실제로 2011년부터 2014년 7월 말까지 전 세계 25만여 명이 지구 80바퀴에 해당하는 거리인 320만㎞를 걸었고 약 3억 2,000만 원의 적립금을 절단장애 아동들에게 후원했다.

굿네이버스 희망트리 캠페인. 이러한 시도는 기부에 대한 새로운 바람을 일으키고 있다. '굿네이버스 희망트리 캠페인'은 클릭과 화면 터치로 '사이버 트리'에 불을 켤 수 있다. 5,000명이 참여하면 기부가 이뤄진다. 기부톡이라는 앱을 깔면 통화를 끝낼 때마다 기부와 관련된 화면이 뜬다. 이때 화면만 터치하면 후원기업에서 대신 기부를 해 준다. 캐시슬라이드는 휴대전화를 시작할 때 여러 가지 정보를 제공해 주는 앱이다. 잠금을 해제할 때마다 사용자들에게 2~4원을 지급한다. 이 적립금을 모아 커피를 마실 수도 있지만 기부를 하는 사람이 많아졌다.

트리플래닛. 최근 급속도로 성장하고 있는 게임 분야에서도 기부의 새로운 형태를 만들어내고 있다. 게임업체는 게임 이용자를 모으기 위한 수단으로 활용할 수 있고, 이용자들도 게임을 즐기면서 기부도 할 수 있기 때문에 긍정적으로 받아들인다. '트리플래닛'이라는 게임

게임을 하면 아프리카 가정에 진짜 염소가 걸어 들어간다.

은 이용자들이 특정한 미션에 성공하면 세계 곳곳에 나무를 심어준다. 3~7일 동안 게임에 몰입하면 나무 한 그루를 기부할 수 있다. 이용자들은 게임 노하우도 공유하지만 심은 나무의 사진을 공유하기도 한다. 또한 자신이 기부한 나무에 자신의 이름을 새길 수도 있다.

'아프리카 빨간 염소 키우기' 게임. 이 게임은 애완동물 키우는 것을 즐기는 여대생들에게 특히 인기가 많다. 게임을 시작하면 곡식을 재배해 먹이를 주고 예방접종도 하면서 '사이버 염소'를 키워야 한다. 미션을 달성한 뒤 해당 홈페이지와 SNS에 자신이 키운 염소를 등록하면 아프리카 가정에 진짜 염소가 걸어 들어간다.

소셜 미디어와 모바일이 발달하면서 적은 액수라고 하더라도 소비자들이 기부에 동참할 수 있는 기회가 많아졌고, 동시에 수만 명이 참여하는 기부활동도 많아졌다. 굿네이버스는 2014년 누적 기부액이 지난해 같은 기간보다 13% 늘었다고 밝혔다. 월드비전은 2013년 약 51만 명이던 후원자가 2014년에 54만 명으로 증가했다고 한다. 이러한 기부 문화의 변화는 젊은층들을 기부의 현장으로 끌어들이고 있으며, 개인 기부자의 유인에도 크게 기여하고 있다. 또한 기업들도 소셜 네트워크를 활용하여 사회 공헌도 하면서 그들이 원하는 목적도 이루고 있다.

삼성그룹의 '따뜻해유(油)' 프로그램은 삼성그룹 SNS에서 소셜 미디어 팬들의 참여 횟수만큼 기금(건당 500원)을 적립해 난방비가 필요한 곳에 지원한다. 페이스북에서 누른 '좋아요' 횟수만큼 기금이 쌓인다. 소셜커머스업체 티켓몬스터는 자체 행사인 '소셜기부(So special Give)'로 모금된 4,822만 원을 안구 없이 태어난 아기의 인공 안구 수술비로 제공했다. 페이스북 게시물에 '좋아요' 추천 1,000개를 달성할 때마다 일정 금액을 기부하는 조건을 내건 게임업체 넥슨은 상암동 어린이 재활병원 건립에 200억 원을 기부했다. SNS를 활용한 이러한 기부 프로그램이나 이벤트들은 기대 이상의 성과를 만들어냈다. 하지만 재미와 흥미에 치중하다 보면 기부의 의미 자체가 축소되는 게 아니냐는 우려도 없지 않다. SNS를 기반으로 한 '보여주기 식' 기부 문화가 기부의 본질을 훼손할 수 있다는 지적이다.

우리 회사의 CSR 활동은 어떠한가? 혹시 소비자나 정책당국 혹은 시민단체의 환심을 사기 위한 형식적인 활동은 아니었나? 남들이 한다니까 뭔가 해야 한다는 의무감은 아니었나? 바람직한 기업의 사회적 책임은 기업이 사회에 미칠 수 있는 부정적인 요소를 최소화하거나 제거하는 것이다. 제품이나 서비스를 통해 진정으로 소비자와 사회에 긍정적인 가치를 창출하고, 이 과정에서 생겨날 수 있는 부정적인 문제를 완화하거나 제거해 나가는 것, 그리고 모든 과정을 사심없이 스스로 책임감을 가지고 묵묵히 체계적으로 추진하는 것이 바로 품격 있는 기업과 브랜드의 모습일 것이다.

08 밸류 드라이버 1 : 감성 Emotion

어떻게 브랜드는 고객과 감성적으로 연결되는가

세계적인 브랜드들의 마케팅 방법을 자세히 분석해 보면 뭔가 다른 점을 발견할 수 있다. 그들은 단기적인 성과를 추구하기보다는 장기적 관점에서 고객과의 지속적인 관계를 구축하는 데 많은 노력을 기울이고 투자를 한다. 물론 그들이 금전적인 프로모션을 하지 않는다는 것은 아니다. 보다 중요한 것은 마케팅의 방향성이 단기 성과 향상보다는 브랜드에 대한 호감 형성과 고객 로열티 향상에 초점을 두고 있다는 것이다. 고객의 취향에 맞는 맞춤형 제품을 만들어서 제공하는 나이키 아이디NIKEid 프로그램, 애플 스토어Apple Store, 코카콜라의 행복 나누기 캠페인, 스타벅스의 세이브 포레스트 캠페인 등이 대표적 사례들이다.

나이키 아이디(NikeID) 프로그램. 어떤 소비자가 러닝화를 사려고 나이키 매장을 방문했는데 그가 원하는 컬러의 재고가 없었다. 집으로 돌아와서 나이키 웹사이트에 접속하고 나서 다양한 패턴과 컬러의 제품들이 있다는 것을 알게 되었다. 사이즈는 물론이고 신발의 폭, 밑창 타입, 윗덮개의 재질, 라인의 컬러, 레이스, 윗덮개에 붙어 있는 라벨까지 모든 것을 자신이 원하는 대로 맞출 수 있었다. 그는 윗덮개에 자신의 이름까지 새겨진 완전히 개인화된 자신만의 나이키를 주문했다. 다음날 주문된 내용을 상세하게 알려주고 주문 사항이 맞는지를 확인하는 메일이 도착했고 2주가 채 되지 않아 나이키 러닝화를 택배로 받았다. 박스를 여는 순간, 그는 화면으로 볼 때보다 더 좋아 보이는 자신만의 신발을 확인하고 기쁨을 감출 수 없었다.

1999년에 런칭한 나이키 아이디는 고객이 디자이너가 되어 자신의 취향에 맞게 제품을 디자인하고, 자신이 디자인한 제품을 구입하기 전에 직접 눈으로 볼 수 있게 하는 서비스이다. 이 서비스는 미국, 영국, 프랑스, 중국 등에서 가능하며, 온라인이나 나이키 스튜디오라 불리는 102개의 오프라인 스튜디오에서도 주문이 가능하다. 처음에는 온라인에서 테니스화를 자신의 스타일에 맞게 재질과 색상을 변화시킬 수 있게 하는 것부터 시작되었고 선택할 수 있는 아이템 수를 점차 늘려 갔다. 나이키 에어포스 원Air Force One의 경우 맞춤화할 수 있는 아이템이 31개에 이른다. 총 82개의 재질과 타입들 중에서 자신에게 맞는 신발을 선택할 수 있다. 또한 웹 기반에서 오프라인 매장으로 서비스를 확대하면서 개인화할 수 있는 범위도 차츰 넓혀가고 있다. 지속적으로 새로운 소프트웨어를 개발해 다양한 신발로 개인화할 수 있는 범위와 개인의 독창성을 발휘할 수 있는 요소를 확대해 나갔다.

나이키는 마케팅에 엄청난 투자를 하는 회사이다. 나이키 아이디 서비스 역시 주문 제작이기 때문에 제작원가가 많이 소요된다. 하지만 나이키는 고객들의 개인화 서비스와 감성적 접근을 통한 고객 인게이지먼트에 더 많이 신경을 쓰고 투자를 한다. 고객들에게 구매 후 사후관리 메일을 발송하고 사용 소감을 묻는 트윗을 보내는 등 개인 차원에서 고객과 관계를 형성하기 위해 고객의 감성을 활용한다. 만약 고객이 만족스럽지 않다는 글을 남긴다면, 그 입장이 타당한 경우 제품의 문제점을 인정하는 트윗을 보낸다. 그들은 트윗 등을 통해 고객과 지속적이고 감성적으로 접촉하여 고객의 인게이지먼트를 이끌어낸다. 이러한 활동을 통해 고객을 브랜드의 팬으로 만들 수 있고, 그 팬들은 나이키가 전하는 메시지를 다른 사람들에게 퍼트린다. 이러한 활동은 마케팅에서 강력한 힘을 발휘하여 마케팅 비용을 절감하는 효과를 가져다준다.

코카콜라의 행복 나누기Share Happiness 캠페인. 코카콜라는 고객들에게 전달하는 핵심 가치를 '행복'으로 설정하고, 고객들이 행복을 나누는 시간을 다양한 방법으로 창조해 왔다. 코카콜라는 행복을 '사람들의 얼굴에 미소를 띠우게 하는 어떤 것'으로 정의한다. 그리고 그들의 비즈니스를 '매일 전 세계에 행복을 퍼트리고 행복을 새로 만드는 것'이라고 말한다.

이를 실천하는 대표적인 캠페인이 바로 '행복 나누기'인데, 코카콜라 자판기를 행복 머신으로 변신시켜 자판기에서 콜라가 계속 나오거나, 콜라 대신 꽃이나 엄청난 크기의 햄버거 등이 나오게 해서 사람들에게 행복한 순간을 만들어 주기도 한다. 싱가포르에서는 공사현장에서 일하는 외국 이주노동자에게 드론으로 콜라를 배달하여 행복한 순간을 만들어 주었고, 아랍에미리트에서는 외국인 노동자들이 본국에 있는 가족들과 무료로 전화통화를 할 수 있는 행복 전화부스를 만들어 주기도 하였다.

최근 각 나라에서 다양한 형태로 시행하고 있는 '코크 나누기(Share a Coke)' 캠페인 역시 행복한 순간을 나누는 캠페인으로, 친구에게 그 친구의 이름이 적힌 콜라병을 선물할 수 있게 하였고, 한국에서는 경기침체로 기운 빠진 사람들에게 콜라병에 적힌 메시지로 에너지와 힘을 주었다. 중국에서는 노래를 통해 친구들에게 메시지를 전달하게 하여 즐거운 순간을 만들어 주었다.

코카콜라가 꾸준히 펼치고 있는 행복 나누기 캠페인 역시 단기적 성과를 창출하기 위해서라기보다는 장기적 관점에서 코카콜라 브랜드와 고객들을 감성적으로 연결하고 브랜드에 대한 로열티를 구축하기 위해 추진되고 있다.

감성적 로열티는 이성적 로열티에 우선한다

이처럼 장기적인 관점에서 성과를 창출하기 위해서는 브랜드에 대한 고객 로열티를 강화하는 것이 무엇보다 중요하다. 로열 고객을 만드는 방법은 다양하다. 어떤 로열티를 어떻게 육성하고 활용하는 것이 보다 바람직한 것일까? 마케터라면 누구나 찾고자 하는 답이다. 로열티는 단기적인 성과보다도 미래의 성과를 담보하는 것이기 때문에 그 성과의 가치가 얼마일지 측정할 수조차 없다. 그렇다면 어떤 유형의 로열티가 보다 효과적일까? 로열티의 유형은 매우 다양하지만, 크게 3가지 범주로 나눌 수 있다.

■ 행동적 로열티 Behavior Loyalty

소비자가 브랜드를 반복적으로 구입하는 경향을 말한다. 하지만 행동적 로열티가 반드시 반복적인 구입을 담보하지는 않는다. 반복 구매를 하는 이유는 여러 가지가 있기 때문이다. 제품이나 브랜드가 제시하는 구매 이유가 아니더라도, 특별한 문제가 없으면 그냥 이전에 사던 것을 습관적으로 구매하는 경우도 있고, 특별한 대안이 없기 때문에 그냥 이전에 샀던 브랜드를 사는 경우도 있다. 또한 제품에 대한 관여도가 낮기 때문에 다른 제품이나 브랜드에 대해 심사숙고하지 않는 경우도 있다. 이러한 경우들은 그 브랜드가 해당 소비자들에게 구입해야 할 동기와 이유를 부여했기 때문이라기보다는 다른 여건들이 그 브랜드를 사도록 했을 수 있다. 따라서 반복적으로 구입하는 행동을 보인다고 해서 반드시 브랜드 선호에 의한 로열티가 생겼다고 보기는 힘들다.

■ 이성적 로열티 Rational Loyalty

거래 로열티Transaction Loyalty, 기능적 로열티Functional Loyalty 혹은 인식 로열티Cognitive Loyalty라고 불리기도 하는데, 브랜드와의 관계에 있어서 이해타산을 따지는 계산된 의사결정에 의해 고객이 특정 제품이나 서비스를 계속 선택하는 것이다. 고장이 잘 안 나는 자동차, 분위기 좋은 레스토랑, 가격이 적당한 패밀리 레스토랑, 남들이 알아주는 브랜드, 특별히 맛이 좋은 커피 등 제품이나 서비스를 선택하는 데 있어 객관적으로 납득할 만한 구체적인 이유가 있는 경우가 바로 이성적 로열티이다. 하지만 이성적 로열티의 경우, 다른 브랜드가 더 나은 구입 조건을 제시하면 이성적 판단에 따라 다른 브랜드로 옮겨갈 가능성이 높다.

하지만 경쟁 브랜드가 가격이나 성능 면에서 더 유리한 조건을 제시하더라도 기존에 사용하던 제품이나 브랜드를 고수한다면 이성적 로열티가 아닌 다른 이유가 있기 때문이다. 말하자면 사용하던 브랜드에 대한 감성적인 애착이 생겼다는 증거이다. 이성적 로열티는 이성적 로열티로만 머무르지는 않는다. 이성적 판단에 따라 선택하더라도 동일한 브랜드를 계속 구입하여 사용하다 보면 차츰 감성적 로열티가 생겨나기 때문이다.

■ 감성적 로열티 Emotional Loyalty

브랜드에 대한 감성적인 선호와 믿음이 형성되어, 감정적으로 그 브랜드를 지지하고 그 브랜드에 대한 애착이 형성된 상태를 말한다. 다른 브랜드를 선택하지 않고 그 브랜드를 선택하는 이성적인 판단 근거나 좋아하는 이유를 명확히 설명할 수는 없지만, 그냥 그 브랜드가 좋아서 선택하는 것이다. 아주 특별한 계기가 있었거나 아니면 오랜 기간에 걸쳐 조금씩 쌓여진 감정이 강한 선호와 애착으로 발전한 것이다.

이러한 감성적 로열티가 구축되면 웬만한 유혹으로는 쉽게 브랜드를 바꾸지 않는다. 경쟁 브랜드가 프로모션을 하거나 신제품을 출시할 때 경쟁 브랜드로 쉽게 스위칭한다면 그들은 이성적 로열티에 의해 움직이는 것이고 강한 감성적 로열티가 형성되어 있지 않은 상황이다. 감성적 로열티는 경쟁 브랜드의 마케팅 유혹에 쉽게 동요되지 않기 때문에 그만큼 더 가치가 있고 중요한 것이다.

2014년 애플의 아이폰6 플러스가 출시되었을 때, 여러 가지 문제점들이 제기되었지만 아이폰 사용자들은 크게 개의치 않는 분위기였다. 그들은 아이폰이기 때문에 용서할 수 있다고 했다. 다른 사람들이 그러한 문제점을 이야기해도 오히려 그들은 아이폰을 방어하려는 태도를 보였다. 우리의 일상에서도 이러한 상황은 자주 발생한다. 누가 자신의 친한 친구에 대해 나쁘게 이야기하면 우리는 이성적으로 판단하게 될까? 우선은 그 친구를 옹호하려 할 것이다. 친한 친구라는 감성적 로열티가 형성된 상태이기 때문이다. 하지만 평소에 크게 관심이 없었고 애착을 가질 만한 상황도 없었던 유명인이 있다고 가정해 보자. 이 사람에 대한 불편한 이야기가 나오면 우리는 어떻게 하는가? 대개는 이야기하는 사람 쪽에 편중되어 동조하는 입장이 되기 쉽다. 그렇지 않다면 보다 이성적으로 판단하려고 전후 상황을 요모조모 따지고 나서야 자신의 생각을 이야기할 것이다. 아마도 애착이 없는 연예인을 옹호하려는 마음이 앞서지는 않을 것이다. 감성적 유대관계가 형성되지 않은 상황에서는 이성적 판단을 하기 위해 노력하지만 감성적 유대관계가 형성되면 이성적 판단보다는 감정이 우선적으로 작동한다. 이것이 바로 감성적 로열티의 힘이다.

■ 인간은 궁극적으로 이성적인 것보다는 감성적인 것을 추구한다

브랜드의 로열티는 어떤 과정을 거쳐 형성될까? 처음 브랜드를 선택할 때는 이성적 판단이 우선적으로 작용하여 이성적 로열티가 먼저 형성된다. 하지만 브랜드를 반복해서 경험하면서 차츰 감성적 로열티로 발전한다. 즉 어떤 계기에 의해 한 번 사용해 보게 되고 어떤 점에선가 만족하게 되어 반복적으로 구입하게 된다. 그러한 과정이 반복되면서 뭔가 모르는 감성적인 호감이나 애착이 형성되어가는 것이다. 인지부조화 이론에 따르면, 물질적 유혹이 생기면 사람들은 한번쯤은 그들의 기존 행동을 변화시킨다고 한다. 하지만 변화된 행동을 지속하기 위해서는 행동에 대한 합당한 이유가 필요하다. 사람들은 보통 물질적 유혹 때문에 그 브랜드를 구입했다고 생각하지 않으며, 또 그것을 인정하려고 하지도 않는다. 그래서 감성적 측면의 로열티를 강화하는 마케팅 커뮤니케이션은, 지금껏 어떻게 물질적인 유혹 때문에 그들이 선택을 변화시켜 왔는지에 대한 이성적인 근거를 제공해 주기도 한다.

예를 들어, 특정 브랜드의 커피만 계속 마시다 보니 포인트가 쌓이고, 어느 순간 포인트가 행동을 조종했다는 사실을 깨닫게 된다. 그때 다른 사람들도 내가 마신 커피 브랜드가 실제로 다른 것보다 더 맛이 좋다고 인정해 주고, 환경까지 생각하며 가공되었다는 것을 알게 되면 무척 기쁠 것이다. 지금까지 자신의 행동에 대한 합리적 근거가 생겼기 때문이다. 결국 인간은 궁극적으로 이성적인 것보다 감성적인 것을 추구하고 그것을 얻으려고 한다.

감성적 로열티는 어떻게 성과를 창출하는가

특정 브랜드에 대해 감성적 로열티를 가진 고객은 다른 대안이 있어도 기존 브랜드를 기꺼이 선택한다. 감성적인 애착 때문이다. 갤럽 그룹의 조사에 따르면, 특정 유통점 브랜드에 대해 감성적 로열티를 가진 고객은 다른 유통점보다 해당 유통점에 32% 더 자주 가고 46% 더 많은 돈을 지출한다고 한다. 따라서 로열티 마케팅에서 감성적 로열티는 궁극적으로 성과를 향상시키는 데 매우 중요한 역할을 한다고 볼 수 있다.

■ 우리 뇌는 감성적 정보에 대해 인지 과정을 거치지 않는다

프링글과 필드는 그들의 저서 『브랜드 불멸Brand Immortality』에서, 인간의 뇌는 감성적 정보의 경우, 인지 과정을 거치지 않고 바로 처리할 수 있기 때문에 이성적 정보보다 더 빠른 성과를 창출할 수 있다고 말한다. 그 결과 감성적 컨텐츠만 있는 캠페인(전체 캠페인 중 31% 정도 차지)은 합리적이고 이성적인 캠페인(16%)보다 2배 정도 나은 성과를 창출하고, 감성적인 컨텐츠만 있는 캠페인은 감성적인 컨텐츠와 합리적인 컨텐츠가 함께 있는 캠페인(26%)보다 나은 성과를 창출한다고 한다.

■ 감성적 로열티의 영향력은 비선형적으로 증가한다

애플, 삼성전자, 스타벅스 등 세계적인 브랜드들의 성장 과정을 주의 깊게 살펴보면, 오랫동안 꾸준하게 성장하다가 어느 순간부터 급격하게 성장하는 국면이 있음을 알 수 있다. 작은 변화들이 쌓여서 어느 날 갑자기 큰 변화를 가져오는 상황을 티핑 포인트Tipping Point라고 하는데, 이러한 세계적인 기업들의 경우에는 이러한 티핑 포인트를 이끌어내는 힘이 있었던 것이다. 세상의 많은 현상들이 그렇듯이, 마케팅 역시 지속적인 마케팅 활동을 통해 조금씩 영향력을 키워오다가 어느 순간 엄청난 힘을 발휘하게 된다. 이러한 힘을 유발하는 요인 중 하나가 바로 감성적 로열티이다.

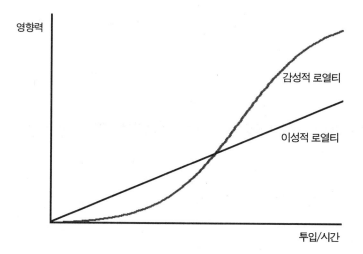

영향력

감성적 로열티

이성적 로열티

투입/시간

이성적 로열티와 감성적 로열티의 효과 비교

감성적 로열티는 오랜 기간 서서히 쌓인 브랜드에 대한 감성적인 호감과 애착이 브랜드에 대한 지지와 로열티로 나타나는 것을 말한다. 이성적 로열티는 투입 대비 결과가 다소 선형적이다. 말하자면 투입한 만큼 결과가 나타나는 패턴을 보인다. 반면, 감성적 로열티의 경우 초기에는 상대적으로 영향력이 적지만 시간이 지날수록 영향력이 쌓여서 어느 시점부터는 엄청난 힘을 발휘한다. 말하자면 투입 대비 결과가 비선형적으로 나타나고 어느 순간 급격히 증가하는 모습을 보인다.

이러한 엄청난 힘을 가진 감성적 로열티는 지속적으로 소비자들에게 전달한 감성적 자극이 쌓여서 형성된다. 이러한 감성적 자극을 주는 과정을 감성적 인게이지먼트Emotional Engagement라고 한다. 감성적 인게이지먼트는 고관여 카테고리에서부터 저관여 카테고리에 이르기까지, 모든 카테고리에서 소비자의 구매 의사결정과 브랜드 로열티를 이끌어내는 주도적인 요인이 되고 있다. 감성적 인게이지먼트는 서로 차별화되지 않는 많은 브랜드들이 활동하고 있는 카테고리에서 더욱더 중요한 역할을 한다. 예를 들면 생활용품이나 식품과 같은 카테고리가 이에 해당된다.

■ 마일리지 로열티 프로그램은 이성적 로열티를 기반으로 한 것이다

현재 기업들이 운영 중인 대부분의 로열티 프로그램들은 고객의 감성적 애착이 아니라, 물질적, 금전적 보상을 기반으로 하고 있다. 이러한 프로그램은 고객의 이성적인 판단에 호소하는 것이고, 브랜드 로열티는 고객의 이성적인 의사결정에 의해 영향을 받는다. 다만 브랜드가 제공하는 보상이 가치 있다고 지속적으로 인식된다면, 이 역시 고객과의 장기적인 관계를 구축하는 데 도움이 될 수 있다. 특히 일부 로열티 프로그램은 고객 데이터를 활용하여 적합한 타겟을 선별하고 적시에 혜택을 제공함으로써 이성적인 고객 편익을 최적화하고 있다.

하지만 이성에 기반한 로열티 프로그램을 지속하는 것은 그리 만만한 일이 아니다. 현재 로열티 프로그램을 운영하는 많은 기업들은 고객을 유지하기 위해서 상당한 금전적 혜택을 제공하면서 고객들이 그들의 고객으로 계속 남아 있어 주기를 기대한다. 하지만 그들이 만들어 가는 로열티는 감성적 로열티가 아니라 이성적 로열티이다. 결국 많은 투자를 해서 만든 로열티는 이성적 로열티로서 경쟁 브랜드의 더 많은 금전적 혜택이나 이성적 유혹에 쉽게 움직인다. 그러한 고객들은 이성적이기 때문이다.

이성에 기반한 로열티 프로그램 자체가 고객들의 그러한 행동을 당연한 것으로 받아들이게 했다. 고객을 유지하기 위해서 금전적 혜택을 많이 제공할수록 고객들은 금전적 혜택에 민감해져서 시간이 지나감에 따라 더 큰 금전적 혜택을 기대하게 되고, 더 나은 혜택을 제공하는 다른 브랜드가 생기면 언제라도 옮겨갈 것이다. 다만 금전적 보상을 기반으로 한 로열티 프로그램일지라도 고객들에게 즐거운 경험을 제공하고, 애착과 흥분을 유발하고, 창조적인 감성적 가치를 창출하기 위해 노력한다면 진정한 로열티를 구축할 수 있을 것이다. 로열티 마케팅이 성공하기 위해서는 거래보다 진정한 관계 형성이 더 중요하다는 것을 명심해야 한다.

어떻게 고객의 감성을 자극할 것인가

■ 가장 우선적인 과제는 고객을 이해하는 것이다

브랜드가 감성적으로 고객에게 다가가기 위해서는, 생활 속에서 소비자나 고객들이 무엇을 느끼고, 무엇을 생각하는지, 그리고 무엇을 느끼고 싶어 하는지를 이해하는 것이 매우 중요하다. 새해, 입학/졸업 시즌, 화이트데이, 어버이날, 성인의 날, 여름 휴가, 크리스마스, 연말연시 등 계절별로 돌아오는 이벤트들, 생일이나 결혼기념일 같은 개인적인 이벤트들은 고객의 감성을 자극하고 고객과 감정을 교류할 수 있는 좋은 기회이다. 다른 때보다 고객의 감성이 훨씬 풍부한 시기이기 때문이다. 이런 시기를 이용하면 브랜드와 고객 간에 감성적 연결고리를 효과적으로 만들어 낼 수 있다.

■ 쌍방향 커뮤니케이션으로 무의식 중에 감성적 메시지를 전달한다

인터넷과 모바일이 발달하면서 고객들과의 접촉이 더 어려워졌다고 이야기한다. 하지만 오히려 다양한 매체의 등장으로 교류할 수 있는 방법이 훨씬 더 많아졌다고 볼 수도 있다. 브랜드가 고객들과 친숙해지기 위해서는 브랜드를 노출Brand Visibility시키는 단계를 넘어서 접촉Brand Experience을 강화하면서 그들의 로열티를 이끌어내야 한다. 디지털 시대의 고객들은 브랜드와의 관계를 단순히 제품과 금전적 대가를 교환하는 관계로만 생각하지 않는다. 또한 단순한 일방향적인 커뮤니케이션은 고객들에게 전달되기도 어렵고 그들의 마음을 움직일 수도 없다. 따라서 고객들로 하여금 브랜드를 경험하게 하면서 브랜드가 전달하는 메시지와 가치를 체감하게 하는 방법이 가장 효과적인 커뮤니케이션이 될 것이다.

스타벅스의 빨간 컵 캠페인. 크리스마스 시즌에는 스타벅스 컵이 빨간색으로 변한다. 크리스마스 시즌에 이 빨간 컵을 보면 어떤 느낌이 들까? 11월부터 스타벅스에 가 보면 스타벅스 심벌이 새겨진 하얀 컵이 어느 새 빨간 컵으로 바뀐 것을 볼 수 있다. 이것은 스타벅스가 2005년부터 매년 시행해 온 '빨간 컵Red Cup' 캠페인이다. 처음 이 캠페인을 시행할 당시에는 소비자들의 관심을 유발하기 위해서 TV광고는 물론이고, 미국 보스턴과 샌프란시스코 지역에서 택시 천장에 빨간 컵을 디스플레이하기도 했었다. 오늘날 미국에 있는 스타벅스 고객들은 크리스마스 휴가 시즌이 시작되면 매년 새롭게 선보이는 스타벅스의 빨간 컵을 기다린다. 빨간 컵 캠페인을 통해 크리스마스 시즌과 스타벅스 브랜드를 효과적으로 연결해 온 결과이다.

크리스마스 시즌은 사람들이 사랑과 정을 나누고 과거의 좋은 기억들을 떠올리는 흥분되는 시기이다. 감성이 충만한 그런 시기를 활용하여 스타벅스는 소비자들의 감성에 효과적으로 침투하였고, 소비자들의 기억 속의 한 자리를 차지하게 되었다. 커피 컵의 색깔만 바꾸는 아주 간단한 방법으로 고객들에게 색다른 경험을 제공한 것이다. 크리스마스 시즌만 되면 고객들은 스타벅스 브랜드를 떠올리고 또 새로운 컵이 나오기를 기대한다. 고객들은 단순히 커피 한 잔을 사는 것이 아니라 그들의 경험과 추억을 사는 것이다. 스타벅스는 고객들이 빨간 컵을 살 때마다 고객들과의 강력한 감성적 연결고리를 만들어내고 있다.

매년 빨간 컵 캠페인이 런칭되면 수천 개의 미디어가 이를 보도하고 논평을 단다. 스타벅스는 이런 공짜 홍보로부터도 엄청난 혜택을 얻는다. 또한 이 시기가 되면 홈페이지와 소셜 미디어도 활기를 띤다. 스타벅스를 사랑하는 고객들은 소셜 네트워크를 통해 즐거움을 공유한다. 캠페인이 런칭될 즈음에 소셜 미디어에는 엄청난 양의 컨텐츠와 이야기가 만들어진다. 이제 스타벅스 빨간 컵은 하나의 전통이 되었다. 매년 11월이 되면 스타벅스 매장들은 독특하고 창의적으로 디자인된 그 해의 빨간 컵을 사용하기 시작한다. 따뜻한 감정을 한껏 느낄 수 있게 디자인하여 지난 겨울, 또는 그 이전 겨울의 행복한 기억들을 떠올리게 한다.

■ 타켓 고객과 관련성이 높은 감성을 자극한다

내가 원하는 스타일로 내가 원하는 장식을 넣어 세상에 하나밖에 없는 신발을 가져본 경험이 있다면 어떨까? 이러한 경험을 제공해 주

나이키ID: 세상에 하나밖에 없는 신발

는 나이키 브랜드에 대해 어떤 감정을 갖게 되겠는가? 내가 원하는 커피 스타일에 내 이름을 붙인 커피를 주문해서 마실 수 있는 스타벅스에 대해서는 어떤 감정이 드는가? 전혀 예상하지 못했던 기발한 방법, 즉 자신의 이름이 적힌 음료수로 친구나 가족에게 전하고 싶은 메시지를 전달하는 경험을 했다면 어떤가? 바로 코카콜라가 활용한 방법이다.

애플이 만든 스마트폰으로 인해 우리 삶의 방식이 많이 바뀌었다. 스마트폰이 만들어낸 생활의 변화를 경험하면 아이폰에 대해 어떤 감정을 갖게 되는가? 나이키는 나이키 아이디 프로그램을 통해 고객이 원하는 대로 제품을 만들어 준다는 메시지를, 코카콜라는 친구나 가족들과 즐거움을 나눌 수 있게 하고 삶의 에너지를 준다는 메시지를, 그리고 아이폰은 고객의 삶을 변화시키는 새로운 방법을 제시해 준다는 메시지를 다양한 방법으로, 어떤 경우에는 고객들이 전혀 인식하지 못하는 방법으로 전달한다. 언어와 광고 메시지를 통해 직접적으로 전달하는 것보다 간접적으로 메시지를 느끼게 하는 훨씬 효과적인 방법으로 말이다.

여성의 감성을 파고든 P&G의 '최고의 직업' 캠페인. 세계적인 생활용품 회사인 P&G는 브랜드가 어떻게 고객들과 감성적 연결고리를 형성해야 하는지를 잘 이해하고 있다. P&G는 고객을 잘 이해하기 때문에 그들에게 어떤 감성을 전달해야 하는지를 잘 알고 있다. 2012년 런던 올림픽을 겨냥해, 미래 세상을 이끌어가는 데 있어서 엄마의 역할을 묘사한 '최고의 직업(The Best Job)'이라는 광고를 선보였다. 감성적인 이야기를 담고 있는 이 광고는 칸느 광고제에서 두 개의 금사자상과 세 개의 은사자상을 받았고, 에이미상까지 휩쓸었다. 이 광고는 런던 올림픽에 출전한 몇몇 선수들의 실제 생활과 훈련 과정 그리고 경기 장면을 보여주며, 다음과 같은 자막으로 끝을 맺는다.

> 세상에서 가장 힘든 직업은 세상에서 가장 멋진 직업입니다.
> 엄마, 감사해요.
> 엄마들의 자랑스러운 스폰서, P&G

그리고 소치 올림픽 기간에는 속편 광고인 '그들의 잠재성을 이해하라(Pick Them Back Up)'를 만들었다. 광고는 중간중간 자막을 통해 메시지를 전달했다

> 세계가 올림픽을 통해 그들을 보기 전에,
> 엄마는 그들의 잠재력을 보았습니다.
> 이번 겨울, 우리가 올림픽에 출전한 선수들에게 갈채를 보내듯이,

P&G: 'Thank You, Mom' 런던 2012 / 소치 2014

그들이 거기에 있도록 격려를 아끼지 않은 사람을 잊지 맙시다.

엄마, 감사해요.

엄마들의 자랑스러운 스폰서, P&G

이 광고를 보고 수많은 엄마들이 눈물을 흘렸다고 한다. 그들은 슬퍼서가 아니라 가슴이 뭉클하고 행복해서 울었을 것이다. 여성들이 이 광고를 보고 눈물을 흘리는 이유는 그들 모두 엄마의 자리에 있었고 그렇게 해 왔기 때문에, 그리고 그 광고에 완전히 공감하기 때문이었을 것이다. P&G는 세탁세제, 기저귀 등 여성을 위한 제품을 만드는 회사이기 때문에 여성, 특히 엄마의 감성을 깊이 파고들었다. 엄마들이 하는 일이 얼마나 위대하고 엄마들이 얼마나 오랫동안 정성을 쏟는지를 강조하고 항상 엄마들에게 감사해야 하는 이유를 보여주었다.

P&G: 'Thank You, Mom' 리오 2016

P&G 광고는 감성적 인게이지먼트를 유발하는 광고로 매우 좋은 예이다. 누구를 타겟으로 할지를 명확하게 설정하고 그들의 감성적 인게이지먼트를 어떻게 유발할지를 명확하게 알고 있었던 것이다. 이러한 감성적 인게이지먼트의 결과로 수백만 명의 엄마들이 P&G 제품을 계속 구매하게 될 것이다. P&G는 엄마들을 눈물 흘리게 함으로써 그들의 로열티를 얻어낸 것이다.

감성적 인게이지먼트는 브랜드가 고객 로열티를 성공적으로 육성하게 하는 매우 중요한 요소이다. 2013년 〈포브스Forbes〉지는 감성적 인게이지먼트의 중요성을 다음과 같이 강조하였다.

"뭔가를 표명하지 않으면, 감성을 기반으로 한 차별화는 결코 이룰 수 없다."

최근 연구 결과들에 따르면, 브랜드에 대한 소비자들의 기대는 이성적인 측면에서 감성적인 측면으로 변화하고 있다고 한다. 이는 브랜드가 고객의 감성적 인게이지먼트를 유발하는 이슈를 찾아낼 수 있다면 그들의 강한 로열티를 창조해낼 수 있다는 것을 의미한다.

남성의 감성을 자극하는 기네스 맥주 광고. 기네스 맥주의 광고는 반대로 남자의 감성에 다가간다. '더 많은 것을 만들어내는 힘(Made of More)' 이라는 주제로 남자들의 모습, 힘, 그리고 역할을 감성적으로 표현하여 남성들의 마음을 자극한다. 기네스 맥주는 시리즈 광고를 통해 기네스와 남성들을 강하게 연결시켰고, 남성들의 감성에 브랜드를 강하게 심어 놓았다.

감성은 브랜드 로열티에서 매우 중요하다. 브랜드를 '잠재되어 있는 감성' 이라고 정의해도 될 만큼 브랜드 로열티에서 감성의 역할은 매우 중요하다. 브랜드를 알리기 시작한 초기에 소비자들은 보다 좋은 가치를 제공하는 브랜드들에 대해 이성적으로 관심을 갖기 시작하지만 종국적으로는 소비자들의 감성을 지배하는 브랜드가 그들 마음속에 자리 잡게 되고 진정한 로열티가 형성된다.

도브의 '진정한 아름다움' 캠페인. 2004년 도브는 마케팅의 타겟을 여성에게 맞추고 여성의 속마음을 이해하기 위한 연구에 착수했다. 여성들이 생각하는 아름다움과 여성들이 느끼는 행복에 대해 깊이 있게 이해하기 위한 연구였다. 도브는 연령층별로 여성들이 아름다움에 대해 어떤 인식을 갖고 있는지를 확인했다. 이를 통해 사회 각 계층의 여성들이 진정한 아름다움이 무엇인지를 왜 잘 알지 못하거나 잘못 이해하고 있는지, 여성들이 아름다움을 인식하고 아름다움을 즐기는 데 방해가 되는 요소가 무엇인지 이해할 수 있었다.

도브는 이 연구를 통해 아름다움을 어떻게 정의하느냐가 여성들의 자부심과 자존심에 심각한 영향을 미친다는 사실을 발견하였다. 단 4%의 여성만이 스스로를 아름답다고 생각했고, 여성들 중 2/3 이상이 광고나 매체가 비현실적인 아름다움의 기준을 정해 놓고 있다고 생각했다. 이 연구의 결과로 도브는 '진정한 아름다움(Real Beauty)' 캠페인을 만들었고, 소녀들과 여성들이 아름다움에 대한 폭넓은 정의를 받아들일 수 있도록 지원하기 위해 도브 자부심 펀드도 조성했다. 도브는 이 연구의 목적을 "아름다움이 걱정거리가 아니라 자신감의 원천이 되는 세상을 만들기 위하여"로 정하고, '진정한 아름다움' 캠페인의 목적을 다음과 같이 구체적으로 정의하였다

- 여성에게 집중한 마케팅을 재발견한다.
- 여성 스스로 아름다움을 호도하고 있다는 것을 증명한다.
- 여성들에게 자신이 생각하는 것보다 더 아름답다는 것을 알려준다.
- 자연스러운 아름다움을 홍보한다.

그리고 도브의 '진정한 아름다움' 캠페인은 타겟인 여성들의 도브 브랜드에 대한 인게이지먼트를 강화하기 위해 다음과 같이 명확하고 체계화된 전략을 세웠다.

- 광고에서는 명확하고 간결한 브랜드 미션을 전달한다.
- 여성의 공통적인 특성과 정신 세계를 이해한다.
- 제품과 서비스를 넘어 그들에게 보다 나은 삶과 풍요로운 삶을 제공하기 위해 노력한다.

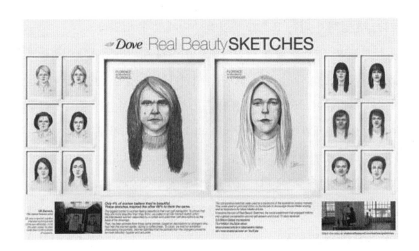

도브: 리얼 뷰티 스케치

　이러한 취지와 목적으로 '신정한 아름다움' 캠페인은 10년 이상 시행되어 왔다. 이 캠페인을 좀더 깊이 이해하기 위해 2013년에 시행한 '진정한 아름다움의 스케치(Real Beauty Sketches)' 캠페인을 살펴보자. 역대 광고 중 입소문이 가장 많이 일어난 광고로, 10일 동안 2,700만 뷰를 기록했고, 많은 사람들이 공감을 표시하였다.

　이 캠페인은 고객 스스로 관련성을 느끼게 하는 것이 얼마나 중요한지를 보여주는 대표적 사례이다. 사람들은 캠페인의 컨텐츠를 다른 사람들과 공유하고 싶어 했다. 이 캠페인의 컨텐츠는 여성 대상자가 자기 자신을 묘사한 대로 스케치한 것과 주변 사람이 대상자를 묘사한 대로 스케치한 것을 비교하게 하여, 여성이 자신의 아름다움에 대해 자신감을 갖게 하는 내용이다. 묘사한 내용을 정확히 그려내기 위해 FBI에서 트레이닝을 받은 스케치 아티스트를 고용하였다. 실제로 대부분의 여성들은 자신의 모습을 주변 사람들이 묘사한 것보다 훨씬 안 좋게 묘사했다. 이 캠페인은 많은 여성들이 자신의 실제 모

도브: 진정한 아름다움

습에 대해 자신감이 없고 실제 모습보다 더 아름답지 못하다고 생각한다는 것을 일깨워주고 여성들에게 자신의 아름다움에 대한 자신감을 심어주고자 했다. '자기 스스로를 존중하라'는 메시지에 대해 놀라울 정도로 많은 여성들이 공감하고 감명을 받았다.

도브는 이 캠페인을 통해 '자신감의 원천인 진정한 아름다움을 중시하는' 도브의 브랜드 비전을 전달하였다. 그리고 많은 여성들이 공감할 수 있는 이슈를 통해 그들과의 관련성을 강화하고 그들의 감성적인 인게이지먼트를 유발하였다. '진정한 아름다움' 캠페인의 목적은 아름다움에 대한 생각을 여성 스스로 변화시키고, 보다 폭넓게 아름다움을 정의하고, 내적인 아름다움의 중요성을 인식하게 하는 것이었다. 도브는 여성들이 스스로를 어떻게 재평가해야 하는지를 보여주면서 그들의 감성을 자극했다.

앞에서 제시했던 P&G의 캠페인과 마찬가지로, 도브도 타겟 고객의 감성을 자극하고 그들에게 힘과 용기를 주는 캠페인을 진행하였다. 도브의 캠페인은 여성의 아름다움에 대한 이슈를 제기하여 사회적 논란을 불러일으키고 사회에 많은 영향을 주는 것으로 잘 알려져 있다. 도브가 이런 이슈를 제기할 수 있는 것은 여성들이 갖고 있는 문제와 고민이 무엇인지를 깊이 이해하고 있기 때문이다.

이성적 로열티와 감성적 로열티의 균형

이성적 로열티가 중요하지 않다는 것은 아니다. 이성적 로열티는 그 영향력을 미치는 방법이 카테고리별로 크게 다르지 않다. 하지만 로열티 프로그램에 아무리 강력한 감성 유발 요인이 있다고 하더라도 프로그램이 성공적으로 운영되기 위해서는 이성적인 가치가 여전히 중요하다고 한다. 감성적 로열티가 고객을 지속적으로 유지하게 하는 역할을 한다면 이성적 로열티는 고객을 유인하고 시도하게 하는 역할을 하기 때문에 중요하다. 이성적 로열티는 주로 제품의 품질이나 성능, 기능 등 제품의 기능적 혜택에 의한 가치나 가격에 의해 형성된다. 물론 대부분 금전적 프로모션은 가격 대비 가치에 영향을 미친다. 이러한 이성적 로열티의 영향과 효과는 다소 분명하고 정직하다고 할 수 있다. 제품의 기능적 혜택에 의한 가치가 다른 브랜드 대비 차별적으로 우수하면 가장 우수한 브랜드로 인정받는다. 하지만 경쟁 브랜드가 더 우수한 품질과 기능적 가치를 제공하면 바로 최우수 브랜드의 자리를 내어 주어야 한다.

실제 시장에서는 이처럼 간단하지 않다. 소비자들이 원하는 기능적 혜택이 서로 다를 수도 있고 소비자들이 특정 기능적 가치에 대한 정보가 부족하거나 이해하지 못하는 경우도 허다하다. 실제로 새로 제시된 기능적 가치가 그다지 크게 어필하지 못하는 경우가 많이 있기 때문이다. 그리고 생활용품이나 식품의 경우에는 기능적, 품질적으로 현저한 차이를 만들어내기는 쉽지 않기 때문이다. 세탁세제나 치약을 산다고 생각해 보라. 소비자 입장에서는 브랜드들이 제공하는 정보를 검증할 방법이 없을 뿐만 아니라 관여도도 낮고 잘못 선택해도 커다란 위험부담이 없기 때문에 이성적 정보에 크게 귀 기울이지도 않고 새로 제시된 정보가 제품의 품질에 크게 영향을 미칠 것이라고 생각하지도 않는다.

그래서 이러한 카테고리의 광고들은 제품 효능을 다소 과장하거나 감성적으로 접근하려는 시도를 한다. 풀무원의 콩나물과 두부가 CJ 제일제당의 그것과 어떤 차이가 있을까? 더 많은 소비자들이 아직까지 풀무원의 두부와 콩나물을 우선적으로 선택하는 것은 풀무원이 지금까지 쌓아온 감성적 로열티 때문이다. 풀무원이 지금까지 소비자에게 전달해 온 자연, 천연의 이미지, 바른 먹거리 등이 소비자들의 인식 속에 쌓여서 감성적 로열티를 형성하였기 때문이다. 풀무원도 제품 레벨에서는 이성적 소구를 해 왔고 이러한 이성적 소구와 기업 이미지의 감성적 소구가 상호 보완적으로 그리고 지속적으로 소비자의 감성을 자극하여 어느 순간 감성적 로열티가 형성된 것이다. 감성적 로열티가 구축된 소비자들에게는 다소간의 가격 차이는 크게 문제가 되지 않으며, 확인도 해 보지 않고 풀무원 두부는 국산 콩으로 만들었을 것이라고 믿는다. 실제로는 모든 풀무원 두부가 국산콩으로 만들어진 것은 아님에도 말이다. 이것이 바로 감성적 로열티의 힘이다.

감성적 로열티는 매우 중요하고 필요하지만, 큰 규모로 성장한 프로그램들은 확실히 할인 등의 금전적 가치를 통해 이성적인 니즈를 충족시켜 왔다. 지금까지의 마케팅 경험에 비추어 볼 때, 고객의 로열티를 발전시키기 위해서는 고객의 두뇌와 심장, 즉 고객의 이성과 감성을 모두 얻으려는 노력이 필요하다. 어느 쪽에 더 비중을 둘 것인가는 고객에게 제공하는 제품이나 서비스의 성격에 따라 다소 차이가 있지만, 중요한 것은 두 가지 로열티가 모두 필요하고 중요하다는 점이다.

09 밸류 드라이버 2: 관련성 Relevance

어떻게 타겟 고객만을 위한 차별화된 가치를 만들어낼 것인가

남성 고객에 집중하는 레드불. 에너지 드링크의 개척자인 레드불은 고객의 생활과 밀착된 마케팅을 지속적으로 전개해 오고 있다. 레드불은 이미 전 세계 165개국 에너지 드링크 시장에서 리딩 브랜드의 위상을 구축하고 있다. 또한 수백 명의 운동선수를 스폰서하고 남성들을 위한 라이프타일 잡지인 〈레드불레틴Red Bulletin〉을 통해 고객들의 생활 속으로 파고들고 있다.

〈레드불레틴〉은 2007년 이후 2,700만 부 이상이 발행되어 전 세계의 남성 고객들에게 전달되었다. 전통적인 인쇄잡지인 〈레드불레틴〉이 성공할 수 있었던 요인은 주요 타겟인 남성 고객과의 관련성이 높은 컨텐츠를 통해 그들의 마음을 사로잡기 위한 노력을 계속해 왔기

레드불 레드불레틴

때문이다. 뿐만 아니라 디지털 시대를 맞아 아이패드와 안드로이드 용 앱을 개발하여 고객들이 손쉽게 〈레드불레틴〉 컨텐츠를 즐길 수 있도록 하였다.

〈레드불레틴〉 앱은 전 세계에 널리 퍼져있는 고객들의 흥미를 유발 하고 그들의 라이프스타일 속으로 파고들기 위해 독자적으로 만든 독특한 동영상과 고객과 상호작용할 수 있는 컨텐츠들로 채워져 있 다. 스포츠 스타들의 최신 뉴스와 생활, 음악 활동, 스포츠 및 음악장 비들에 대한 리뷰 등, 인쇄잡지와 겹치지 않는 컨텐츠들로 이루어진 〈레드불레틴〉 앱은 라이프스타일 컨텐츠에 독특한 경험을 가미함으 로써 타겟 고객의 지속적인 관심을 유도하고 있다. 〈레드불레틴〉 앱 은 새로운 컨텐츠가 나오면 알려주는 알림 기능을 탑재하고 있으며, 소셜 네트워크를 통해 다른 사람들과 컨텐츠를 공유할 수 있게 하였 다. 〈레드불레틴〉 앱은 5개의 언어로 제작되고 있다.

레드불은 또한 자회사인 레드불 미디어하우스를 한국에 런칭했는데, 레드불 미디어하우스는 고품질의 컨텐츠를 생산하는 미디어 기업이다. 2010년 스카이다이버 펠릭스 바움가르트너가 39킬로미터 상공 성층권에서 시도한 인류 최초의 우주 점프를 전 세계에 중계하는 등 매우 기발한 아이디어로 브랜드 마케팅을 실행하고 있다.

이 회사는 2014년 아시아에 진출하면서, 중국이나 일본보다 역동적인 한국이 레드불의 브랜드 이미지와 잘 맞는다고 판단하여 아시아 진출의 출발점을 한국으로 잡았다고 한다. 이것이 바로 브랜드 이미지에 부합하는 고객을 타겟화하고 타겟 고객과의 관련성이 높은 컨텐츠를 제공함으로써 브랜드와 타겟 그리고 마케팅 활동의 일체성을 구축하는 효과적인 방법이다.

■ '이 브랜드뿐이다' 라고 느끼게 하라

고객 관련성(Relevance)이란 브랜드와 타겟 고객이 얼마나 연관되어 있는가 하는 것이다. 마케팅에서 고객 관련성을 강화한다는 것은 브랜드가 타겟 고객들이 관심을 갖고 추구하는 가치를 제공하는 것을 의미한다. 브랜드의 고객 관련성이 강화되면 고객들은 그 브랜드를 자신의 브랜드(Brand for me)라고 느끼게 된다. 브랜드가 타겟 고객과의 관련성을 높이기 위해서는 두 가지 조건이 충족되어야 한다.

첫째, 타 브랜드가 제공하지 못하는, 우리 브랜드만이 전달할 수 있는 가치를 전달해야 한다. 타겟 고객의 특성에 맞는 차별화된 우리 브랜드만의 가치를 전달하는 것을 의미한다. 이를 판단하는 것은 고객이다. '내가 원하는 가치를 제공하는 브랜드는 이 브랜드뿐이다' 라고 고객이 느끼게 하면 된다. 가장 확실한 것은 경쟁 브랜드가 전달할 수 없는 가치를 전달하는 것이다. 하지만 경쟁 브랜드와 동일한 가치를 전달하는 경우라도, 전달 방식을 차별화한다면 그러한 조건을 충족시킬 수 있다.

둘째, 브랜드가 전달하는 가치가 타겟 고객층에게 한정된, 그들만이 누릴 수 있는 가치여야 한다. 그렇지 않으면 그들만의 고유한 가치로 받아들이지 않을 것이다. 특히 젊은층이나 고가 브랜드 수용층일수록 이러한 조건에 더 민감하다. 그들은 자신과 같은 부류가 아니라고 생각하는 고객들이 그 브랜드를 사용하면 바로 그 브랜드로부터 이탈하는 경향이 나타난다.

■ 점점 더 까다로워지는 관련성의 조건을 충족시켜라

미디어가 분화되고 고객의 라이프스타일이 다양해지면서 집중해야 할 타겟의 규모는 점점 더 작아지고 있다. 고객들의 개인화와 개성화가 강화되면서 그들이 원하는 조건은 점점 더 까다로워지고, 관련성에 대한 니즈도 강화되고 있다. 그럼에도 불구하고 고객들과의 관련성을 강화하지 않으면 로열티를 확보하기는커녕 그들과 관계조차 맺을 수 없을 것이다.

카스의 카스 비츠 캠페인. 2014년 11월 29일, 오비맥주는 카스 프레쉬의 신규 TV광고인 카스 비츠Cass Beats를 공개했다. 이 광고는 '나는 움직이는 단 하나의 비트'라는 주제로 EDM(Electronic Dance Music) 클럽 파티를 묘사했고 비트감 넘치는 EDM 음악과 퍼포먼스를 통해 카스 브랜드의 젊고 역동적인 이미지를 표현했다. 최근 세계 대중음악의 주류를 형성하고 있는 장르이고, 국내에서도 다양한 뮤직 페스티벌을 통해 대중 속으로 확산되고 있는 EDM 음악을 통해 음악에 관심이 많은 타겟층과의 관련성을 강화하고자 한 것이다.

또한 오비맥주는 이 광고의 런칭을 기념하기 위해 클럽 뱅가드에서 카스 비츠 파티를 개최했다. 이 파티는 디제이 크루의 디제잉 배틀 형식으로 펼쳐졌는데, 힙합가수 박재범이 오프닝 공연을 하고 배틀의 사회도 맡았다. 배틀 우승팀은 카스 비츠 공식 홈페이지를 통해 온라인 사전 투표와 클러버들의 현장 투표로 결정되었다.

광고와 오프라인 이벤트를 연계한 이 대대적인 행사는 얼마나 많은 소비자들의 인게이지먼트를 이끌어냈을까? 공식 홈페이지를 통해 12만 명이 이 이벤트의 투표에 참가했으며, 페이스북에 4만 명이 '좋아요'를 눌렀고 10만 6,691명이 유튜브로 카스 비츠 파티의 사전 홍보 동영상을 보았다고 한다. 나름대로 성공을 거둔 셈이다.

버드라이트 뮤직 퍼스트 버드라이트는 2013년 5월, 버드라이트 팬들과 음악을 더 가깝게 연계하기 위해 다양한 새로운 음악을 창조하고 팬들과 이를 공유하는 '버드라이트 뮤직 퍼스트Bud Light Music First'를 런칭했다. 이 프로그램은 소셜 네트워크 사이트인 마이스페이스My Space, 엔터테인먼트 회사인 라이브내이션Live Nation 그리고 유니버설 뮤직그룹Universal Music Group 등 유명 회사들과 협력해서 2013년 여름 내내 고객들에게 라이브 뮤직 경험을 제공했다.

> "음악에는 사람과 사람을 연결하는 힘이 있고 모든 사람들이 음악을 통해 교류할 수 있기 때문에 모든 고객들이 여름 동안 아주 재미있는 방법으로 음악을 경험할 수 있도록 하기 위해 많은 음악가들과 파트너십을 맺고 모두가 놀랄 만한 이벤트를 준비했다."

카스 비츠

　버드라이트는 고객들이 버드라이트 뮤직 퍼스트 앱을 다운받아 이 경험에 참여할 수 있게 했다. 이 앱에서 점수를 누적하면 여러 가지 상품을 받을 수 있고, 음악을 무료로 다운로드할 수 있으며, 행사 티켓도 받을 수 있다. 또한 버드라이트 제품의 패키지에 있는 코드번호를 앱에 입력하면 즉석에서 뮤직 퍼스트 경품 당첨 여부를 알 수 있다. 버드라이트는 그해 여름에 음악과 관련된 50만 개의 경품을 제공했다.

　버드라이트는 뮤직 퍼스트 프로그램의 인터랙티브 홈인 '버드라이트 뮤직 퍼스트 마이스페이스 허브'라는 플랫폼을 열어 이 프로그램과 관련된 모든 정보를 얻고 활용할 수 있게 했다. 이 플랫폼은 고객들에게 최신 콘서트 정보를 제공하고, 고객들을 50/50/1 아티스트들과 연결시켜 주었으며, 50/50/1 콘서트의 라이브 음악뿐만 아니라 아티스트들과의 독점 인터뷰도 제공했다.

　50/50/1은 다양한 분야에서 활동하는 전 세계의 음악 아티스트로

버드라이트 뮤직 퍼스트

라인업이 구성되었고, 그중 5개 콘서트는 실시간으로 중계되었다. 버드라이트는 100만 명이 평균 10분 이상 200만 회를 보는 것을 목표로 했는데, 실제 결과는 이벤트가 있었던 날 밤에만 150만 명 정도가 평균 13분 동안 250만 회를 보았다고 한다. 그리고 추가로 24만 명이 버드라이트 앱을 다운받았으며, 앱을 통해 33만 7000명이 뮤직퍼스트 게임을 했고, 트위터와 페이스북을 통해 52만 5000명의 팬들이 포스팅했다고 한다. 버드라이트는 다른 브랜드들이 몇 주 아니 몇 달에 걸려야 도달 가능한 수의 고객들에게 하루 밤 사이에 도달한 것이다. 페이스북에서 25만 명의 새로운 고객을 얻었고 분기 매출이 5% 증가하는 효과를 얻었다.

이 프로그램은 2013년 8월 1일, 50명의 음악가가 미국의 50개 주에서 같은 날 동시에 콘서트를 여는 전례없는 50/50/1 이벤트를 끝으로 막을 내렸다.

다른 맥주 브랜드들도 그렇듯이, 버드라이트 역시 커뮤니케이션 타겟인 젊은층이 열정과 관심을 갖고 있는 음악이라는 테마를 활용하여 그들과 버드라이트와의 관련성을 강화했다. 이 프로그램은 엄청난 규모의 팬들을 음악과 연결시켜 주었다. 실제로 좋은 아이디어는 많지만 그 아이디어를 현실로 옮기지 못하는 경우가 많은데, 버드라이트는 그 아이디어를 실현시켰고 성공을 위해 엄청난 투자를 감행한 것이다.

그렇다면 버드라이트의 뮤직퍼스트와 카스 비츠에서 어떤 차이를 발견할 수 있는가? 프로그램의 규모와 투자 비용은 별개로 하고, 버드라이트의 뮤직퍼스트는 온라인과 오프라인을 통합적으로 활용하였다. 메인 이벤트뿐만 아니라 연계된 다양한 창의적인 이벤트 아이디어들을 활용해 고객들의 엄청난 관심과 참여를 유도했다. 아마 상상도 못할 만큼 가치 있는 고객 인게이지먼트를 이끌어냈을 것이다.

어떤 브랜드 경험이 관련성을 강화하는가

버팔로 와일드 윙스. 버팔로 와일드 윙스Buffalo Wild Wings(BWW)는 필자가 유학시절에 가장 즐겨 찾던 레스토랑이다. 유학시절 한 주의 일과를 마치는 금요일 밤이면 동료 유학생들과 조촐한 맥주파티를 하곤 했는데, 매운 음식에 길들여진 한국 사람들에게는 매운 양념으로 버무린 닭날개만큼 좋은 안주거리가 없었다. 오하이오 주립대의 동쪽의 경계를 이루는 하이스트리트High Street에 위치한 BWW(당시에는 BW3)는 매주 금요일이면 제품을 픽업해 가려는 고객들의 줄이 길게 늘어설 정도로 인기가 있었다.

매장에는 10여 개의 테이블을 갖추고 있었는데, TV 채널은 늘 스포츠 채널로 고정되어 있었으며 활기 넘치는 팝음악 소리와 함께 늘 손님이 북적였다. 하얀 색의 둥근 플라스틱 통에 튀긴 닭다리 와 날개 그리고 양념을 넣고 흔들 어 버무리면 완성되는 요리이다.

양념은 매운 정도로 구분되는 4가지 종류가 있었는데 한국 유학생들 은 매운 양념을 선택하는 편이었고 손으로 양념에 발린 닭날개를 뜯 어 먹으면서 맥주를 마셨다. 지금도 아련히 그 시절 추억이 떠오른 다. 심지어 유학 생활을 마치고 직장 생활을 하던 중 뉴욕 출장에서 돌아오는 길에 모교를 잠깐 방문했던 적이 있었는데, 공항에 픽업 나 온 후배에게 가장 먼저 방문하자고 요구한 곳이 바로 BWW였다.

BWW는 고객들에게 음악과 스포츠 컨텐츠를 제공하는 비덥스B-Dubs라는 라디오 방송을 개국했다. BWW는 고객들이 비덥스를 통해 그들의 주요 관심사인 음악과 스포츠를 스토어, 모바일, 웹 등 다양 한 곳에서 즐길 수 있게 했다. 특히 이 방송은 모바일로도 들을 수 있 기 때문에 BWW의 인지도가 상승하고, 매장을 방문하는 고객 수도 엄청나게 증가했다고 한다.

BWW는 단지 음식뿐만 아니라 고객들과의 관련성이 높은 다양한 경험을 제공하고 고객들과 많은 것들을 공유하면서 관계를 강화해 왔다. BWW는 특히 모바일에 집중하면서도 다양한 채널을 통해 이 러한 노력을 확대해 나가고 있다.

2014년 11월에는 스포츠를 기반으로 한 멀티 플랫폼으로 '게임브 레이크Gamebreak' 라는 게임 앱 시리즈를 런칭하였다. 매장 밖에서도 브랜드를 지속적으로 경험하도록 하기 위해 게임에 자주 참여하는

BWW 게임브레이크 앱

고객에게는 매주 상금을 주어 참여를 독려한다. 게임브레이크는 세 가지 유형이 런칭되었는데, 하나는 스토어 내에서 태블릿으로 최근 열린 스포츠에 대한 고객의 지식을 테스트하는 게임이다. 다른 두 게임은 프로풋볼 게임이다. 고객들은 개별적으로 또는 친구와 함께 게임을 할 수 있다. BWW는 다양한 관심사를 가진 고객들을 위해 농구 게임과 대학풋볼 게임도 준비 중이라고 한다.

20만 명 이상의 고객들이 게임브레이크 게임을 했고, 평균 5번 그리고 매번 90초 이상 게임을 즐겼다고 한다. 게임은 광고와 달리 브랜드와 상호작용을 해야 하기 때문에, 90초짜리 광고를 20만 명 이상이 본 것보다 훨씬 큰 효과를 기대할 수 있다. BWW는 스포츠 게임을 통해 스포츠에 관심이 많은 타겟 고객들과의 관련성을 높이고 브랜드에 대한 고객 인게이지먼트를 강화하고 있다.

■ 고객이 브랜드와 함께 그들 자신의 스토리를 만들어 가게 하라

최근 몇 년 동안 스토리텔링은 브랜드 로열티를 구축하고, 브랜드와 고객들 간의 감성적 유대를 구축하는 데 매우 성공적인 역할을 해 왔다. 하지만 스토리의 대부분은 브랜드 이야기에 국한되어 있으며, 광고를 통해 일방적으로 전달하는 방식이었다. 하지만 최근 고객들로부터 가장 인정받는 회사들은 고객들에게 스토리텔링의 가장 중요한 역할을 부여하고 있다. 즉 고객으로 하여금 브랜드가 아닌 자신의 이야기를 하게 하고, 고객이 직접 참여하거나 상호작용을 통해 새로운 이야기를 만들어 가도록 유도하고 있다.

어떤 컨텐츠가 고객과의 관련성을 높이는가

홈인테리어 제품과 서비스를 제공하는 소매 기업들도 고객들과 관련성을 강화하기 위해 디지털 기술과 모바일을 적극적으로 활용하고 있다. 스마트폰과 태블릿을 사용하는 고객들이 점차 늘어나면서 건축자재를 판매하는 홈디포Home Depot, 대형 공구와 건축 재료를 판매하는 로스Lowe' s 그리고 이케아 같은 리테일 체인들은 디지털 기술과 모바일을 적극적으로 활용하여 고객들과 관련성이 높은 컨텐츠를 제공하고 있다.

로스와 이케아의 홈데코레이션 팁. 로스는 집 꾸미기에 대한 고객들의 관심을 높이기 위해 웹을 통해 집 꾸미기 팁을 제공하고, 개선된 효과를 눈으로 직접 경험할 수 있게 하고 있다. 또한 로스는 고객과 친밀성을 강화하기 위해 고객들이 사는 지역의 주말 날씨에 따라 서로 다른 정보를 페이스북으로 제공해 준다. 주말에 날씨가 좋은 지역에는 야외 활동 정보를 제공하고, 주말에 비가 예보된 지역에는 집안을 꾸미는 효과적인 팁을 제공한다.

이케아 역시 고객들에게 새롭게 꾸며진 집안 환경에 대한 모습을 실시간 제공할 수 있는 시스템을 갖추고 고객들에게 최신 홈데코레이션 팁들을 제공한다. 전문가들로 팀을 구성하고 고객의 집을 직접 방문하여 홈인테리어 개선을 도와주는 이케아 '홈투어' 서비스를 런칭하였고, 개선된 집안의 모습을 유튜브나 SNS를 통해 다른 사람들과 공유할 수 있게 했다. 또한 마이크로사이트Microsite를 개설해서 고객들이 동영상으로 그 결과물을 볼 수 있게 하고, 이케아닷컴에서 관련 제품들을 구입할 수 있게 하였다.

고객 관련성이 높은 라이프스타일 컨텐츠를 제공하는 이케아. 이케아는 다양한 계층을 위한 브랜드이다. 각 계층의 특성에 맞는 특징적인 제품들을 통해 우아하고 심플한 이케아 가구의 가치를 전달한다. 이케아는 각 계층과의 관련성을 강화하기 위해 끊임없이 노력하고 있다.

이케아 러시아는 자주 이사를 다니며 좁은 공간에 살고 있는 도시 젊은층들을 위해 인스타그램에 PS 2014 컬렉션 페이지를 개설하고, 다기능적으로 디자인된 제품들과 가볍고 이동이 편리한 다양한 아이템들을 제안한다. 이 컬렉션에는 벤치, 테이블, 창고, 조명, 섬유 그리고 아이디어 상품 등 12개 카테고리가 포스팅되어 있고, 각 포스트는 태그를 통해 각 카테고리의 세부 제품으로 연결되어 있어 사용자들이 세부 아이템들에 손쉽게 접근할 수 있다. 이케아는 인스타그램에 세계 최초로 상호 연결된 웹사이트를 구축하였고, 이 포스팅에 수만 명의 팔로어들이 모여들었다.

영국 이케아의 '작은 공간 크게 만들기(Make Small Spaces Big)' 캠페인은 좁은 공간을 어떻게 효율적으로 활용할 수 있는지를 보여주

이케아: 작은 공간 크게 만들기

는 뛰어난 디자인 아이디어들로 가득하다. 다른 유럽 국가들보다 영국 사람들의 집이 평균 15% 좁다는 점에 착안하여, 영국 사람들을 위한 공간 효율적인 다목적 가구를 개발하여 시장기회를 만들어냈다. 이 캠페인은 영국과 아일랜드 지역에서만 진행되었지만 공간 효율성은 세계 어디에서나 고객들과의 관련성이 높기 때문에 이 캠페인 아이디어는 세계 각국의 특성에 맞게 확장이 가능하다.

2014년 12월 한국에 첫 매장을 열었을 때, 이케아는 한국 소비자들과 관련성을 높이기 위한 다양한 접근을 시도했다. 사전에 국내 80여 가구를 직접 방문하고 전화조사와 패널조사를 통해 한국 사람들의 주거 문화를 이해하려 했다. 한국 매장에는 실제 집 모양으로 꾸민 65개의 쇼룸이 있는데, 글로벌 매장과 달리 한국식 거주 문화를 반영한 쇼룸을 크게 늘렸다고 한다. 또한 대부분의 한국 주부들이 집이 좁다고 생각하는 점을 감안하여 집을 넓게 활용할 수 있는 다양한 공간과 제품 디자인을 선보였다. 적은 평수에서도 집을 넓게 사용할 수 있도록 가구를 작게 만들었고 베란다를 더 잘 이용하게 하는 수납장, 베란다를 세탁실, 정원 등으로 활용하게 하는 쇼룸도 선보였다. 아이들 장난감 수납, 식탁 아래 공간을 이용한 수납 등 다양한 아이디어들도 선보였다.

이케아는 항상 고객들과의 관련성을 강화하는 컨텐츠를 제공하기 때문에 고객들이 주목하지 않을 수 없으며, 고객들 스스로 경험한 것들을 친구나 가족들과 공유하고 싶게 만든다. 이케아의 브랜드 전략은 고객들이 집에서 늘 경험하는 일상에 대한 이해를 바탕으로 전개된다. 이케아는 좋은 경험을 창조하고 고객들이 이를 경험하게 함으로써 그들을 즐겁게 한다.

아이들과의 관련성이 높은 레고의 파티 프로그램. 레고 그룹은 아이들과 강한 관계를 구축한 첫 번째 장난감 회사이다. 그들은 '고객 로열티 관리' 라는 프리즘을 통해 고객의 경험을 면밀히 들여다보고 관련성이 높은 특성화된 고객 경험을 제공하고 있다.

레고 그룹은 무엇보다 아이들이 레고를 가지고 잘 놀 수 있게 함으로써 그들과의 깊은 관련성을 창출한다. 하나의 예로서, 레고의 생일 파티 프로그램은 생일을 맞은 아이들에게 레고 스토어가 생일 파티를 해 주는 행사이다. 파티 비용은 125달러이고 한 시간 정도 파티가 진행되는데, 아이가 그 자리에서 제품을 구입해서 레고를 만들어 집으로 가져가면 제품 가격을 100달러 할인해 준다. 따라서 파티 비용은 25달러가 되는 셈이다. 이 외에도 스토어 쿠폰, 레고 잡지 등이 들어있는 선물 꾸러미, '레고 건축가 면허', '레로의 기술과 묘수가 적혀있는 카드' 등이 부가적으로 제공되기 때문에 사실상 파티 비용은 없는 셈이다.

집에 돌아 와서도 아이들은 스토어에서 제공한 레고 잡지, 카드, 레고 웹사이트 등을 보면서 레고 경험을 확장하고, 신제품이 나오면 스토어에서 제공한 쿠폰을 사용하여 웹사이트에서 제품을 구매함으로써 경험을 확대한다. 이와 같이 레고는 생일 파티 같은 고객 관련성이 높은 이벤트를 활용하여 스토어-집-웹사이트를 연결하는 효과적인 상호작용을 고안하였고, 이를 통해 고객의 인게이지먼트를 성공적으로 창출해내고 있다. 생일 파티 후에는 아이들의 부모에게 감사카드를 발송하는 등 아이들뿐만 아니라 제품의 구매자인 부모들과도 관계를 형성하기 위해 노력하고 있다.

어떻게 젊은층과의 관련성을 강화할 것인가

많은 브랜드들이 경험하고 있는 것처럼, 타겟 고객을 체계적으로 관리하지 않으면 브랜드 노후화가 진행된다. 가장 일반적인 타겟팅의 오류는 현재 사용자 중심의 타겟팅이라고 할 수 있다. 브랜드를 관리하는 입장에서 성과를 고려하면 현재 사용자에 집중하는 마케팅을 전개할 수밖에 없고 현재의 고객에 집중하여 그들의 로열티를 향상하는 것이 가장 효과적이기 때문이다.

하지만 현재 사용자만을 타겟으로 마케팅 활동을 전개할 경우 브랜드의 사용자가 나이가 들어감에 따라 브랜드 역시 노후화될 수밖에 없다. 많은 브랜드들이 성과의 덫에 빠져서 범하게 되는 실수이다. 결과적으로 시간이 지난 뒤 브랜드가 노후화되어 있음을 깨닫고 뒤늦게 젊은층을 유인하기 위해 막대한 마케팅 비용을 쓰게 된다.

실버용 제품 등 절대적으로 젊은층이 타겟이 될 수 없는 카테고리나 브랜드도 있지만, 젊은층이 잠재 타겟이 되는 카테고리나 브랜드들은 젊은층을 절대 놓쳐서는 안 된다. 젊은층은 브랜드에 활기를 주는 잠재가치가 아주 큰 고객층이기 때문이다. 당장은 중장년층의 구매력이 클지 모르지만 고객의 평생 가치를 기준으로 판단해보면 젊은층이 평생가치가 가장 큰 구매층이다. 또한 맥주, 담배, 음료수 등 개인 기호식품은 젊었을 때 구매하던 브랜드를 평생 구매하는 경향이 있고 자동차, 가전제품 등 내구재, 그리고 리테일 채널 등과 같이 나이가 들어가더라도 브랜드를 스위칭해야 할 이유가 없는 제품 카테고리들도 많이 있다. 따라서 상대적으로 젊은 시절에 강한 브랜드 로열티를 구축하면 고객의 평생 가치가 크게 높아진다.

코카콜라 코크존Coke Zone. 2008년 당시 영국 코카콜라는 10대들의 점유율을 계속 잃고 있었기 때문에 10대 고객들의 CRM 데이터베이스를 확보하기 위한 로열티 프로그램을 런칭하기로 결정했다. 이렇게 탄생한 코크존Coke Zone은 포인트 기반의 로열티 프로그램으로서 일종의 보상 프로그램(Reward Program)이었다. 코카콜라 팩에 있는 포인트 코드를 사용해서 고객들이 회원으로 등록을 하면 포인트가 쌓이는데, 이 포인트로 회원들은 제품도 구입하고 각종 이벤트나 경품 행사에 참여할 수도 있었다. 참여자들은 그들의 경험을 다른 사람들과 공유했고 지속적인 로열티를 보여주었다.

이 캠페인을 통해 코카콜라는 젊은 고객층의 데이터베이스를 확보하였고 웹과 모바일 등 다채널 커뮤니케이션을 통해 그들과 상호작용을 하면서 인사이트를 찾아냈다. 그리고 그들을 세분화하여 각 그룹별로 상호작용을 위한 타겟화된 이메일과 SNS 메시지를 보냈다.

코크존 캠페인은 스카이원Sky One과 같은 디지털 채널뿐만 아니라 코카콜라 브랜드의 지상파 광고에도 10초 태그 광고로 병행 집행되었다. 6개월 동안 광고를 집행한 후 전국적으로 아웃도어 광고를 집행하여 캠페인의 인지도를 높이고 회원 가입을 독려했다. 이 일련의 마케팅 활동은 미디어의 특성을 잘 활용해서 효과를 극대화한 미디어 믹스였다고 평가받는다.

2008년 연말 시즌에는, 고객들이 친구들에게 개인적으로 크리스마스 메시지를 트위터로 보내면 런던에 있는 피카디리 서커스 광장에 설치된 대형 사인보드에 그 메시지가 나타나도록 하는 캠페인을 벌였는데, 코크존 트위터 팔로우를 증가시키고 코크존에 새로운 회원을 유도하기 위한 것이었다.

코카콜라의 일련의 노력은 젊은 소비자층의 저변을 확대하고, 개인화된 컨텐츠를 통해 그들과의 관련성을 높임으로써 그들을 지속적으로 유지(Retention)하기 위한 것이었다. 도달하기 쉽지 않은 10대 시장에 접근하여 고객들을 웹사이트로 끌어들이고 그들의 관여를 높여 고객으로 지속적으로 남아 있게 했다. 실제 코크존은 10대와 젊은 층의 지지와 인게이지먼트를 높이는 데 만족스러운 성과를 창출했다. 이들의 이메일 뉴스레터 수신율이 29%에 달했고, 로열티 커뮤니케이션의 수신율은 49%, 그리고 내용을 클릭한 비율 또한 71%에 달했다. 영국에 있는 음료 브랜드 사이트들 중에서 방문자가 가장 많은 브랜드 사이트이고, 2014년 현재 3,800만 명이 넘는 페이스북 팬들과 40만 명이 넘는 트윗 팔로어를 보유하고 있다.

코카콜라의 무비 투 더 비트. 2012년 런던 올림픽을 맞아 코카콜라는 10대 소비자들을 타겟으로 올림픽 게임의 사회적 가치를 활용한 캠페인을 전개했다. '무브 투 더 비트Move to the Beat'라고 불리는 이 캠페

코카콜라 MOVE TO THE BEAT

인은 스토리텔링의 수단으로 음악을 활용했다. 코카콜라는 제작자 마크 론손, 가수 케이티 비와 함께, 5명의 올림픽 꿈나무들이 운동하면서 내는 소리로 노래를 창작해 냈다. 다큐멘터리, 노래, TV광고, 비트 티비Beat TV 그리고 '더 글로벌 비트The Global Beat'라고 불리는 디지털/모바일 앱으로 구성되어 있는 이 캠페인은 10대들의 음악에 대한 열정을 채워주고, 그들이 음악을 통해 올림픽 게임과 스포츠에 더 가까워질 수 있게 했다.

캠페인은 또한 런던의 문화로부터 받은 영감을 예술작품으로 그려 냈다. 세계적으로 인정받은 젊은 미술가들이 그린 도시 예술작품인 비트 월Beat Wall이 유럽의 11개 나라에 세워졌는데, 캠페인에 대한 10대들의 흥미를 불어넣기 위한 것이었다. 또한 포토 리얼리스트인 닐 에드워드, 해들리 에버, 그리고 샘 바이츠가 창조한 높이 10미터 폭 25미터짜리 거대한 벽화가 런던 동부에 위치한 헤크니에 세워졌다. 이 벽화는 '무브 투 더 비트' 캠페인을 가시적으로 표현한 작품인데, 작가 론손이 젊은 스포츠인들을 만나 그들의 운동하는 소리를 얻기

코카콜라 비트 월

위해 어떻게 세계 여행을 했는지를 그려낸 것이다.

'무브 투 더 비트' 캠페인은 광고를 통해 전 세계에 그 노래를 선보였다. 그 광고는 스포츠 선수들과 런던의 관객들이 함께 축제를 하는 페스티벌 스타일로 꾸며졌다. 스포츠 선수들이 운동을 하고 그 주변에서 론손과 케이티 비가 음악 공연을 하는 모습이다. 선수들이 운동하는 소리는 노래의 비트를 제공하는 데 사용되었다. 이 노래는 런던 올림픽 동안 모든 코카콜라의 이벤트와 디지털, 모바일 플랫폼의 배경음악으로 사용되었고, 이 광고는 코카콜라의 글로벌 캠페인의 일부로서 TV광고뿐만 아니라, 인스토어 디스플레이, 옥외광고 등 다양한 커뮤니케이션의 소재로 사용되었다.

이 캠페인은 또 코카콜라의 '열린 행복(Open Happiness)' 플랫폼의 일부로서 10대들과 함께, 올림픽을 통해 그리고 음악을 통해 행복을 나누는 코카콜라의 브랜드 메시지를 전달하고 있다.

메이시스의 비주얼 서치 앱. 미국의 백화점 체인인 메이시스는 코텍시

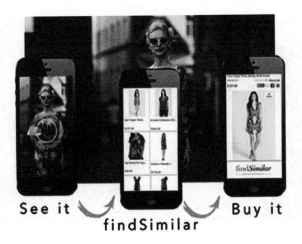

메이시스 비주얼 서치 앱

카Cortexica의 파인드 시밀러findSimilar라는 이미지 인식 기술이 적용된 비주얼 서치 앱을 런칭했다. 이 앱은 특정 이미지와 유사한 이미지를 가진 아이템을 찾아 주는데, 모바일 쇼핑을 할 때 선호하는 이미지의 패션용품을 쉽게 찾을 수 있게 해 주고, 구입할 때까지의 클릭 수를 줄여 준다. 이미지를 중시하고 이미지 선호가 뚜렷한 젊은 소비자층을 유인하기 위한 목적으로 개발되었다.

　이 기술이 의류에만 적용되는 것은 아니다. 예를 들면, 꽃의 사진으로 그 꽃과 유사한 색상, 유사한 패턴을 담고 있는 아이템들을 찾을 수 있다. 즉 사진을 찍은 후에 사용자들이 색상, 재질, 모양, 패턴 등으로 유사한 이미지들을 서치할 수 있는 것이다. 코텍시카는 클라우드 기반으로 1,500만 개가 넘는 이미지 데이터베이스를 가지고 있다. 메이시스는 매장 내 모든 카테고리의 제품들을 이 앱에 적용하여, 사용자들이 그들이 원하는 제품을 쉽게 찾을 수 있도록 하였는데, 특히 젊은층들의 쇼핑 여정에 도움을 주어 그들의 인게이지먼트를 높이는 효과를 거두고 있다.

젊은층을 겨냥한 짐빔의 신제품. 버번 브랜드인 짐빔Jim
Beam은 2014년 가을 밀레니엄 세대를 타겟으로 하
여 시나몬 향이 강한 짐빔 켄터키 파이어Jim Beam
Kentucky Fire를 출시하였다. 이 제품을 처음 소개할
때도 밀레니엄 세대를 겨냥하여 소셜 미디어 플랫
폼을 활용하였으며, 모바일에 최적화된 디지털 동
영상 수십 개를 소셜 미디어 사이트를 통해 뿌렸다.
이 동영상들은 술을 마시는 다양한 재미있는 방법
을 담고 있는데, 밀레니엄 세대들의 술 마시는 독특

한 방법들을 재미있게 표현하였고 새로 출시한 짐빔 켄터키 파이어
를 즐기는 가장 좋은 방법을 보여주었다.

2014년 7월에는 버번을 마시는 다양한 방법과 건배사를 한 줄로
제안해 달라고 팬들에게 요청하였고, 제안된 문구들 중 일부를 선정
하여 짐빔 싱글 배럴Jim Beam Single Barrel 제품의 병 라벨에 인쇄하기
도 했다. 이 역시 고객들이 제안한 문구를 활용하여 타겟층인 젊은층
과의 관련성을 강화하기 위한 시도였다.

스너글의 30년 된 마스코트. 2014년 9월, 30살이 된 섬유 유연제 브랜
드 스너글Snuggle은 젊은층들과의 관련성을 만들기 위한 캠페인을 시
작했다. 스너글 브랜드를 현대적으로 바꾸기 위한 노력은 이미 3년
전부터 진행되어 왔다. 브랜드 마스코트인 스너글 베어의 공식 페이
스북, 트위터, 인스타그램 페이지의 팔로어들도 많이 늘어났고, 모바
일을 통한 젊은층과의 상호작용도 활발히 이루어지기 시작했다.

이러한 활동의 기반 위에, 스너글의 브랜드 마스코트인 스너글 베
어의 탄생 30주년을 기념하기 위해 가상 공간에서 생일 기념 트위터

파티를 열었고, 페이스북 페이지를 통해 고객들에게 스너글 베어의 생일 축하 메시지를 보내도록 요청했으며, 인스타그램을 통해 스너글 베어의 생일 사진을 공유했다. 스페셜 이벤트도 마련되었는데, 화요일은 증정의 날로 정하고 스너글 제품을 고객에게 증정하는 행사를 진행했으며, 수요일은 소망의 날로 정하고 스너글 베어를 축하하는 메시지를 보내도록 요청했고, 목요일은 회고의 날로 정하여 과거의 스너글을 회상하는 사진과 이미지들을 공개했다.

이 이벤트는 젊은층들에게 스너글 브랜드를 새롭게 알리고 그들로 하여금 스너글을 사용해 왔던 엄마 세대와 공감을 형성하게 하였다. 스너글과 오랜 세월을 함께 해 온 엄마 세대들은 스너글을 통해 젊은 시절을 회상하게 하고, 스너글을 통해 그러한 엄마 세대를 젊은층이 공감하게 함으로써 스너글과 젊은층, 그리고 엄마 세대를 감성적으로 연결한 것이다.

네스카페 REDvolution. 네스카페는 2014년 레드볼루션REDvolution이라는 캠페인으로 대대적인 브랜드 리뉴얼을 단행했다. 시장이 글로벌로 통합되고 소셜 미디어가 중요한 시대가 됨에 따라 글로벌 시장에서 네스카페 브랜드의 통합적이고 강력한 우산이 필요하다는 인식에서 비롯된 시도이다. 네스카페 75년 역사상 비주얼 아이덴티티를 통합하고 슬로건까지 통합한 것은 이번이 처음이다. 이번 리뉴얼은 우선 젊은층의 마음속에 네스카페 브랜드를 심어주기 위해 패키지 디자인, 커뮤니케이션 요소 그리고 디지털 전략에 모두 변화를 주었다. 디자인은 젊은층의 선호를 고려하여 빨간색을 더 강조하는 방향으로 브랜드 마크와 그래픽 요소들을 현대화하였으며, 브랜드 슬로건은 'it all starts with a Nescafe'로 변경하였다.

커피라는 제품의 사회성을 반영하여 디지털과 소셜 미디어에서도 혁신과 새로운 서비스를 선보였다. 신제품으로 샤키스모Shakissmo와 새로운 레시피를 출시하고 알림기능을 내장한 커피 병뚜껑을 선보였으며, 아침에 잠에서 깨워주는 소셜 알람 시계 앱을 출시했다. 이 앱은 음악, TV 쇼, 영화 등을 아이튠즈에서 무료로 다운받아 소리가 아닌 음악이나 동영상으로 알람이 울리게 하는 것이었다. 친구들과 알람 음악이나 동영상을 서로 공유할 수 있게 하고, 서로 알람으로 잠을 깨워주게 하여 네스카페를 통해 그들을 연결하려 한 것이다. 여기에는 소비자들이 네스카페로 하루를 시작하게 하여 매일 매일 브랜드를 상기하게 하는 고도의 전략이 숨어 있다.

브랜드를 고객 생활의 일부가 되게 하는 것만큼 고객 인게이지먼트를 강화할 수 있는 더 좋은 방법은 없을 것이다. 네스카페의 레드 볼루션은 브랜드의 글로벌 통합과 더불어 젊은층의 호감을 유도하기 위한 브랜드 리뉴얼로서 네스카페의 새로운 행보를 기대하게 한다.

10 밸류 드라이버 3: 진정성 Authenticity

브랜드의 중요성이 본격적으로 강조되기 시작한 1990년대 이래, 브랜드는 지속적으로 주목을 받아왔고, 비즈니스 성과를 창출하는 데 강력한 힘을 발휘하는 것으로 여겨져 왔다. 하지만 연구에 의하면, 최근 들어 소비자들이 인식하는 브랜드에 대한 가치가 전반적으로 하락하고 있다고 한다.

그동안 기업이나 브랜드에 관한 불편한 진실들은 일방향적인 마케팅 캠페인에 의해 가려지거나 감추어져 왔었다. 하지만 인터넷과 모바일의 발달, 그리고 소비자 의식의 변화 등으로 인해 소비자들은 보다 많은 정보를 얻고 공유하고, 마케팅의 이면에 숨겨진 것들을 볼 수 있게 되었다. 소비자들은 기업이나 브랜드가 자신들에게 전달하는 것들에 대해 의문을 갖기 시작했다. 이와 함께 5년 이상 지속되어 온 글로벌 및 국내 경기 침체로 인해 기존의 마케팅 방법론에 대한 회의적 시각이 커지고 있다.

따라서 브랜드의 신뢰도는 급격히 하락하고 소비자들은 더욱 냉소적으로 브랜드를 바라보고 브랜드가 소비자들을 조정하려 하는 것에 불편함을 느끼기 시작했다. 소비자들은 기업과 사회가 보다 더 투명해질 것을 요구하고 있고 이러한 투명성과 개방성에 익숙하지 않은 기업이나 브랜드에게는 큰 숙제가 생겨난 것이다. 이러한 결과에 대해, 존 거제마는 자신의 저서『브랜드 버블The Brand Bubble』에서 기업들이 브랜드의 본질적인 가치인 무형의 가치를 육성하지 못하고 단기 판매성과 향상을 위해 브랜드를 사육해 왔기 때문이라고 말한다.

한편 혁신적인 기업들은 소비자들의 신뢰를 확보하기 위해, 소비자 인식의 변화를 발 빠르게 파악하고 그들의 브랜드 전략을 수정하고 있다. 전통적인 광고로부터 소비자들과의 직접적인 커뮤니케이션으로, 더 나아가 커뮤니케이션의 차원을 넘어 소비자들을 브랜드에 참여시키는 방향으로 그들의 전략과 기업 문화를 바꾸고 있다.

브랜드 신뢰는 어떻게 구축되는가

브랜드의 가장 핵심은 신뢰이다. 브랜드 이름, 패키지, 슬로건, 커뮤니케이션 메시지 등을 통해 전달되는 브랜드의 약속을 소비자들이 신뢰할 수 있어야 한다. 그러한 신뢰를 바탕으로 브랜드에 대한 선호가 생겨나고 브랜드에 대한 로열티로 발전할 수 있는 것이다.

이제 기업은 진정성에 기반하여 소비자들에게 전달하고자 하는 가치를 명확히 정의(Brand Identity)하고, 약속한 대로 항상 그 가치를 창출하여 전달하려고 노력해야 한다. 또한 기업과 브랜드에 대한 모든 것을 숨김없이 솔직히 보여주는 개방성(Openness)이 필요하고,

이를 통해 진정한 신뢰Trust를 재구축할 필요가 있다. 오슬로 경영대학의 니콜라스 인드Nicholas Ind 교수와 코펜하겐 비즈니스 스쿨의 메이켄 슐츠Maiken Schultz 교수는 다음 5가지 요소가 기업이나 브랜드가 신뢰를 회복하기 위해 반드시 필요하다고 말한다.

■ 커뮤니케이션하지 말고 컨텐츠를 제공하라

브랜드가 고객과 관계를 형성하기를 원한다면 컨텐츠가 가장 핵심이다. 광고와 PR 그리고 눈에 보이는 브랜딩을 통한 커뮤니케이션보다는 소비자들이 브랜드와 직접 상호작용할 수 있는 컨텐츠의 영향력이 점점 더 커지고 있다.

■ 고객에게 전달하는 브랜딩 요소들에 주의하라

디지털 시대 소비자들은 미디어, SNS, 블로그 등의 발달로 인해 넘칠 정도로 많은 메시지들을 전달받고 있으며, 이를 평가하는 것에 익숙하다. 소비자들은 기업이나 브랜드의 겉만 봐도 실체를 알 수 있을 만큼 스마트해지고 있다. 따라서 브랜드가 신뢰를 얻기 위해서는 진정성과 투명성으로 진솔하게 다가가는 노력이 무엇보다 중요하다.

■ 브랜드 관리를 시장에 맡겨라

브랜드는 이제 브랜드를 관리하는 담당자가 조정할 수 있는 것이 아니다. 브랜드는 이제 시장과 소비자들에 의해 자율적으로 관리되어야 한다. 지금껏 브랜드에 관련된 모든 것은 브랜드 담당자들에 의해 기획되고 시행되었다. 하지만 이제는 다양한 사람들이 관여하고, 그들에 의해 창조되어야 한다.

■ 브랜드를 개방하라

이제 브랜드는 다른 사람들의 영향력이 브랜드에 미칠 수 있도록 개방적이 되어야 한다. 앞으로 브랜드 매니저에게 요구되는 전문성이란 다양한 다른 사람들의 의견을 듣고, 흡수하고, 브랜드에 관한 사항들을 함께 공유하고 나누는 것이다. 지금까지 이러한 과정은 리서치를 통해 행해져 왔으나, 앞으로는 제품과 서비스를 정의하고 브랜드가 무엇을 전달할지 정하는 데 있어서 소비자와 함께 논의하고 창조하는(Co-creation) 방향으로 변화해 갈 것이다. 이러한 변화는 결국 소비자들과의 적극적인 소통과 그들의 직접적인 참여를 통해서만 가능하다.

이러한 새로운 접근에 있어서 가장 중요한 것은 소비자들을 더 이상 사업 성과를 위한 대상으로 보지 않고 그들이 가진 창의성을 가치 창조의 원천으로 바라보는 인식의 전환이다.

■ 시도해 보라

시대의 변화에 대해 인식에만 머물러 있지 말고 직접 스스로 개방하고 경험해 보는 것이 중요하다. 새로운 접근 방법이라고 해서 모든 절차와 방식을 바꾸라는 것은 아니다. 문제는 시도해 보는 것이다. 우리 조직 문화와 전략이 어떻게 고객과 가장 잘 연계될 수 있는지를 찾아보아야 한다.

어떻게 진정성 있는 브랜드가 될 것인가

　기업의 본질은 제품이나 서비스를 소비자에게 제공하고 그 대가를 돈으로 받는 것이다. 선생님이 교육자의 양심으로 학생들을 가르치고, 판사가 법의 양심으로 재판을 하고, 의사가 인술로 환자의 생명을 다루듯, 기업은 기업의 양심으로 제품과 서비스를 소비자에게 제공해야 한다. 원산지 정보, 재료 함량, 제품의 유해성 등 가장 기본적인 사항에 대해서 기업 스스로가 떳떳할 수 있어야 한다. 과연 우리 회사는 기업의 양심에 비추어 부끄럽지 않다고 할 수 있는가?

　요즈음 신문을 보면 기업이나 브랜드에게 수여되는 상들이 상당히 많다. 계속 늘어나고 있는 것 같다. 브랜드 대상, 고객만족 대상, 사회 공헌 대상 등 너무나 다양한 상들이 있다. 그런데 과연 상을 받은 기업이나 브랜드들은 그만한 자격이 있어서 받는 것일까?

　정말 우리 회사나 브랜드가 상을 받을 만한 자격을 갖추고 있는가를 한번 돌아볼 필요가 있다. 홍보의 목적으로 상을 받는 것에 집착하지는 않았나? 그렇게 많은 상이 있는데, 상을 받은 기업이나 브랜드에 대해 소비자들이 얼마나 관심을 가질까? 여기 저기 발표되는 수상 뉴스가 상에 대한 신뢰, 나아가 브랜드에 대한 신뢰를 떨어뜨리는 것은 아닐까?

　소비자들이 잘 모른다고 하더라도 소비자들의 건강을 위해 안전하고 좋은 재료를 골라 써야 하듯이, 투명성과 진정성을 갖춘 기업이라면 과장된 광고 메시지나 상업적인 홍보 수단에 편승하여 소비자들에게 왜곡된 정보를 주는 떳떳하지 않은 홍보 활동은 스스로 지양해야 할 것이다.

진정성은 어떻게 실현되는가

■ 스스로에게 진실해져라

간단해 보이지만 이를 실천하는 기업은 거의 없다. 진정성 있다고 인식되기 위한 가장 쉽고 가장 좋은 방법은 스스로가 진정성 있게 행동하는 것이다. 이를 실천하기 위해서는 금전적인 성과 목표와는 다른 목표를 세울 필요가 있다. 우리 비즈니스가 지향하는 핵심적인 가치가 무엇인지, 우리는 어떤 가치를 창출해서 고객들에게 전달하려고 하는지, 우리가 비즈니스를 추진함에 있어서 가장 깊이 새겨두고 있는 신념이 무엇인지를 결정하고 이를 임직원, 소비자, 협력업체 등 관련된 모든 사람들에게 공개해야 한다. 그리고 이러한 신념과 미션을 꾸준히 지켜 나가는 모습을 보여주어야 한다. 그러면 소비자들은 우리를 진정성 있는 기업이나 브랜드로 인식하게 될 것이다.

■ 일관성을 유지하라

일관성이 없으면 소비자들의 혼란을 초래한다. 일관성 없는 메시지는 의구심과 불신을 만들어낸다. 왜 이런 상식적인 이야기를 하는가 생각할 것이다. 하지만 이것은 우리가 일반적으로 저지르면서도 잘 인지하지 못하는 실수이다. 채널마다 다른 이야기를 전달하고 시간이 지나면 또 다른 이야기를 한다. 접근 방법이나 툴은 달라도 우리의 기본적인 메시지와 스타일 그리고 아이덴티티는 항상 일관성이 있어야 한다. 애플은 'Think Different'라는 브랜드 미션을 설정하고 브랜딩이나 제품을 통해 이를 일관성 있게 전달하고 보여줌으로써 그들의 혁신적인 이미지를 구축해 왔다. 되돌아보면 애플처럼 일관성을 갖고 브랜드 미션을 실천하는 기업은 그다지 많지 않다.

■ 말로만 하지 말고 실체를 보여줘라

많은 기업들은 그들의 '의지를 담은' 메시지를 전달하지만, 그 실체를 보여주지 않거나 보여주지 못한다. 결과적으로 소비자들은 그들의 메시지를 불신하고 그들의 말을 들으려하지 않는다. 진정성은 투명성과 밀접하게 연관되어 있기 때문에, 지킬 수 없는 약속이나 증명할 수 없는 주장, 실체를 보여줄 수 없는 메시지는 피해야 한다.

■ 소비자들과 접촉하고 그들에게 즉각 반응하라

소비자들이 브랜드와 접촉하고 접근할 수 있는 가능한 한 많은 방법을 마련해야 한다. 그리고 그들의 접근과 접촉에 대해 즉각적으로 그리고 적절하게 반응할 수 있는 준비를 갖추어야 한다. 소비자들과의 접촉은 우리의 진정성을 보여줄 수 있는 좋은 기회이다.

■ 실수를 인정하라

실수를 저지르면 솔직히 인정해야 한다. 다른 사람들이 평판을 저하시킬 수 있는 가혹한 판단을 내리기 전에 미리 사과하여 실수에 대해 설명하는 것이 진정성 있는 태도이다. 비즈니스의 주체는 인간이기 때문에, 누구나 실수를 저지를 수 있다. 실수를 인정하고 이를 진정성 있게 설명함으로써 오히려 그것을 기회로 만들 수도 있다.

진정성 없는 기업은 존속할 수 없다

기업의 궁극적인 목표는 이윤 추구이다. 하지만 이러한 기업 활동을 가능하게 하는 것은 바로 소비자, 임직원, 협력업체 등이 있기 때문이다. 이들의 긍정적인 인식, 호감 그리고 회사에 대한 애착이 기업의 지속적인 이윤 창출을 가능하게 한다. 그러나 많은 기업들이 이러한 사실을 망각하고 있다. 이들은 단순히 기업의 성과를 담보하는 것이 아니라 기업의 존립 자체가 좌우할 수도 있다. 이들은 수십, 수백억 원 이상의 가치가 있는 홍보효과를 유발하는 홍보대사가 되기도 하고, 반대로 수천억 원 이상의 손실을 끼치고 기업의 문을 닫게 만드는 폭탄이 될 수도 있다.

최근 많은 기업들이 상생과 동반성장을 말하고 있다. 그런데 과연 얼마나 많은 기업들이 진정으로 상생과 동반성장을 추진하고 있는가? 얼마 전 이슈화되었던 남양유업 사태는 단지 그 회사만의 문제는 아니다. 아직도 많은 기업들이 영업실적을 위해 '밀어내기'를 하고 있다. 우리 기업들은 정말로 협력업체와 수평적 관계를 유지하기 위해 노력하고 있는가? 심지어 우리나라 대표 기업에서도 유해물질 유출로 인해 협력업체 직원들이 사망하는 사고가 일어나고 있다. 단순한 사고일까? 아니면 우리 회사를 일하는 사람들에 대한 배려가 부족하고 지역사회나 지구촌에 미치는 피해에 대한 둔감증에서 비롯된 것일까?

품격 있는 기업이라면 적어도 이러한 구설수에 오르내리지 않도록 자사 직원과 협력업체 직원들의 근무 환경에 관심을 기울여야 한다. 유해물질을 다루는 기업이라면 사회적으로 미칠 피해를 예방하기 위해 사전에 철저한 관리 감독을 해야 한다. 우리는 이처럼 주변에 대한 배려나 상생의 원칙을 무시하는 기업들이 하루아침에 처참한 나락으로 떨어지는 사례를 많이 보아 왔다. 소비자들과 사회에 존경받는 기업은 진정성 있게 주변을 배려하고 그들과 동반 성장해가는 기업일 것이다.

■ 진정성은 기업문화의 일부가 되어야 한다

성공적인 기업들은 그들의 경험을 통해, 신뢰를 확보하기 위해서는 정직성과 진정성이 중요함을 알고 있다. 기업이 정직성과 진정성이라는 문화를 갖게 되면 브랜드를 소비자들과 연결하기 용이할 뿐만 아니라 기업의 내부 문화 역시 개선할 수 있다. 사실 소비자들의 신뢰를 얻기 위해서는 기업에 대한 내부 구성원들의 신뢰와 내부의 구성원간의 신뢰 구축이 선행되어야 한다.

소비자든 내부 구성원이든, 그들을 설득하려 하기보다는 기업 스스로 투명성과 진정성을 강화해 갈 때 자연히 신뢰가 쌓이게 된다. 내부 구성원들의 신뢰는 자연스럽게 소비자들에게 전달되고 소비자들의 신뢰가 내부 구성원들에게 전달되는 선순환 고리를 만들어진다. 신뢰와 진정성은 기업의 조직 구조와 문화에 녹아들어 있어야 비로소 기업의 외부로 전달될 수 있다.

진정성은 어느 시대를 막론하고 마케팅이나 브랜드 활동에 있어서 가장 기본이 되는 요소이다. 하지만 디지털 기술이 바꾸어 놓은 이 시대는 과거보다 훨씬 개방되어 있기 때문에 진정성과 투명성은 점점 더 그 중요성이 강화될 것이며, 개방성과 투명성을 갖추지 않은 기업은 소비자들의 인식에서 아예 배제될 수도 있다.

THE FUTURE OF

MARKETING

3부

고객 인게이지먼트를 위한
5가지 드라이버

개요

이제 본격적으로 고객 인게이지먼트를 유발하는 방법들을 알아보자. 3부에서는 각각의 인게이지먼트 드라이버에 대한 구체적이고 세부적인 접근 방법과 적용방법을 사례들과 함께 설명한다.

11장에서는 고객들의 브랜드에 관심과 관여를 유도하는 방법, 12장에서는 고객들의 브랜드 경험을 창출하는 방법, 13장에서는 참여를 통해 고객의 자긍심과 브랜드에 대한 애착을 강화하는 방법, 14장에서는 고객과의 상호작용을 통해 지속적인 관계를 창출하고 유지하는 방법, 그리고 15장에서는 공유를 통해 브랜드 경험을 확산하는 방법을 제시한다.

11 인게이지먼트 드라이버 1:
관심과 관여 Involvement

어떻게 브랜드는 새로운 시장에서 인지를 확보하는가

유니클로의 럭키 카운트. 고객들의 관심을 끌기 위한 활동은 주로 새로운 시장에 진입할 때 인지도를 높이기 위한 목적으로 많이 활용된다. 유니클로는 2010년 영국 시장에 처음 진입하면서 영국 소비자들에게 유니클로를 알리기 위해서 럭키 카운터라는 게임 이벤트를 진행했다. 유니클로가 트위터에 제시한 아이템에 대한 트윗 숫자가 늘어나면 제시된 아이템의 가격이 내려가는 이벤트였다. 이벤트가 일정 기간 진행된 후에 해당 아이템의 스페셜 가격이 발표되었다. 이 이벤트의 목적은 더 많은 고객들로 하여금 유니클로 브랜드와 아이템들에 관심을 갖게 하고 시도 구매를 유도하기 위한 것이었다.

유니클로는 단순히 브랜드를 인지시키기 위한 광고를 진행하거나 시도 구매 유도를 위한 할인 행사를 진행하지 않았다. 그 대신 이벤트를 통해 이 두 가지 목적을 한꺼번에 달성하였다. 디지털 마케팅을 위해서는 디지털이 만들어 놓은 다양한 미디어들과 그 특성을 효과적으로 활용할 필요가 있다. 유니클로는 소셜 미디어의 특성을 활용하여 고객들로 하여금 친구나 동료, 주변 사람들에게 적극적으로 이벤트 아이템을 소개하도록 유도하였다. 널리 소개할수록 자신이 좋아하는 아이템을 더 저렴한 가격으로 살 수 있게 만든 것이다. 유니클로는 고객의 관심만이 아니라 고객의 행동까지 유발함으로써 고객의 인게이지먼트를 강화하고 자연스럽게 시도 구매로 연결시켰다.

유니클로의 마루 캠페인. 유니클로는 미국 샌프란시스코 매장 오픈을 기념하는 캠페인에 '마루'라는 일본 고양이를 모델로 활용했다. 마루는 박스 안으로 뛰어 들어갔다 나왔다 하는 고양이로 유튜브를 통해 매우 유명해졌다. 광고에서 마루는 박스 안으로 뛰어 들어가는데, 4개의 박스 중 어떤 박스에 뛰어 들어갈지를 맞추면 선물이 들어있는 고양이 박스를 받을 수 있게 했다. 박스에 들어있는 선물은 유니클로 제품을 포함해서 매우 다양하다. 이 캠페인을 통해 매장을 오픈하는 달에 엄청난 수의 고객 방문을 유도했고 블로그, SNS 등을 통해 엄청난 양의 입소문과 포스팅을 만들어냈다. 이미 유명세가 있는 고양이를 활용하여 사람들의 관심을 끌고, 이 관심을 자연스럽게 매장 방문으로 유도한 것이다.

유니클로의 매직 미러. 유니클로는 2012년 샌프란시스코 유니온스퀘어에 미국의 5번째 매장을 오픈하면서 디지털 기술을 이용한 매직 미러를 선보였다. 이 매직 미러 때문에 매장 오픈 행사는 또 한번 많은 화제를 낳았다. 매직 미러를 이용하면 고객이 동일한 디자인의 옷을 여

유니클로 고양이 마루

러 색상으로 바꿔 입어 볼 필요가 없다. 고객이 특정 색상의 옷을 입고 매직 미러 앞에 서서 사진을 찍으면, 태블릿을 통해 동일한 디자인의 옷을 입은 자신의 모습을 색상을 바꿔가며 볼 수 있다. 컬러를 변경하는 디지털 기술이 사용된 것이다. 유니클로는 고객이 이메일이나 페이스북을 통해 미러에 비친 자신의 사진을 친구나 동료들과 공유할 수 있게 했다. 유니클로는 매직 미러 기술을 활용해 색다른 경험을 제공함으로써 고객의 인게이지먼트를 높이고 있다.

브랜드 인지를 위한 소셜 미디어와 콜라보레이션의 활용

헤리토리의 SNS 마케팅 활동. 패션 기업 세정은 신규 브랜드 '헤리토리'를 시장에 내놓으면서 브랜드에 대한 인지도를 높이기 위해 페이스북 SNS 활동을 전개했다. 헤리토리는 페이스북을 통해 신제품 소식을 전하고 다양한 게릴라 이벤트를 진행했다. 회사 광고 모델인 이

승기의 화보컷이나 출연작품과 관련된 에피소드들을 게재하여 이승기 팬들의 필수 방문 사이트가 되기도 했다. 헤리토리는 신생 브랜드이지만 타겟에 맞는 지속적인 컨텐츠 개발과 이색적인 프로모션을 통해 하루 1,000명이 넘는 고객들을 페이스북으로 끌어들일 수 있었다. 또한 2012년 8월부터 활동을 시작하여 2014년까지 8,000여 명의 팔로어를 확보하는 성과를 거두었다.

톰보이의 문화 마케팅. 패션계에서는 고객의 관심을 유도하는 방법의 하나로 아티스트들과의 콜라보레이션을 활용하기도 한다. 톰보이는 고객들의 매장 체험을 유도하기 위해 뉴욕에서 활동 중인 일러스트레이터, 리차드 헤인즈와 콜라보레이션한 작품을 톰보이의 주요 매장에 전시하였다. 전시 기간 중에 리차드 헤인즈를 초청해 팬사인회를 열었고 페이스북 이벤트를 통해 선정된 참가자들을 리차드 헤인즈가 직접 드로잉해 주는 퍼포먼스를 벌이기도 했다.

톰보이처럼 다양한 문화예술 이벤트를 개최해 고객들이 문화와 예술을 경험하고 아티스트들과 소통할 수 있게 하는 것은 색다른 경험에 목말라하는 고객들의 관심을 유도하고 인게이지먼트를 높이는 효과적인 방법이다.

어떤 창의적인 아이디어가 브랜드에 대한 관심과 관여를 유발하는가

네스카페의 궁금증을 유발하는 포스팅. 네스카페는 커피가 든 컵 사진을 다음의 글과 함께 페이스북에 올렸다.

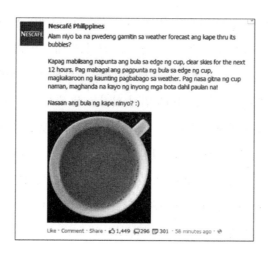

네스카페 기상 예보

"커피 컵 속의 거품으로 기상 예보를 할 수 있다는 사실을 아십니까?

거품이 컵의 가장자리로 움직이면 앞으로 12시간 동안 맑은 날씨가 계속될 것이고 거품이 가장자리로 천천히 움직이면 기상의 변화가 있을 수 있습니다. 하지만 거품이 가운데 모여 있다면 곧 비가 쏟아질지 모르니 우산과 장화를 준비해야 합니다.

당신의 컵에 거품은 지금 어디에 있습니까?"

이 포스팅에 많은 사람들이 '좋아요'를 누르고 코멘트를 달고 이를 주변 사람들과 공유했다. 어쩌면 아무것도 아닌 사소한 포스팅에 왜 그렇게 많은 사람들이 관심을 가졌을까? 아마도 사람들은 이 글을 읽고 나서도 여전히 호기심은 남아 있었을 것이고 어떤 사람들은 사소하지만 다소 창의적인 생각에 말문이 막혔을지도 모른다.

이 포스팅은 고객 인게이지먼트의 시작점인 '고객의 관심 끌기'에 적합한 창의적인 발상으로, 고객들로 하여금 네스카페를 떠올리게 하고, 거품을 통해 브랜드에 대한 연상을 강화시켰을 것이다. 어떤 고객은 실제로 거품을 들여다보면서 실험을 해 봤을 것이다.

이 포스팅에 대해 부정적인 태도를 가진 고객도 있을 수 있겠지만, 대부분의 고객들은 재미있는 발상이라고 생각했을 것이고 소소한 재미를 느꼈을 것이다. 이것이 바로 페이스북의 재미이기도 하니까. 이 포스팅을 본 대부분의 고객들은 네스카페에 대해 다시 한번 생각해 보고 브랜드에 대해 긍정적인 인식을 갖게 되었을 것이다.

캐드버리의 전 국민 게임 캠페인. 세계에서 2번째로 큰 제과업체인 캐드버리Cadbury는 2012년 런던 올림픽을 앞두고 '스팟츠 앤 스트라이프스 경주 시즌(Spots and Stripes Race Season)'이라는 캠페인에 650만 파운드를 쏟아 부었다. 이 캠페인은 9가지의 경주로 구성되어 있고, 연령층에 관계 없이 영국에 있는 모든 사람들이 게임을 참여하게 한다는 목표를 가지고 기획되었다. 이 캠페인을 통해 캐드버리는 올림픽과 브랜드를 자연스럽게 연결시켰고, 사람들이 직접 참여하게 함으로써 브랜드에 대한 관여를 높일 수 있었다.

경주들은 마치 모든 국민들이 일상 업무를 얼마나 신속히 처리할 수 있는지를 평가해 보는 듯한 것들인데, 4가지의 온라인 경주와 5가지의 오프라인 경주로 구성되어 있다. 온라인 경주로는, 때 맞춰 출시한 제품인 빅레이스바Big Race Bar의 포장에 있는 바코드를 가능한 한 '빠른 속도로 타이핑하기', '100미터 트랙을 마우스나 터치패드로 뛰어넘지 않고 빨리 달리기', '윈도우 창 50개를 빨리 닫기' 같은 경주들이 있었고, 오프라인 경주로는 '가장 빨리 동전 쌓기', '가장

캐드버리 스팟츠 앤 스트라이프 경주

빨리 화장실 휴지 풀기' 같은 경주들이 있었다. 참가자들에게는 이 경주를 통해 세계 기록에 도전해 볼 기회가 주어졌다.

이 캠페인을 위해, 경주 게임과 더불어 TV광고, 디지털 이벤트, 커뮤니티 프로그램, 그리고 옥외 광고도 병행했다. 경주에 참여하는 방법은 캠페인의 마이크로 사이트에 접속하여 스팟츠팀이나 스트라이프스팀 중 하나를 선택하여 가입하면 된다. 경주에 참여하여 점수를 내면 해당 팀에 점수가 쌓여간다. 누구나 쉽게 참여할 수 있기 때문에 전 국민이 두 팀으로 나누어 빅게임에 참여한다는 생각을 갖게 만들었다. 캐드버리는 모두가 기대하고 관심을 갖는 올림픽에 편승하여 국민 모두가 참여하는 경주 이벤트를 개최함으로써 브랜드에 대한 관심을 불러일으키고 고객들의 인게이지먼트를 높일 수 있었다.

12 인게이지먼트 드라이버 2:
경험 Experience

지난 100년 동안 기업이 가치를 창출하는 방법은 제품이나 서비스를 비용 효율적으로 생산하는 프로세스에 있다고 간주되어 왔다. 오늘날 기업의 가치창출 방법은 인터넷과 정보기술의 발달로 인해 운영상의 효율성 중심에서 소비자 중심으로 변화하고 있다. 대표적으로 1980년대 마이클포터Michael Porter 교수에 의해 밸류 체인Value Chain 개념이 소개되면서 R&D, 디자인, 생산, 마케팅, 배송, 유통 등의 비용을 관리하는 통합적인 프레임워크가 제시되었다. 1995년을 시작으로 한 인터넷의 발달은 기업의 효율성 추구에 박차를 가하게 했으며, 차츰 효율성 추구 대상이 기업과 고객 간 관계에 직접 관련되거나 영향을 주는 모든 활동을 포함하는 영역으로 확대되었다. 이런 변화가 이어지면서도 기업의 내적 비용 효율화가 가치창출의 원천이라는 가정은 이어져 왔다.

사실 고객들은 제품이나 서비스를 통해 좋은 경험을 했을 때 효율성에 대한 진가를 더 높게 평가하고 반대의 경우도 성립한다. 알렉스 로손Alex Rawson 교수가 그의 HBR 논문에서 이야기한 것처럼, 고객들은 제품 문제로 콜센터를 접촉했어도 몇 달이 지난 후 그 때의 상황을 확인해 보면, 대부분 제품에 국한된 문제가 있었다고 이야기하지는 않는다는 것이다. 고객들의 인식 상에는 제품뿐만 아니라 그 제품을 구매하는 전체 프로세스가 경험으로 남아있는 것이다.

인터넷의 발달로 인한 소비자 중심 문화가 가속화되면서 속도, 상호작용성, 개인화, 개방성 등이 보다 중요해지고 가치 창출 과정에 소비자들이 미치는 영향은 그 어느 때보다 커지고 있고, 밸류 체인의 각 지점으로 확산되고 있다. 정보가 풍부해지고 소비자들 간 서로 연결성이 강화되면서 소비자들은 더 이상 이전의 수동적인 소비자가 아니다. 소비자들은 그들이 원하는 가치가 무엇인지, 가치를 바라보는 기준이 무엇인지를 능동적으로 정의하고 기업도 그들과 같은 시각으로 가치를 바라보도록 압력을 가하고 있다.

가치의 본질이 제품에서 경험으로 옮겨 가고 있다. 고객 경험은 '고객 여정(Customer Journey)에서 브랜드와 접촉하고 상호작용을 한 결과를 기반으로 그들이 브랜드와 갖게 된 관계에 대한 의식적 무의식적 인식'으로 정의할 수 있다. 미래의 시장에서는 고객 경험이 경쟁의 핵심 축이고 가장 중요한 차별화 방법이 될 것이다. 고객이 원하는 경험을 창출하기 위해서는 고객에 대한 이해가 우선되어야 한다. 고객을 더 잘 이해하면 고객과 더 관련성이 높은 가치와 경험을 창출할 수 있고 고객과 더 관련성이 높은 경험을 제공하면 고객과 더 밀접한 관계를 유지할 수 있을 것이다.

고객은 이성적이기보다는 감성적이다. 마케팅의 초점도 이성에서 감성으로 전환되고 있다. 일방향적 메시지보다는 공감할 수 있고 진정성을 가지고 감성적으로 와 닿는 경험을 창출하여 그들의 기억 속에 오래 남아 있게 해야 한다. 또한 고객들은 대부분 총체적인 경험을 기억하기 때문에 모든 미디어와 채널에서 일관성 있는 경험을 제공해야 하며, 보완적 채널을 통해 동일한 가치를 반복적으로 경험하게 함으로써 전달하고자 하는 가치를 명확하게 인식시켜야 한다.

디지털 기술이 소셜 미디어, 수많은 디지털 툴, 옴니채널 쇼핑, 위치기반 기술, 사물 인터넷 등을 통해 새로운 경험들을 창출해 왔듯이, 앞으로의 디지털 기술은 더욱더 새로운 경험 창출을 가능하게 할 것이다. 하지만 그만큼 새로운 경험에 대한 고객의 기대 또한 커질 것이기 때문에 고객에게 잊지 못할 색다른 경험을 제공하기 위해 어떤 기술들을 어떻게 활용할지 끊임없이 고민하고 탐색해야 할 것이다. 그럼 지금부터 다양한 고객 경험 사례들을 통해 새롭고 잊지 못할 고객 경험을 창출하여 고객 인게이지먼트를 강화하는 방법을 알아보도록 하자.

네스프레소는 어떻게 총체적인 고객 경험을 창출했는가

우선 고객 경험 창출을 가장 모범적으로 보여주고 있는 네스프레소 사례로 이야기를 시작하자. 연간 4,000억 잔 이상이 소비되는 커피 시장에서, 1993년부터 고급 커피에 대한 수요가 꾸준히 증가하고 있다. 버튼 하나만 누르면 다양한 향의 특별한 커피를 맛볼 수 있게 하는 네스프레소는 커피 애호가들에게 커피를 마시는 특별한 순간의 경험을 제공해 왔다. 네스프레소는 어떻게 자신만의 특별한 고객 경험을 창출할 수 있었을까?

네스프레소 부티크

■ 모든 고객 접점에서 고도의 색다른 경험을 창출한다

'전 세계 커피 애호가들에게 커피에 관한 최고의 경험을 창조한다'는 자신의 비전처럼 네스프레소는 커피머신을 구입하는 순간부터 지금까지 경험하지 못했던 매우 독특하고 새로운 경험을 제공한다. 네스프레소 고객으로 등록하면 네스프레소 클럽 멤버십을 갖게 되고 전화나 온라인 주문을 하면 곧바로 맞춤화된 배달이 이루어진다. 이것이 바로 네스프레소가 제공하는 가장 기본적인 브랜드 경험이다.

네스프레소는 단순한 커피가 아니라, 고객의 감각적인 경험이라고 할 수 있다. 네스프레소 브랜드 경험은 네스프레소 부티크를 처음 찾아갈 때부터 시작된다. 네스프레소 부티크에 처음 들어서면 내부 디자인과 전시 공간, 카페들이 우선 고객의 눈을 사로잡는다. 멋진 디자인의 머신들과 액세서리들이 정렬되어 있고 커피에 대해 풍부한 지식을 가진 직원들이 커피 선택을 도와준다. 그리고 에스프레소 바에서 자신이 원하는 커피를 맛볼 수 있다. 네스프레소 머신을 구입하면 즉시 네스프레소 클럽에 가입되고 매일 즐겁게 커피를 마시는 경험이 시작된다. 네스프레스 클럽 멤버들은 특별 행사에 초대되기도 하고 전화나 온라인을 통해 커피 캡슐이나 새로 나온 액세서리를 주문할 수 있다.

■ 고객의 인식을 완전히 바꾸어 놓을 만한 경험을 창출한다

네스카페 바리스타

2009년 4월, 네스카페 바리스타 Nescafe Barista가 독점적으로 일본에서 출시되었다. 5가지 커피를 맛볼 수 있는 커피머신인 네스카페 바리스타는 진짜 크림을 사용하여 거품이 떠 있게 만들 수 있기 때문에, 전통적인 방식의 인스턴트 커피로는 불가능한 새로운 커피의 맛을 구현해냈다. 인스턴트 커피보다 내린 커피가 더 맛있다는 편견을 깨고 인스턴트 커피의 새로운 가치를 만들어낸 것이다. 고객들은 영업용뿐만 아니라 가정에서 사용할 용도로도 이 머신을 구입하기 시작했고 기대 이상의 성과를 창출했다.

네스카페 바리스타의 성공으로 인해 네슬레는 커피 시장에 새로운 가치를 창조해 냈고, 커피시스템 솔루션을 제공하는 회사로서의 입지를 강화할 수 있었다. 네슬레는 오래 전부터 커피시스템에 대한 연구를 해 왔다. 네스프레소 시스템이 처음 개발된 것은 1976년이었는데, 그 당시에는 시장에서 그다지 반향을 일으키지 못했다. 네슬레는

1990년에 처음으로 네스프레소에 캡슐 시스템을 도입했다. 네스프레소라는 이름으로 본격적으로 시장에 출시된 것은 2000년부터였다. 네스프레소는 인스턴트 커피와 내린 커피로 구분되어 있는 소비자들의 인식을 깨고 새로운 고객 경험을 창출하면서 새로운 시장을 개척하였다.

■ 새로운 기술과 협업을 활용해 새로운 경험을 지속적으로 창출한다

네스프레소는 단순히 기술을 확장하는 것이 아니라 기술을 활용하여 핵심 제품을 향상시킴으로써 풍부하고 새로운 고객 경험을 지속적으로 창출해 가고 있다. 네스프레소는 최근 RFID 기술을 활용하여 또 하나의 새로운 고객 경험을 창조해 냈다.

네스프레소가 직면한 이슈 중 하나는 토요일 같은 휴일에는 거의 모든 매장에서 고객들이 계산을 하기 위해 기다리는 시간이 길다는 것이었다. 이를 해결하기 위해 다양한 프로젝트가 진행되었고, 초기 결과물 중 하나는 자판기였다. 하지만 자판기는 투자비용은 크지 않은 반면 네스프레소의 프리미엄 포지셔닝과 잘 맞지 않았기 때문에 다른 새로운 아이디어를 찾고 있었다.

마침내 RFID 기술을 활용해서 새로운 시스템을 개발했다. 미리 쇼핑백에 담은 제품들을 계산대에 올려놓으면 RFID 칩에 의해 한꺼번에 계산이 되는 시스템이다. 이 시스템은 일반 슈퍼마켓에서 사용하는 시스템과 달리, 매우 혁신적이었고 고객들의 흥미를 유발하였다. 고객의 편의성과 매장 직원들의 업무 효율성이 향상되었고 고객들은 새로운 경험과 더 큰 만족을 느낄 수 있었다.

2014년 10월, 일본 네슬레는 12월부터 커피머신 판매에 휴머노이

네스프레소 휴머노이드 로봇, 페퍼

드 로봇을 사용할 것이라고 발표했다. 네슬레의 휴머노이드 로봇의 이름은 페퍼Pepper인데, 인간의 감정을 읽고 인간의 감정에 반응할 수 있는 세계 최초의 로봇이다. 페퍼는 목소리와 감정인식 기술이 내장되어 있어 인간의 표정을 읽을 수 있고, 목소리 톤을 듣고 인간이 어떤 감정 상태인지를 분석할 수 있다. 제품과 서비스를 설명할 수 있고 고객들과 대화도 할 수 있다. 네슬레가 이 로봇을 활용하는 이유는 로봇과의 상호작용을 통해 쇼핑을 즐거운 경험으로 만들 수 있기 때문이다. 일본 네슬레는 1,000여 개의 매장에서 페퍼를 운영할 계획이라고 한다.

네스프레소 커피를 즐기는 향상된 경험을 제공하기 위해 고객이 커피를 마시는 순간순간의 경험을 중시한다. 눈과 코 그리고 혀끝으로 느끼는 감각적인 느낌을 통해 최상의 경험을 제공하려고 노력한다. 네스프레소는 최고의 디자인 회사, 최고의 커피 제조사들과의 협업을 통해 그러한 목표를 실현시키고 있다. 네스프레소는 아주 오래 전부터 고객들이 향과 맛을 가장 즐겁게 즐길 수 있는 커피잔을 외부의 전문가와 함께 디자인해 오고 있다.

■ 고객의 니즈를 총체적으로 이해하고 이를 충족시킨다

한 연구 결과에 따르면, 네스프레소가 성공을 거둔 이유는 "고객의 니즈를 깊이 이해하고 독특한 제품과 서비스 경험을 통해 그들의 니즈를 충족시켰기 때문"이라고 한다. 네스프레소는 모든 고객 접점에서 최고의 경험을 만들기 위해 노력해 왔으며, 모든 고객 경험을 고객의 관점에서 통합적으로 관리하고 있다. 단순함, 품질 그리고 일관성으로 고객에게 작은 사치를 느끼게 하고, 웹, 모바일, 샵 그리고 고객서비스 센터에서는 헌신적으로 고객을 응대한다. 네스프레소는 커피 애호가들과 즐거움을 공유하고 그들과 특별한 관계를 유지하기 위해 노력해 왔다. 그들은 즐거움, 혁신, 단순함, 세련됨을 고객에게 전달함으로써 고객의 마음을 얻고 있다.

■ 공유 가치를 창출하여 경험의 영역을 확장한다

네스프레소는 2009년부터 콜라보레이션의 개념을 도입하여 밸류체인의 각 단계에서 지속가능성을 향상시키기 위해 노력해 왔다. 외부 전문가와 협력하여 에너지 효율적인 커피머신을 개발하고 캡슐을 리사이클링하는 등 다양한 방법으로 환경에 미치는 영향을 최소화하기 위해 노력하고 있다. 뿐만 아니라 커피 재배 농가에 기술과 경험을 지원하는 등 사회적 책임을 다하고 있다.

브랜드 가시성과 고객 경험

엄마, 아빠를 제외하고 미국 아이들이 가장 먼저 배우는 말이 바로 맥도날드라고 한다. 자동차의 카시트에 누워 있으면 눈높이에 가장 자주 등장하는 것이 맥도날드의 노란색 M자형 상징이기 때문이다. 자주 접하게 되면 기억 속에 오래 남게 되는 것이다. 뉴로 마케팅 연구에 따르면, 코카콜라의 빨간색, 맥도날드의 노란색 상징은 제품을 먹었던 미각의 경험과 연계되어 상징만 보여주어도 맛을 느낄 수 있다고 한다. 브랜드나 제품에 대한 반복적인 경험은 서로 연계되어 굳이 브랜드와 제품을 언급하지 않더라도 상징만으로 제품을 갈망하게 만든다는 것이다.

나이키의 'Just do it' 이나 카스 맥주의 '톡' 과 같은 메시지나 로고 송, 심지어 SK텔레콤의 '딴딴 따단따' 와 같은 징글조차도 반복적인 경험을 통해 브랜드를 연상시키는 데 지대한 역할을 한다. 브랜드 경험이란 거창한 것이 아니라 단순한 반복적 접촉만으로도 경험이 만들어지고, 이러한 경험이 브랜드와 제품을 연상시키는 데 영향을 미치는 것이다. 반복적 접촉이 즐거운 경험과 연계되면 소비자들의 머릿속에 즐거운 연상으로 남지만 부정적인 경험과 연계되면 부정적 연상으로 남게 되어 그 연결고리를 끊기가 쉽지 않다.

현대 신경과학은 '뇌는 경험에 의해 변화한다' 는 프로이트의 이론을 입증하고 있고 이를 '신경가소성' 이라고 부른다. 최근 우리나라에서도 담배 패키지에 유해함을 알리는 경고 그림 의무화 법안이 국회 본회의를 통과하였다. 그렇다면 경고 사진이 정말로 금연에 효과가 있을까? 뇌 연구에 의하면 흡연자들에게 위험을 느끼도록 자극을 주기 위해 담배에 붙여놓은 경고 문구가 오히려 담배를 피우고 싶은 생각을 자극하는 것으로 드러났다. 문구가 반복적으로 노출되면 문구의 부정적인 내용의 영향보다는 경험에 의해 익숙해지는 효과가 더 크게 작용하기 때문이다.

비흡연자에게는 부정적인 문구이지만 흡연자에게는 반복적인 경험으로 인해 오히려 친숙감을 불러온다는 것이다. 이처럼 반복 효과는 무서운 것이다. 브랜드에 대한 경험은 소비자들이 접촉 빈도(Frequency)와 가시성(Visibility), 즉 잦은 노출을 확보함으로써 그 영향력이 커진다. 단순한 로고나 컬러, 그리고 광고 장면 등을 통한 반복적인 접촉 경험은 의식적, 무의식적으로 소비자들에게 브랜드를 연상시키고 호감을 갖게 하여 브랜드 자산으로 축적된다.

코카콜라의 미니 냉장고. 2014년 7월 코카콜라는 미니 냉장고를 내놓았다. 코카콜라 캔이 6개에서 12개까지 들어가며 코카콜라 병 모양과 똑같이 생긴 냉장고이다. 가정이나 사무실에서 사용할 수 있고 자동차에서도 시가 잭에 연결해서 사용할 수 있다. 이 미니 냉장고를 구입하는 고객들은 아

코카콜라 미니 냉장고

마 코카콜라를 매우 좋아하는 고객들일 것이고, 이 냉장고를 가까이 두고 사용하는 순간마다 브랜드를 반복적으로 경험하게 된다. 그 결과로 코카콜라를 더 좋아하게 될 것이다. 또한 재미 있는 냉장고는 가시적으로 여러 사람들의 관심을 끌고 많은 사람들의 입에 오르내리게 될 것이다.

잊지 못할 고객 경험은 어떻게 만들어지는가

랜드마크의 잊지 못할 경험 창조. 랜드마크Landmark는 아시아 굴지의 부동산 투자, 관리 및 개발그룹인 홍콩랜드Hongkong Land가 소유하고 있는 럭셔리 쇼핑센터이다. 이 쇼핑센터는 4개의 상징적인 건물로 구성되어 있고 208개의 최고급 매장과 레스토랑이 있으며 건물들은 서로 연결되어 하나의 거대한 쇼핑타운을 형성하고 있다.

랜드마크는 2014년 크리스마스를 맞아 '파리지앵 시크 크리스마스' 캠페인을 시작하면서 4개의 건물에 화려하게 장식된 설치물을 선보였는데, 파리를 테마로 한 전통적인 크리스마스의 분위기를 연출했다. 1000개의 조명이 282개의 조형물에 생명력을 불어넣었고, 기상천외한 패션쇼와 신비로운 조명쇼가 펼쳐졌다. 크리스마스 쇼핑 시즌에 고객들은 프랑스적 세련미를 흠뻑 경험할 수 있었다.

고객들은 가족과 함께 아이스링크에서 스케이트를 즐길 수 있었고, 아이들은 특별하게 고안된 엽서에 크리스마스 소망을 적어 건물 곳곳에 설치된 우체통에 넣었다. 아이들이 넣은 엽서는 한 장당 20홍콩달러씩 메이크어위시Make-A-Wish에 기부되었다. 방문객들은 프랑스 사탕을 받고 20~50홍콩달러를 기부하거나 한정판 파리지앵 토트백을 받고 100홍콩달러를 기부할 수도 있었다. 가장 좋아하는 파리식 크리스마스 사진을 찍어 인사말과 함께 주변 사람들에게 전달하면 1,000홍콩달러 상품권에 응모할 수 있었다. 아마도 이곳을 방문한 쇼핑객과 그 가족에게는 오랫동안 잊지 못할 경험이 되었을 것이다.

루프트한자 항공의 특별한 여행 경험 창조. 루프트한자 항공은 2014년에 고객들에게 색다른 추억을 갖게 하는 아주 특별한 캠페인을 전개했다. '당신을 목적지까지 바로 모시겠습니다(Nonstop You)'라는 브랜드 캠페인의 일부로서 셀피Selfie와 자이로Gyro를 활용하여 고객의 여행을 아주 특별한 이벤트로 만들어 주었다.

셀피는 스마트폰 등으로 자신의 모습을 촬영해서 SNS에 올리는 것을 말하는데, 루프트한자 항공은 다양한 여행지에서 스마트폰으로 찍은 특별한 순간의 사진들로 우편엽서를 만들고 여기에 스토리를 적어 소셜 네트워크에

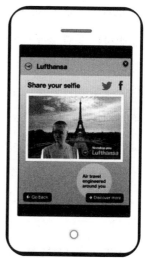

루프트한자 항공 셀피

통해 친구들과 공유할 수 있게 해주었다. 자이로는 루프트한자 항공의 여행 상품을 3D 파노라마 모드로 보여 주는데, 고객들은 극장에 앉아 있는 것처럼 편안한 느낌으로 루프트한자 항공의 여행 상품에 몰두할 수 있다. 또한 모바일 기기에 내장된 자이로스코프와 가속도계를 활용하여 광고의 움직임을 탐색하거나 직접 시뮬레이션을 해볼 수도 있다. 루프트한자 항공의 이러한 시도는 매우 개인화되고 특별한 경험을 제공하고 그것을 추억으로 간직할 수 있게 했다.

고객 편의성도 고객 경험이다

메이시스의 마이월렛. 미국 최대의 백화점 체인인 메이시스는 2014년 9월 고객들의 쇼핑 경험을 향상시키기 위해서 브라우저 기반의 디지털 지갑인 마이월렛My Wallet 솔루션을 내놓았다. 이것은 지불, 쿠폰,

신용카드, 정보 등 쇼핑에 관련된 모든 컨텐츠를 편리하게 이용할 수 있게 하는 통합 솔루션이다. 고객의 신용카드를 모두 이 솔루션에 저장하여 사용할 수 있으며, 메이시스에서 제공하는 쿠폰이나 행사 정보도 모두 저장된다. 그리고 쿠폰이 만료되기 48시간 전에 이를 알려주는 서비스도 제공되고, 30분 이상 앱을 사용하지 않으면 자동으로 로그아웃 되는 안전장치도 마련되어 있다. 메이시스는 이 솔루션을 통해 고객 쇼핑에 편의성을 제공하여, 고객 경험의 질을 향상시키고 고객과 상호작용할 수 있는 기반을 확보하였다.

아우디의 고객 앱을 통한 경험 향상. 아우디는 국내 수입차 중에서는 처음으로 2012년부터 고객용 앱을 운영하고 있다. 이 앱에는 엔진오일, 에어클리너, 브레이크 패드 등 소모품에 대한 점검 내역이 들어있고 다음 점검일을 확인할 수 있다. 사고 시 긴급 출동을 요청할 수 있고, 주유, 자동차 유지관리, 이벤트 등 다양한 정보도 확인할 수 있다. 2014년에는 긴급 영상지원 기능을 추가하여 스마트폰을 통해 고객지원센터와 실시간으로 화상통화를 할 수 있게 했으며, 필요 시 전문인력들이 화상으로 현장조치를 지원한다. 아우디는 이 앱을 통해 고객에게 더 나은 서비스를 제공하고 고객 경험을 향상시킴으로써 고객 인게이지먼트를 강화해가고 있다.

고객 관련성이 높은 컨텐츠일수록 경험은 특별해진다

킴벌리클락의 변기 사용훈련 앱. 킴벌리클락은 변기 사용을 훈련하는 방법에 관한 앱을 제공함으로써 엄마들과 아이들에게 유용한 경험을

킴벌리클락 풀업스의 Time to Potty 앱

창조하고 밀레니엄 세대 엄마들의 공감을 이끌어내고 있다. 킴벌리 클락은 풀업스Pull-ups 브랜드를 홍보하기 위해 '변기를 사용할 시기(Time to Potty)' 라는 새로운 앱을 고안했다. 변기 사용 방법을 훈련시키는 힘든 과정을 겪어야 하는 부모들에게 제품만 팔아서는 안 된다는 판단을 하게 되었고, 부모와 아이가 이 힘든 과정을 성공적으로 그리고 재미있게 해낼 수 있게 하기 위해 앱을 개발했다고 한다.

킴벌리클락은 밀레니엄 세대 엄마들을 마케팅의 타겟으로 설정하고 있는데, 연구 결과에 의하면, 그 연령층의 엄마들 중 23%가 육아와 관련된 앱을 일주일에 1회 이상 보고 있고, 그 가운데 70%는 육아 앱의 도움으로 더 좋은 엄마가 될 수 있다고 믿고 있었다. 따라서 직장생활로 바쁜 부모들과 풀업스 브랜드를 연결하기 위해 관련성이 높고 유용한 컨텐츠를 담은 앱 서비스를 제공하였다.

이러한 앱 서비스는 고객 경험의 질을 향상시키고 그들과 공감대를 형성으로서 관계를 발전시키려는 시도라 할 수 있다. 풀업스 브랜드 매니저는 "앞으로 엄마들에게 시간은 점점 더 중요해질 것이고 강제로 엄마들에게 제품을 사도록 강요할 수도 없기 때문에 엄마들에게 우리 제품을 사게 할 충분한 가치를 제공하고자 했다"고 말한다.

이 앱은 매우 이해하기 쉬운 인터페이스로 구성되어 있다. 변기 사용 타이머, 주간 단위의 발달 기록차트, 다양한 힌트와 요령 등, 유용한 컨텐츠들을 담고 있다. 아이들이 성공적으로 각 단계를 수행해 냈을 때는 디즈니를 테마로 한 다양한 보상을 제공한다. 앱에는 디즈니 캐릭터를 활용한 색칠하기, 퍼즐 맞추기 등 40여 개의 게임이 들어 있다. 아이들과 엄마 간 상호작용을 재미있게 하고 이러한 과정을 개인화할 수 있도록 서명을 넣을 수 있게 했다. 킴벌리클락은 고객들이 어렵게만 느껴왔던 변기 사용 훈련을 이 앱을 통해 아이와 함께 재미있는 방법으로 마칠 수 있는 경험을 제공하였고, 이를 통해 풀스업 브랜드에 대한 고객 인게이지먼트를 향상시켰다.

필립스의 헤어스타일링 컨텐츠. 필립스는 2014년 '클릭앤스타일'이라는 전기면도기를 홍보하기 위해 남성들에게 면도하는 요령을 제시해 주는 컨텐츠를 만들었다. 별도의 앱을 다운받을 필요 없이 모바일로 컨텐츠를 볼 수 있다. 4가지의 서로 다른 헤어스타일을 제시하고 각각 다른 스토리라인으로 각 헤어스타일을 설명한다. 사용자들이 원하는 헤어스타일을 클릭하면 그 헤어스타일에 대한 독특한 이야기를 보고 들으면서 헤어스타일을 어떻게 만들어야 할지를 배우게 된다.

각각의 스토리라인은 그 전날 밤에 무엇을 했느냐에 따라 서로 다른 루트를 따라가게 되어 있으며, 총 1,296개의 스토리 조합이 제시

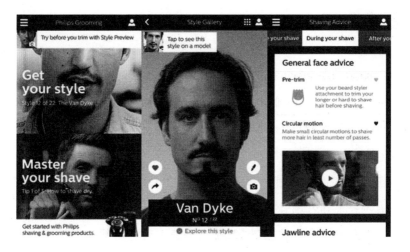

필립스 클릭앤스타일 헤어스타일링 컨텐츠

된다. 이용자들이 그들에게 맞는 루트를 따라가면 웹사이트가 그들에게 맞는 제품의 정보와 스타일의 팁을 제공해 준다. 필립스는 타겟 고객에게 관련성이 높은 정보를 제공함으로써 고객들의 관심을 유발하고 그들과 관계를 강화하고 있다.

블루밍데일의 식탁꾸미기 앱. 블루밍데일은 가상 세계에서 고객이 스스로 식탁을 꾸며 볼 수 있게 하는 앱인 테이블 탑 빌더Table Top Builder를 런칭했다. 블루밍데일이 제공하는 203개의 그릇 패턴, 66개의 유리잔 패턴, 그리고 68개의 접시 패턴을 이용하여 자유롭게 식탁을 꾸며 보고, 이것을 이메일을 통해 다른 사람들과 공유할 수 있으며 나중을 위해 저장해 둘 수도 있다. 또한 이 앱은 다양한 상황이나 이벤트에 맞는 테이블 세팅의 유형을 제안하고 조언해 줌으로써 여성들에게 특별한 경험을 제공하였다.

서비스 개선은 어떻게 고객 경험을 향상시키는가

BMW의 퓨처 리테일. BMW는 한국 내에서 취약한 고객서비스를 강화하기 위해 퓨처 리테일이라는 고객서비스 프로그램을 선보였다. 고객과 소통하면서 고객과의 모든 접점에서 개별화된 고객 경험을 제공하여 고객 기반을 넓히기 위해 마련한 프로그램이다. 이 프로그램은 기존 고객 이외에도 잠재 고객들에게 BMW의 가치와 철학 그리고 제품에 대한 체험 기회를 확대하는 것을 목적으로 했다.

대표적인 예가 인천 영종도에 건립한 드라이빙 센터이다. 축구장 33개 규모의 드라이빙 트랙, 고객센터, 트레이닝센터, 서비스센터 그리고 친환경 공원으로 구성되어 있다. 그야말로 소비자가 드라이빙부터 편안한 휴식에 이르기까지 아주 색다른 경험을 할 수 있는 곳이다. 또한 전시장의 쇼룸에는 오가닉 가구를 배치하고, 책상 대신 소파를 놓아 편안하고 안락한 분위기에서 대화를 할 수 있게 했다. 상담과 프리젠테이션 과정에서도 개별화된 브랜드 경험과 최고의 서비스를 느낄 수 있도록 디지털 통신과 IT 도구들을 갖추어 놓았다.

BMW의 프로덕트 지니어스 시스템. BMW의 또 하나의 차별화된 서비스는 프로덕트 지니어스 시스템이다. 특별한 교육을 받고 제품에 대한 깊은 지식을 갖고 있는 전문 영업사원을 프로덕트 지니어스라고 하는데, 이들은 제품 설명, 시승 등 판매를 제외한 전 과정에서 고객응대를 담당한다. 휴대용 태블릿으로 영상을 보여주며 고객에게 제품 구성이나 특징을 소개한다. 또한 지니어스가 아닌 다른 직원들에게도 차량정보와 기술을 제공함으로써 전 직원의 지식 수준을 높여 고객이 보다 정확한 제품 정보를 얻을 수 있게 한다. 2015년 현재 글로벌 시장에서 1,000개 이상의 전시장에서 1,450명의 프로덕트 지니어스가 활동 중이고, 국내에도 2015년부터 전국 26개 전시장에 50명의 지니어스가 활동할 예정이라고 한다.

아우디 영국법인의 체계적인 서비스 개선 노력. 아우디가 1995년 영국에서 A 시리즈를 처음 출시한 이래 1999년까지 4만 대 이상이 팔렸고 2002년까지 6만 5천 대 이상이 팔려 연간 60%의 성장률을 기록했다. 또한 구입 고객의 40%는 재구매 고객이었다. 그렇다면 아우디가 어떻게 이러한 엄청난 판매 성과를 거둘 수 있었을까?

자체 리서치 결과, 1996년 영국에서 아우디 브랜드의 만족도와 로열티는 비교 대상 브랜드들 중에서 꼴찌였다고 한다. 영국에서 A 시리즈를 성공적으로 런칭하기 위해서는 먼저 고객의 만족도와 로열티를 끌어올려야 했다. 그래서 아우디 영국법인은 모든 것을 완전히 탈바꿈하기로 계획을 세웠다. 특히 고객들은 자동차 자체에는 대체로 만족하지만 아우디 매장에서의 경험은 그다지 만족스러워하지 않는다는 점을 발견했다.

유럽의 다른 브랜드들처럼 아우디 역시 판매 딜러가 서비스센터를 함께 운영하는 구조인데, 그 당시 상황은 한마디로 130개의 아우디 센터가 각자 독립적인 운영 구조를 가지고 있는 것과 같았다. 서비스에 소요되는 시간도 센터마다 달랐고 서비스도 표준화되어 있지 않았으며 차를 판매할 때 했던 약속도 지켜지지 않아서 일관성이라고는 찾아볼 수 없었다. 아우디 영국법인은 어느 서비스센터에서나 고객이 믿을 수 있고 일관성 있는 서비스를 받을 수 있게 하는 것이 우선적인 과제라고 결론을 내렸다. 그리고 고객의 감성적 경험에 영향을 줄 수 있는 부분에 서비스를 보다 집중하기로 했다.

1단계로 고객들이 기대하는 아주 기본적인 서비스부터 일관성을 갖도록 서비스를 다시 설계해 갔다. 'Service by Design'이라는 브랜드 약속을 설정하고 명문화하여, 직원들이 이를 이해하고 적용할 수 있는 업무절차와 가이드라인을 정립했다. 또한 각 서비스센터가 브랜드 약속을 잘 지키고 있는지 정기적으로 모니터링했다. 서비스센터가 브랜드 약속을 잘 지키고 있다고 응답한 고객이 2000년에는 71%였는데 2년 후인 2002년에는 87%의 고객들이 그렇다고 응답했다. 기본적인 서비스가 어느 정도 정착되었을 때, 아우디 영국법인은 2단계 전략에 돌입했다. 고객 인게이지먼트에 집중하기로 한 것이다. 인간적인 측면에서의 고객 경험에 초점을 두고, 고객과의 약속을 엄수하는 것을 기본으로 하여 고객의 기대에 부응하는 방법을 체계화했다. 과정보다는 고객이 느끼는 경험에 보다 집중하여 고객 경험을 향상시킴으로써 고객 인게이지먼트를 발전시켰다.

새로운 경험은 고객의 인식을 바꿀 수 있다

BMW의 고객의 시운전 경험 공유. BMW는 전기자동차 브랜드인 BMW i 시리즈의 첫 번째 모델로 i3를 2013년말에 출시했다. 런칭 캠페인의 목표는 우선 전기자동차와 관련된 부정적인 고정관념을 떨쳐버리는 것이었다. BMW i의 온라인 마케팅 캠페인은 제품 특성에 대한 프로모션이 아니라 전기자동차 i3의 운전 경험과 인식 변화에 초점을 맞췄다. 유럽 전역에서 한 번도 전기차를 운전한 경험이 없고 성별, 연령별, 직업별, 운전경력별로 다양한 특성을 가진 시운전자 107명을 초빙하여 시운전을 하게 한 후 그들의 진솔한 반응과 흥분을 생생

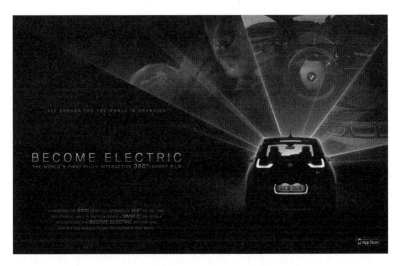

BMW i3 'Become Electric' 앱

하게 비디오에 담았다. 이 비디오는 브랜드 웹사이트뿐만 아니라 소셜 미디어를 통해 일반인에게 공유되었다.

BMW i3가 출시되기 전인 2013년 9월에는, 세계에서 가장 혁신적인 전기차의 탄생을 알리기 위해 혁신적인 인터랙티브 툴을 선보였다. 바로 '전기화되라(Become Electric)'라는 360도 인터랙티브 앱이다. 이 앱은 가상적인 테스트 드라이브 앱이라 할 수 있다. 360도 비주얼과 360도 사운드로 사용자들에게 실감나는 드라이빙 환경을 제공하여 실제 신차를 운전하는 것 같은 경험을 해볼 수 있게 했다. 또한 신차처럼 특정 영역에 영화를 프로젝션할 수 있게 했고 사운드 시스템은 다층 오디오 구조로 설계하여 역동적으로 변화하는 사운드를 경험할 수 있게 했다. 이 앱은 BMW i3와 BMW i 브랜드의 바로 심장에 소비자들을 데려다 놓았다. 잘 만들어진 한 편의 영화 같은 이 앱을 통해 고객들은 BMW i3에 대해 더 많은 것을 알게 되었고, 가상이 아닌 실제 차를 경험해 보고 싶어 했다.

디지털 기술을 활용한 새로운 경험의 창출

랄프로렌의 디지털 변신. 랄프로렌은 3D를 넘어 4D 기법을 활용하여 고객들을 완전히 새로운 경험의 세계로 인도했다. 2010년 11월 10일 뉴욕과 런던에 모인 수천 명의 사람들은 상상을 뛰어넘는 랄프로렌의 4D 쇼를 보고 놀라움과 감동을 감추지 못했다. 랄프로렌닷컴의 탄생 10주년과 이커머스 사이트의 영국 런칭을 기념하기 위해 기획된 글로벌 프로젝트로, 첨단기술을 이용해 완전히 새롭게 변신한 랄프로렌의 브랜드 스토리를 보여주었다.

랄프로렌은 패션계에서는 최초로 아트와 패션, 음악과 향수의 통합을 시도했다. 7분짜리 프레젠테이션은 15개의 매혹적인 장면으로 구성되어 있는데, 4층 높이의 거인 모델들이 걸어 나오는 장면, 브랜드의 상징인 폴로선수들이 경기에 열중하는 모습, 빌딩 사이로 연출된 제품이미지 등을 웅장한 스케일로 경험하게 했다. 빌딩 외관도 음악과 특수음향, 바람 부는 것과 같은 시청각 효과 등을 활용해 더욱 실감나게 연출하였다. 여기에 공기 중으로 랄프로렌의 최신 향수 빅포니 컬렉션이 뿌려지면서 3D를 넘어서 4D를 체험할 수 있게 했다.

2014년 9월에는 뉴욕에서 폴로의 2015년 봄/여름 여성 컬렉션을 4D 홀로그램 패션쇼로 화려하게 선보였다. 실제 워킹하는 것과 같은 환상적인 CG가 결합하여 마치 공중 런웨이를 보는 듯한 첨단의 패션쇼가 펼쳐진 것이다.

랄프로렌은 최근 몇 년 동안 버추얼 스토리북, 온라인 패션쇼, 랄프로렌 컬렉션 아이폰 애플리케이션, QR코드, 업계 최초 인터랙티브 버추얼스토어 등 혁신적인 디지털 체험과 디지털 플랫폼을 잇달아 선보이며 디지털 테크놀로지 분야에서 선도적인 역할을 하고 있다.

랄프로렌 4D 디지털 런웨이 쇼

디지털 기술을 활용하여 모든 것을 완전히 새롭게 변신시켜, 고객들에게 기존에 경험할 수 없었던 새로운 경험을 제공하고 있는 것이다.

월트 디즈니의 마이 매직 플러스. 일반적으로 고객 데이터를 확보하기 위해서는 고객들에게 뭔가 혜택을 주어야 하지만, 월트 디즈니는 개인화된 고객 경험을 통해 고객 데이터들을 가장 즐거운 방법으로 모으고 있다. 월트 디즈니는 2013년 고객들에게 맞춤화되고 개인화된 경험을 제공하는 다양한 툴을 담은 마이 매직 플러스MyMagic+를 선보였다. 마이 매직 플러스에는 '마이 디즈니 익스피어리언스My Disney Experience' 웹사이트, 스마트폰 앱, 공원 안의 볼거리나 즐길거리를 예약하는 디즈니 패스트패스 플러스Disney FastPass+, 그리고 공원에서 팔목에 차고 다니면서 사용하기 편리한 매직밴드MagicBand 등의 툴들이 들어 있다. 매직밴드에는 신용카드 번호 외에도 공원 안의 시설을 이용하면서 남긴 고객들의 행동 데이터를 모아 저장하는 데이터 수

집 기능이 들어 있다. 마이 매직 플러스는 매직밴드가 모아온 고객행동 정보와 고객이 '마이 디즈니 익스피어리언스'에 남긴 정보들을 활용하여 아이들의 경험을 더욱 환상적으로 만들어 줄 새로운 아이디어를 개발하고 있다.

월트 디즈니가 꿈꾸는 고객 경험은 어떤 것일까? 아이들이 다가오면 백설공주나 구피가 요술 같이 아이들의 이름을 알고 부른다. 그리고 그날이 아이들의 생일인지 아니면 다른 가족의 기념일인지도 알고 있다. 고객들은 디즈니에서 맞춤화된 경험을 하고 이러한 경험이 누적되면 아이들은 공원에 오기도 전부터 새로운 경험에 대한 기대에 부풀게 된다. 놀이기구의 캐릭터들도 고객들과 대화를 하기 시작한다. 디즈니는 고객이 구매할 가능성이 높은 제품을 미리 알고 고객이 좋아할 만한 기념품을 추천해 준다. 이런 것들이 바로 월트 디즈니가 고객들에게 놀라운 경험을 제공하기 위해 계획하고 있는 마스터 플랜의 일부이다. 그들은 고객들의 빅데이터를 분석해서 그들에게 더 큰 즐거움을 주기 노력하고 있다.

월트 디즈니가 고객 경험을 끊임없이 향상시키려는 궁극적인 목적은 고객의 지속적인 유지뿐만 아니라 경쟁 브랜드로의 고객 이탈을 방지하기 위한 것이다. 월트 디즈니 파크앤리조트의 사장인 팀스택스는 그의 포스트를 통해 이렇게 말했다.

"월트 디즈니는 고객들에게 가장 좋은 경험을 전달하기 위해 지속적으로 창의와 혁신의 한계를 허물고 있다. 우리는 항상 우리가 더 좋은 고객 경험을 창출하기 위해서 무엇을 해야 하는지, 어떻게 하는 것이 훨씬 더 좋은 경험을 창출할 수 있을지를 찾고 있다. 지난 수년 동안 우리는 고객들에게 더 새롭고, 끊임없이 계속되

월트 디즈니가 꿈꾸는 고객 경험

며, 더 개인화된 경험을 제공하기 위해 혼신의 힘을 다해 왔다."

빈폴 디지털체험형 매장. 제일모직은 서초동 삼성타운에 위치한 삼성체험관인 삼성딜라이트와 함께 '빈폴'의 체험형 매장을 운영해 왔는데, 2014년 11월, 이 체험관을 IT를 접목한 '빈폴 디지털 프로젝트' 매장으로 리뉴얼했다. 이 매장에는 재고와 진열 위치, 간단한 매장 이용 정보를 제공하는 무인 키오스크와 고객의 모습이 녹화되는 매직 미러도 갖춰져 있다. 매직 미러는 거울 앞에 선 고객이 제품을 입고 한 바퀴 돌면 그 모습이 저장되어 화면으로 뒷모습까지 보여주는 디지털 디바이스다. RFID칩을 넣은 디지털 옷걸이를 들면 제품의 가격과 소재 등의 정보를 대형 모니터를 통해 확인할 수 있다. 키오스크를 활용한 포토존에서는 빈폴 아웃도어 광고 속 모델이 되는 가상체험을 해볼 수 있고, 광고 모델 김수현과 함께 찍은 사진을 휴대전화로 송신할 수도 있다. 뿐만 아니라 무선결제 단말기를 도입하여 판매사원들은 고객이 위치한 장소에서 바로 결제를 해 준다.

비콘 서비스. 매장에서 고객 경험을 향상시키는 데 도움을 주는 디지털 기술인 비콘Beacon은, 블루투스를 활용하여 근거리에 있는 모바일 기기에 알림메시지를 보낼 수 있는 기술이다. 사물인터넷을 구현하는 핵심적인 기술 중 하나로 향후 디지털 트렌드를 선도할 기술로 주목받고 있다. 매장에 들어오거나 매장 주변에 있는 고객에게 쿠폰이나 할인, 신제품 등의 메시지를 보낼 수도 있고, 매장에 들어오는 고객들의 과거 구입기록을 확인할 수도 있다.

스타벅스는 2015년부터 프리미엄 스토어에 한해 애플의 아이비콘 i-Beacon을 도입하고 있다. 프리미엄 커피를 직접 볶고 맛볼 수 있는 공간을 별도로 마련하고, 스마트폰으로 막 내린 신선한 커피에 대한 상세한 정보를 받아볼 수 있게 하고 있다.

13 인게이지먼트 드라이버 3:
참여 Participation

고객 참여 모델 4가지

가트너 그룹의 마이클 마오즈Michael Maoz 부사장은 고객 참여 모델
을 4가지로 분류하고 모델에 따라 고객 참여를 향상시킬 수 있는 방
안을 다음과 같이 제시하였다.

■ 소셜 미디어, 모바일, 전통 채널을 통한 적극적 고객 참여 모델

브랜드와 관계가 구축된 고객들은 온라인이나 모바일 앱, 소셜 네
트워크, 사용자 커뮤니티 등 다양한 채널을 통해 브랜드와 관련된 활
동에 적극 참여한다. 이런 유형은 제품이나 서비스를 직접 사용하고
검토해 본 후에 개선점들을 제공하는 방식으로 참여한다.

브랜드는 고객이 의견이나 아이디어를 제공할 수 있는 기반이나

고객이 참여할 수 있는 커뮤니티를 구축하여 그들의 참여를 활성화해야 한다. 고객에게는 그들이 제공한 의견이나 아이디어에 관심을 갖고 있으며, 적극적으로 반영한다는 신뢰를 주어야 한다. 이를 통해 브랜드와 고객 간 상호작용이 이루어지고 고객은 이러한 활동을 좋은 경험으로 갖게 된다.

샤오미의 고객 참여. 최근 '대륙의 실수', '대륙의 역습', '대륙의 실력'으로 불리며 많은 화제를 만들어내고 있는 중국의 샤오미가 성공을 거둘 수 있었던 가장 중요한 비결이 바로 고객 참여이다. 샤오미는 제품개발 내용을 모두 공개하여 사용자들이 개발 과정에 직접 참여하게 한다. 고객들이 지속적으로 샤오미에 아이디어를 주는 이유는 샤오미가 적극적으로 고객의 의견과 아이디어를 검토하여 제품개발에 반영하기 때문이다. 집단지성을 가장 효과적으로 활용하는 기업이 바로 샤오미인 것이다.

■ 진정성과 투명성을 통한 정서적 고객 참여 모델

브랜드나 해당 기업에 대한 신뢰에 정서적 기반을 제공하는 것이 바로 진정성과 투명성이다. 정서적 요소는 합리적이고 물리적인 참여보다 훨씬 더 강력한 힘을 발휘한다. 정서적으로 신뢰를 갖고 참여하는 고객들은 상대적으로 불만이 적고, 보다 호의적인 평가를 내리며, 동시에 높은 구매력과 기여도를 보여준다. 따라서 고객의 적극적인 참여를 위해서는 정서적인 신뢰가 중요하고, 이를 위해서 브랜드는 진정성과 투명성을 가지고 고객을 대해야 한다.

■ 제품이나 서비스에 대한 정보 공유를 통한 합리적 고객 참여 모델

합리적 소비자는 판단을 내리기 위해서 제품이나 서비스에 대한 정보를 취득하고 다른 사람들의 평가를 적극적으로 활용한다. 이를 합리적 고객 참여라고 할 수 있다. 제품이나 서비스에 대한 다양한 정보나 지식을 고객들과 공유함으로써 고객들의 참여를 유도할 수 있다. 이러한 참여 활동을 통해 제품에 대한 경험과 지식 수준이 높아진 고객들은 제품이나 서비스의 개선이나 혁신에 직접적으로 도움을 주기도 한다.

레고 그룹은 사용자 커뮤니티와 지속적으로 접촉하면서 제품에 대한 다양한 정보를 제공하여 그들이 스스로 새로운 사용법과 제품 아이디어를 개발할 수 있도록 한다.

■ 윤리적 고객 참여 모델

과거와 달리 기업에 대한 대부분의 정보가 고객들 사이에서 공유되기 때문에 기업의 윤리성이 점점 더 중요해지고 있다. 윤리란 삶의 기준이 되는 매우 중요한 가치이며, 기업이나 브랜드는 지역사회나 지구촌에 대한 윤리적 책임을 소홀히 다루어서는 안 된다. 이제 고객들은 혼자만의 삶이 아니라 어울려 사는 환경에 대한 중요성을 깨닫고 있으며, 기업의 윤리성이 그 어느 때보다 중요하게 부각되고 있다. 기업은 진정성과 투명성을 갖고 기업 활동을 해야 하며, 브랜드와 관련된 윤리적 이슈에 대해 고객들이 참여하고 활동할 수 있는 채널을 제공해야 한다.

고객의 참여는 그 자체가 가치를 창출한다

고객에게 불편함을 파는 이케아. 이케아는 고객에게 불편을 주면서 더 큰 가치를 창조하는 대표적인 기업이다. 가구유통 업체이지만, 완제품을 판매하는 것이 아니라 조립되기 전의 형태로 제품을 판매하고 고객이 스스로 조립하게 한다. 이 방식은 다른 가구유통점과 차별화된 이케아만의 사업 방식이다. 매장에서 제품을 구매하여 체크아웃하는 방식도 독특하다. 전시장에서 제품을 선택한 후 별도로 마련된 제품 진열 매대로 가서 고객이 직접 제품을 찾아 카트에 싣고 운반하여 계산대까지 가지고 와야 한다. 완제품을 구매하고 이를 직원들이 실어다 주는 일반적인 가구유통점보다는 싸게 살 수 있다는 장점이 있다. 가격이 저렴하다는 장점 이외에도, 고객 스스로 제품을 조립하게 함으로써 제품에 대해 더 큰 가치를 느끼게 하기 때문에 일반 가구유통점에서 구입한 경우보다 고객 만족도가 높고 제품에 대한 애착도 훨씬 강하다.

고객에게 불편함을 주어 더 큰 가치를 느끼게 하는 것을 '이케아 효과(Ikea Effect)'라고 하는데, 행동경제학에서는 이를 '소유 효과 (Endowment Effect)'라고 한다. 이케아 효과란 소비자들이 완제품을 구매하는 것보다 그들이 사용할 제품을 스스로 만들었을 때 더 가치가 있다고 느끼는 인지 부조화를 말한다. 이 용어는 하버드 대학의 마이클노튼 교수에 의해 처음 사용되었는데, 이케아 가구의 경우 자신들이 직접 노동력과 노력을 투여하여 조립함으로써 그 결과물에 대해 더 큰 애착을 갖게 된다는 주장이다.

소비자들은 이케아에서 구입한 가구를 조립하는 데 많은 시간을 들여야 하지만 그 과정에 참여함으로써 자신에 대한 자긍심이 생기

불편함의 가치를 파는 이케아

고 자신의 역량이 커지고 있음을 느낀다고 한다. 평소 자신감이 부족한 사람일수록 이케아 효과의 영향을 받을 가능성이 더 커진다.

대부분의 기업들은 고객에게 불편을 주지 않는 것이 더 큰 가치를 제공한다고 생각하지만, 다소간의 불편함을 주는 것이 더 큰 관심을 끌고 더 큰 만족을 유발하기도 한다. 사람들이 불편함을 감수하는 이유는 크게 두 가지이다. 하나는 비용이 적게 들기 때문이다. 불편함을 감수하더라도 시간과 신체적 노력을 투자하여 금전적 부담을 줄일 수 있다. 즉 시간과 노력의 비용이 금전적 비용을 상쇄하기 때문이다. 두 번째는 불편함이 오히려 보람이나 재미 혹은 모험심을 불러일으키기 때문이다. 진화심리학에서 이야기하듯이 '힘들게 노력해서 얻은 것은 실제로 맛이 다소 떨어지더라도 감사하며 맛있게 먹는다'는 것이다. 실제로 스스로 노동과 시간을 투입한 것에 대해 그렇지 않은 것보다 더 큰 애착을 갖게 된다는 것은 누구나 알고 있다.

이케아 효과는 고객 인게이지먼트를 구축하기 위해 고객 참여가 왜 중요한지를 단적으로 보여준다. 불편함을 주어서라기보다는 그 과정에 본인이 참여하기 때문에 더 큰 가치를 느끼는 것이다. 불편함을 느끼게 하는 것은 분명 관심과 관여를 높여 주기도 한다. 또한 자긍심을 느끼고 자신의 역량이 커지고 있음을 느끼는 것 또한 가치를 창출한다. 이렇게 발생되는 가치는 불편함보다는 훨씬 가치 있는 참여의 긍정적인 효과로 보아야 할 것이다.

고객들이 브랜드 마케팅 활동에 스스로 참여하는 것은 그들이 시간과 노력 그리고 에너지를 투여하는 것이기 때문에 해당 브랜드에 대해 더 큰 애착과 가치를 느끼게 한다. 이러한 원리는 고객의 인게이지먼트를 유도하기 위한 고객 경험을 디자인하는 데 매우 유용한 팁을 제공해 준다.

일반적으로 온라인이나 모바일 채널을 운영하는 경우, 가급적 고객이 제공해야 할 정보를 줄여 그들이 정보를 입력해야 하는 불편을 최소화해야 한다고 생각한다. 하지만 고객에게 더 나은 가치를 제공할 목적으로 고객들에게 더 많은 정보를 입력하게 하는 불편을 주는 것이라면 무슨 문제가 되겠는가? 특히 기업의 마케팅 활동에 자발적으로 참여하고자 하는 고객들이 늘어가고 있는 상황을 감안해 보면, 그들이 정보를 제공해야 할 합당한 이유만 제시된다면 아무런 문제가 되지 않을 것이다.

고객을 이벤트나 캠페인에 참여시키는 방법

고객 참여의 가장 일반적인 형태는 브랜드가 마련한 이벤트나 캠페인에 고객들을 참여시키는 것이다. 이벤트나 캠페인을 기획하는

맥도날드 모바일 슈퍼볼 이벤트: 조 플라코 VS 콜린 캐퍼닉

목적에는 신제품이나 새로운 브랜드에 대한 인지 확보, 제품의 특성에 관한 정보 전달, 경험 자체의 유도 그리고 브랜드에 대한 호감도 제고 등 여러 가지가 있다. 그렇다면 고객이 이벤트나 캠페인에 참여하도록 유도하는 방법에는 무엇이 있을까?

■ 고객들의 흥미를 유발한다

맥도날드의 모바일 슈퍼볼 이벤트. 2013년 10월, 맥도날드는 새로 출시한 마이티윙이라는 치킨윙 제품을 홍보하기 위해 모바일 리치미디어를 활용한 캠페인을 전개했다. 미식축구 스타 플레이어인 조 플라코와 콜린 캐퍼닉을 등장시켜 두 슈퍼볼 라이벌이 맥도날드의 새로운 치킨윙을 놓고 경쟁하는 모습을 TV광고를 통해 보여주었다. TV광고의 종료와 함께 두 사람 중 누가 마이티윙을 차지할 것인지를 놓고 소비자들이 모바일에서 헤시태그를 이용해서 투표하도록 했다. 소비자들은 두 스포츠 스타의 기록, 각 팀의 마스코트가 무엇인지, 치어리더는 누구이며, 어떤 팬들이 지지하고, 리포터는 누구인지에 관한 정보를 확인할 수 있었다. 광고를 통해 투표의 집계상황을 계속 보여주면서 관심을 고조시켰다. 페이스북과 트위터 그리고 NFL 사이트에서도 투표 상황이 공지되었다. 신제품에 관심을 갖는 소비자에게는 앱을 통해 스토어의 위치를 알려주기도 했다.

이 캠페인의 목적은 두 스포츠 스타의 대결을 통해 신제품에 대한 소비자들의 관심을 불러일으키고 참여를 유도하는 것이었다. 캠페인은 페이스북과 트위터 등 소셜 미디어 채널을 활용하여 타겟 고객들이 컨텐츠를 공유하게 함으로써 제품 인지도를 높이고 그들의 참여를 유도하는 데 성공했다. 이 사례는 적극적 참여 모델에 해당된다.

유니버셜 영화사의 포토 발렌타인. 유니버셜 영화사는 새 영화 '끝없는

유니버셜 Endless Love

사랑(Endless Love)'을 홍보하면서 젊은 여성 관객들을 겨냥한 사진앱을 런칭했다. 발렌타인데이를 맞아 고객들이 자신의 셀카 사진에 영화 '끝없는 사랑'을 주제로 한 사진 프레임를 삽입하여 다른 사람에게 보낼 수 있게 한 것이다. 7백만 명이 넘는 사람들이 1만 시간 이상 동안 이 사진앱을 사용한 것으로 나타났다. 영화사는 젊은층들이 관심을 갖는 특별한 날을 활용하여 고객들이 자발적으로 사진을 보내고 공유하게 함으로써 새 영화를 널리 홍보할 수 있었다. 영화

와 고객들을 감성적으로 연결함으로써 인게이지먼트를 구축한 것이다. 이 사례는 정서적 참여 모델에 해당된다.

■ 호기심을 자극한다

닛산자동차의 페인트 장난. 닛산자동차는 2015년형 리프를 홍보하기 위해 고객이 참여하는 소셜 미디어 캠페인을 전개하면서 유튜브에 관련 비디오를 시리즈로 내보냈다. 비디오는 리프가 닛산이 개발한 울트라에버드라이Ultra-Ever Dry 페인트로 코팅되어 있어 어떤 액체도 잘 달라붙지 않기 때문에 자동차를 깨끗한 상태로 유지할 수 있다는 것을 보여주는 것이었다.

'닛산자동차의 페인트 장난(The Nissan Paint Prank)' 이라는 제목으로 시작되는 이 캠페인은, 여러 가지 비디오를 통해 자동차 표면에 어떤 액체를 부어도 전혀 더러워지지 않는 리프의 능력을 보여준다. 먼저 어떤 물질을 부어 보면 좋을지를 고객들이 제안해 달라고 요청했다. 고객들이 제안한 물질을 자동차에 부어 테스트하는 비디오를 만들어 '더러운 물질이 무엇인지 추측해 보라(Guess the Mess)'라는 제목과 '그것이 들러붙을까요(Will it stick)?'라는 제목으로 유튜브에 포스팅하고 소셜 미디어 플랫폼을 통해 공유하게 했다. 닛산자동차는 리프 모델에 적용된 자기정화 나노페인트 기술을 명확히 전달하고 인식시키기 위해 고객들의 호기심을 자극하는 방식으로 캠페인 참여를 유도했다. 닛산의 사례는 합리적 참여 모델에 해당된다.

■ 관련성을 강화한다

버드라이트가 팀버레이크와 함께하는 이벤트. 버드라이트 플래티넘 브랜드는 저스틴 팀버레이크Justin Timberlake의 공연을 직접 경험할 수 있는 기회를 주는 이벤트를 기획했다. 이 이벤트는 팀버레이크가 '20/20 경험'이라는 자신의 앨범 출시를 기념하여 12주 동안 시행한 전 세계 투어에 맞추어 동시에 진행되었다. 페이스북과 QR코드를 통해 제공되는 힌트를 활용하여 문제를 알아맞히는 이벤트였다.

버드라이트 플래티넘의 크리에이티브 디렉터가 페이스북 페이지를 통해 매주 힌트를 제공했다. 고객들은 버드라이트 플래티넘 패키지에 있는 QR코드를 이용해서 버드라이트 플래티넘 웹 페이지로 접속하면 힌트를 확인할 수 있었다. 고객들은 힌트를 가지고 문제를 풀고, 이 이벤트를 주변 사람들과 공유하면 포인트를 얻을 수 있었다. 각 고객들이 얻은 포인트 순위는 웹사이트에 공개되었다. 매주 새롭게 탄생하는 우승자에게는 라스베이거스에서 열리는 팀버레이크 공연과, 팀버레이크의 새 영화 '러너, 러너Runner, Runner'의 레드카펫 프리미어에 참석할 수 있는 여행 티켓과 비용이 제공되었고, 2등에게는 팀버레이크의 새 앨범 '20/20 경험' 공연을 볼 수 있는 여행 티켓이

버드라이트 플래티넘: The 20/20 Experience

제공되었다. 또한 '20/20 경험' 공연이 열리는 도시마다 지역에서 주관하는 '알아맞히기' 이벤트가 개최되기도 했다.

고객들에게 팀버레이크 공연과 새 앨범을 경험할 수 있는 기회를 제공하는 이 행사를 통해 버드라이트 플래티넘 브랜드는 수많은 고객들의 참여를 유도하고 브랜드의 이미지를 구축하는 데 성공했다. 버드라이트 플래티넘은 앤호이저부쉬Anheuser Busch가 2012년 초에 출시한 프리미엄 맥주로서 버드라이트보다 약간 단맛이 있고 알코올 도수가 강하며, 파란색 반투명 병에 담겨 있다. 이 사례는 정서적 참여 모델에 해당된다.

■ 소통할 수 있는 행사나 공간을 제공한다

최근 모바일과 온라인 채널의 발달에 따라, 플래그십 스토어는 단순히 제품을 판매하는 매장이 아니라 고객이 참여하고 소통하는 문화공간으로 진화하고 있다. 신세계인터내셔널의 라이프스타일 브랜드 자주aju는 가로수길에 있는 플래그십 스토어에서 월 1회 생활 강좌를 열고 있다. 2014년 할로윈데이를 맞아 '엄마와 함께하는 공작 시간', 11월에는 '겨울을 닮은 캔들리스 만들기' 강좌를 진행했다. 제일모직의 여성복 브랜드 르베이지도 한남동 플래그십 스토어, 메종르베이지를 통해 고객초청 문화행사를 정기적으로 개최하고 있다.

더베이직하우스도 2014년 9월 가로수길에 플래그십 스토어를 오픈하여 베이직하우스, 베이직어라이브, 겸비, 쥬디쥬디 등 자사 브랜드는 물론 신진 디자이너의 팝업 스토어를 운영하여 소비자들의 눈길을 끌고 다양한 브랜드 체험을 제공하고 있다. 또한 건물 3층은 서울그래픽스라는 테마로 구성하여 국내 아티스트들의 그림과 작품을 전시, 판매하는 콜렉트숍으로 꾸미고 옥상에는 야외에 독립영화를 상영하는 컬처스토어로 만들 계획을 갖고 있다.

스포츠 브랜드들 역시 고객들이 참여하는 다양한 문화행사를 진행하고 있다. 2014년에 문을 연 '살로몬' 플래그십 스토어에서는 매주 수요일마다 러닝클래스를 운영하고 있고, 강남에 오픈한 나이키 플래그십 스토어에서는 매주 화요일 나이키가 개발한 컨텐츠를 전문 트레이너에게 직접 배울 수 있는 트레이닝 세션을 진행하고 있다. 이런 유형의 참여는 적극적 참여에 해당된다.

고객을 마케팅 활동에 참여시키는 방법

앞에서 설명했듯이 디지털 시대의 고객들은 기업이나 브랜드의 마케팅 활동에 적극적으로 참여하려는 경향이 그 어느 때보다 강하다.

기업 입장에서는 고객들의 참여를 통해 제품이나 서비스에 대한 평가를 받을 수 있고 마케팅 활동에 대한 의견도 들을 수 있기 때문에 고객 중심 마케팅을 실현할 수 있는 기반을 확보하는 셈이다.

홈플러스의 고객 참여. 홈플러스는 영국의회 옆에 있는, 런던의 아이콘 빅밴 타워를 형상화하여 매장의 지붕을 장식하고 매장의 심벌로 활용하고 있다. 홈플러스가 '고객 의회'라는 기업철학을 가지고 있기 때문이다. 즉 '홈플러스의 모든 점포는 고객 의회이고 고객의 의견에 따라 매장을 운영하며 모든 마케팅 의사결정도 고객의 의견을 따른다'는 것이다.

홈플러스는 고객 서베이를 통해 고객의 의견을 적극적으로 수렴하고 그 결과에 따라 모든 의사결정을 내린다고 한다. 홈플러스는 70여 개 이상의 서로 다른 유형의 서베이를 개발하였고, 연간 200여 개의 서베이가 진행된다. 고객의 제안에 따라 서비스도 개발하고, 가격도 결정하며, 점포의 컨셉을 바꾸기도 한다. 이 프로그램에 참여한 고객들은 금전적인 혜택을 받는다.

고객 서베이를 효과적으로 활용한 홈플러스는 고객으로부터 정보와 아이디어를 얻는 것 이상으로 더 큰 효과를 얻을 수 있었다. 필자가 한국 홈플러스를 도와 이 프로그램을 운영했을 때의 기억을 더듬어 보면, 홈플러스 고객의회 프로그램에 참여한 고객들은 자신이 홈플러스의 발전에 기여하고 있다는 자부심과 애착을 갖게 되었다. 홈플러스는 고객과 함께 만들어 가는 기업이라는 인식이 생겨났고 궁극적으로 강한 인게이지먼트가 구축되었다.

하지만 홈플러스처럼 서베이만 하라는 것은 아니다. 다양한 방법으로 고객을 참여시켜 마케팅을 위한 정보와 아이디어들을 얻어낼 수 있다. 일부 기업들은 신제품이나 새로운 서비스를 개발하거나, 광고나 슬로건 등 크리에이티브 아이디어를 개발하는 데 고객을 참여시키기도 한다. 이를 개방형 혁신이라고 한다.

고객의 참여는 그 자체가 자발성과 능동성을 가지고 있기 때문에 고객 인게이지먼트에 매우 강력한 힘을 발휘한다. 고객 참여를 이끌어내기 위해서는 기본적으로 브랜드에 대한 고객의 신뢰가 전제되어야 한다. 브랜드에 대한 신뢰를 갖게 되면 자발적으로 브랜드의 활동에 공감하고 참여하고자 하는 의지가 발동된다. 또한 브랜드의 다양한 활동에도 동조하게 된다.

■ 소셜 미디어, 모바일, 전통 채널을 통한 적극적 참여 유도

브랜드와 탄탄한 관계가 구축된 고객들은 온라인이나 모바일앱, 소셜 네트워크, 사용자 커뮤니티 등 다양한 채널을 통해 브랜드의 활동에 적극 참여하려 한다. 이런 적극적 유형의 고객들은 제품이나 서비스를 스스로 꼼꼼하게 사용해 본 후에 자발적으로 개선점들을 제공하는 방식으로 참여한다. 이들을 효과적으로 활용하기 위해서는 그들이 의견이나 아이디어를 제공할 수 있는 채널을 제공해야 한다. 고객이 제공한 의견이나 아이디어는 적극적으로 검토된다는 것을 보여주고 실제 비즈니스와 마케팅에 반영된다는 믿음을 주어야 한다. 이를 통해 브랜드와 고객의 상호작용이 이루어지고, 고객은 이러한 참여 활동을 좋은 경험으로 갖게 된다.

고객들이 제품이나 서비스에 대해 평가하고 이를 다른 사람들과 공유하는 것, 새로운 제품이나 마케팅 아이디어를 제공하는 것 역시 이러한 적극적 참여에 해당된다고 볼 수 있다.

■ 진정성과 투명성을 통한 정서적 참여 유도

브랜드에 대한 신뢰는 고객에게 정서적 기반을 제공하는데, 정서적 요소는 합리적이고 물리적인 고객 참여보다 훨씬 더 강력한 힘을 발휘한다. 정서적으로 신뢰를 갖고 참여하는 고객들은 상대적으로 불만이 적으며 호의적인 평가를 내리는 동시에 높은 구매력과 브랜드 활동에 대한 기여도를 보여준다. 따라서 고객의 적극적인 참여를 유도하기 위해서는 정서적인 신뢰가 중요하고, 이를 위해서는 브랜드나 해당 기업이 진정성과 투명성을 가지고 고객을 대해야 한다.

■ 제품이나 서비스에 대한 정보 공유를 통한 합리적 참여 유도

합리적인 소비자는 합리적으로 구매결정을 하기 때문에 제품이나 서비스에 대한 정보를 적극적으로 취득하고 다른 사람들의 평가를 잘 활용한다. 이러한 과정을 합리적 고객 참여라고 할 수 있다. 따라서 고객들이 제품이나 서비스를 통해 경험한 것들을 다른 삶들과 공유하는 것 역시 합리적인 고객 참여이다. 이러한 고객들은 고객 패널 활동 등에 참여하여 제품이나 서비스의 품질향상에 도움을 주기도 하고, 더 나아가 기업과 공동으로 제품을 개발하기까지 한다. 레고 그룹은 사용자 커뮤니티와 지속적으로 접촉하면서 제품에 대한 다양한 정보를 제공하여 고객들이 스스로 사용법과 제품에 대한 아이디어를 개발할 수 있는 환경을 만들어 주고 있다.

14 인게이지먼트 드라이버 4: 상호작용 Interactivity

고객과의 상호작용은 어떻게 인게이지먼트를 강화하는가

시리얼 브랜드 포스트의 페블즈 캠페인. 2013년 1월, 포스트는 후루티 페블즈와 코코아 페블즈를 홍보하기 위해 소비자들이 모바일에서 직접 참여할 수 있는 모바일 경기앱을 런칭하고 디지털 기반의 캠페인을 전개했다. 미국 프로레슬링의 슈퍼스타인 존 시나가 후루티 페블즈팀을 이끌고 미국 프로농구 슈퍼스타인 카이리 어빙이 코코아 페블즈팀을 이끌었다. 페블즈는 늘 '재미있고 맛있는 아침 식사'를 추구해 왔기 때문에 이 캠페인 역시 아이들에게 재미있는 경험을 제공함으로써 그들과의 상호작용을 강화하고자 했다.

소비자들은 먼저 후루티팀과 코코아팀 중 좋아하는 팀을 선택하고 모바일의 캠페인 사이트에 접속하여 앱을 다운받은 다음, 자기가 선택한 팀에 투표하고 게임도 즐길 수 있다. 소비자들은 리더로부터 도

포스트의 페블즈 캠페인: 후루티 페블즈 VS 코코아 페블즈

전 미션을 부여받게 된다. 예를 들면 "페블즈 제품 상자를 이용하여 페넌트 등 팀의 정신을 나타내는 아이템을 만들고 이를 인스타그램을 통해 공유하라"든가, "게임에 도전하여 일정 점수를 획득하라"는 등, 각 팀의 리더가 계속 미션을 발표한다. 소비자가 이 미션을 달성하면 기프트카드, 아이패드, 리더의 사인이 담긴 물품 등을 받을 수 있는 응모 기회를 얻는다. 이 캠페인은 9개월 동안 계속되었다.

캠페인에 참여한 고객들은 자신이 선택한 팀의 이름으로 자선활동에도 참여하게 되는데, 미국 프로레슬링협회와 존 시나가 이끄는 후르티 페블즈팀은 미국 육군참전용사와 그 부인에게 일자리를 마련해 주는 '미국영웅 고용' 프로그램을 후원하고, 미국 농구협회와 카이리 어빙이 이끄는 코코아 페블즈팀은 지적장애나 발달장애를 가진 사람들에게 직업교육을 시켜주는 비영리 커뮤니티인 '베스트 버디즈'를 후원했다. 포스트는 캠페인에 참가한 소비자들이 사회활동에 참여하게 함으로써 브랜드 사용자로서 스스로 자부심을 느끼게 했다.

포스트의 페블즈픽스앱 캠페인. 같은 시기에 집행했던 연계 캠페인으로, 포스트는 존 시나와 함께 사진을 찍을 수 있는 앱인 페블즈픽스 PebblesPics를 런칭했다. 이 캠페인을 위해 페블즈픽스 앱을 통해 '존 시나와 함께 링 위에 올라가 보라'는 TV광고도 집행했다. 아이들에게 페블즈픽스 앱에 자신의 사진을 올려 존 시나와 같이 포즈를 취하는 사진을 만들 수 있게 했다. 앱에서는 사진 사이즈를 조절하거나 사진 프레임을 자유롭게 선택할 수도 있고, 사진에 무지개 효과를 넣거나 존 시나의 모자, 손목밴드, 챔피온 벨트 등을 삽입할 수도 있다. 그리고 후루티 페블즈 박스에 있는 로고를 스캔하면 앱에서 더 많은 이미지를 얻을 수 있다. 포스트는 고객들 자신이 만든 '존 시나와 함께 찍은 사진'을 페이스북, 트위터 그리고 인스타그램 등을 통해 친구들과 공유할 수 있도록 했다.

이 두 캠페인은 고객 참여를 기반으로 하는 캠페인인데, 고객 인게이지먼트를 강화하는 다양한 요소들이 숨겨져 있다. 우선 고객들에게 계속 임무를 부여하여 반복적으로 상호작용을 유도하고 있다. 이 이벤트를 좋아하는 고객들은 9개월 동안 포스트의 페블즈 브랜드와 관계를 맺고 있는 셈이다. 뿐만 아니라 프로레슬러 존 시나와 사진 찍기 등, 고객 스스로 컨텐츠를 만들고 소셜 미디어를 통해 친구들과 공유할 수 있게 했다. 그 외에도 게임 등을 통해 지속적으로 브랜드와 함께 머무르게 했다. 즉 브랜드와 지속적으로 상호작용을 하게 하고, 고객 스스로가 컨텐츠를 만들어내고, 이를 다른 사람들과 공유하게 함으로써 고객 인게이지먼트를 강화한 것이다.

고객들을 오랫동안 브랜드에 밀착시키기 위해서는 그들의 적극적인 행동을 유도할 필요가 있다. 이를 용이하게 하는 것이 바로 상호작용이다. 상호작용을 통해 브랜드에 대한 관여를 높이고 브랜드를 지속적으로 경험하게 하여 브랜드에 대한 애착을 높일 수 있다. 또한 디지털 시대에는 매체보다는 친구나 동료의 영향이 브랜드 선호나 구매결정에 결정적인 역할을 하기 때문에 그들의 참여 과정을 주변 사람들과 공유하고 확산하게 해야 한다.

고객이 의견을 내도록 유도하는 방법

고객의 의견 제시를 유도하는 네슬레 키캣. 2013년 1월, 네슬레는 키캣KitKat 브랜드의 제품인 천키Chunky를 프로모션하기 위해 경연대회 형식의 캠페인을 전했다. 새로 개발한 4개의 맛과 향 중 고객들이 가장 선호하는 제품 하나에 투표하게 하여 가장 선호가 강한 제품을 가리는 경연이었다. 고객들의 엄청난 호응으로 그 경연은 매우 성공적이었고, 4개의 제품 중 천키 피넛버터가 최종 승자가 되어 키캣의 제품 라인에 영원히 남게 되었다.

이 TV캠페인은 캠페인이 런칭되기 전에 네 가지 맛을 상징하는 네 영웅들의 패러디를 먼저 소개했다. 페이스북을 통해 영웅들에 대한 비디오를 먼저 뿌렸던 것이다. 정해진 날짜에 페이스북 페이지에 새로운 컨텐츠들이 뿌려지도록 사전에 미디어 전략을 명확하게 세웠다. 이러한 활동은 고객들의 관심을 모으기 위한 사전 포석이었다. 페이스북 광고와 더불어 이 패러디 컨텐츠들은 예상대로 빠르게 확산되었고 고객 인게이지먼트는 최고조에 달했다. 캠페인이 진행되는 동안 수십 만 명이 투표를 했고 1,100만 개의 키캣이 팔려나갔다.

이 캠페인은 천키 제품의 인지도를 높이고 판매를 증폭시키기 위해 기획되었다. 여러 신제품이 있는 경우, 판매 초기에는 어느 제품이 더 잘 팔리는지 모를 수도 있지만 조금만 시간이 지나면 어느 제품의 판매세가 좋은지 모를 리 없다. 하지만 브랜드의 발전을 위해 고객들로 하여금 그들의 의견을 피력하도록 했던 것이다. 브랜드에 대한 고객들의 투표, 즉 상호작용을 통해 고객 인게이지먼트가 상승할 것이기 때문이다.

브랜드는 고객들에게 자신이 좋아하는 브랜드가 발전하기를 기대하게 하고, 이를 위해 그들이 뭔가를 말해 주도록 유도할 필요가 있다. 즉 브랜드를 성장시키는 데 고객이 참여하게 하고, 브랜드와 상호작용하게 하는 것이다. 고객 역시 이런 과정을 통해 브랜드에 대한 애착이 생겨나고 강화된다. 앞으로는 단순히 브랜드 인지를 높이기 위한 광고보다는 고객과 상호작용을 하고 고객의 의견을 들을 수 있는 캠페인이 더 효과적일 것이다. 왜냐하면, 그것이 진정으로 고객 인게이지먼트를 강화하는 방법이기 때문이다.

인터랙티브 광고를 활용하는 닛산자동차 로그. 닛산자동차는 2014년형 닛산 로그Rogue를 홍보하기 위해 인터랙티브 광고를 선보였다. 디지털에 익숙한 고객들이 기기의 장점을 잘 이용한다는 점에 착안하여, 비디오 영상을 탭핑하여 자동차 정보, 날씨 등 관련한 추가적인 정보를 얻을 수 있게 하는 광고를 만든 것이다.

60초짜리 TV광고에는 악마가 된 눈사람이 도시를 파괴하는데, 유일하게 눈사람과 대항하여 싸우는 로그의 모습을 보여주면서 캐나다의 혹한 속에서 이를 견디는 강력한 자동차가 필요하다는 메시지를 전달했다. 모바일 기기에 적합한 인터랙티브 광고를 통해 제품의 특성을 명확하게 전달한 것이다.

코카콜라 슈퍼볼 이벤트

코카콜라 북극곰 이벤트. 2012년 코카콜라의 슈퍼볼 광고 캠페인에는 슈퍼볼 현장의 상황에 실시간으로 반응하고 시청자들과도 실시간 상호작용하는 두 마리의 북극곰이 나온다. 곰들은 서로 다른 팀을 응원하는데, 시청자들은 페이스북이나 트위터를 통해 곰들에게 질문을 하거나 사진과 메시지를 포스팅함으로써 곰들과 상호작용을 할 수 있다. 곰들은 스마트폰을 꺼내서 메시지를 트윗하기도 하고 태블릿을 이용해 팬들이 보내준 영상을 보여주기도 한다. 소셜 미디어 채널 이외에 ESPNCom과 모바일앱에 사용자와의 상호작용을 지원하는 리치미디어(rich media) 광고배너를 흘려보냈다. 게임이 3/4 정도 흘러갔을 때 이미 평균 60만 명 이상이 라이브 스트림을 보고 있었고 그 장면을 보면서 평균 28분을 보냈으며, 여러 플랫폼을 통해 이 캠페인을 본 사람은 모두 9백만 명이 넘었다고 한다.

어떻게 자발적인 캠페인 참여를 유도할 것인가

아모레퍼시픽의 에뛰드하우스 이벤트. 10대를 겨냥한 화장품 브랜드인 에뛰드하우스의 브랜드 철학은 '10대들에게 올바른 화장 문화를 알려 주는 것'이다. 에뛰드하우스는 자신의 브랜드 철학을 알리기 위해 2013년부터 고객과 상호작용하는 이벤트를 시작했다. 고객들 중에서 자기 반에 대해 가장 감동적인 사연을 올린 한 사람을 매월 선정하여 선물을 가지고 그 학생의 학급을 방문하는 이벤트였다. 학급 전원에게 비타민이 가득한 과일, 야채가 담긴 뷰티 도시락과 에뛰드하우스의 저자극성 스킨케어 제품인 '소녀 피부' 라인을 선물했다.

이 이벤트는 학업 스트레스와 잘못된 뷰티 상식으로 상한 피부를 가진 10대 소녀들에게 촉촉하고 싱그러운 피부를 돌려주자는 취지에서 시작되었다. 타겟 고객인 10대 소녀들에게 에뛰드 브랜드에 대한 관심을 유도하고, 참여와 상호작용을 통해 브랜드를 경험하게 함으로써 고객 인게이지먼트를 높이는 계기가 되었다.

유니레버의 쉴드 프로모션. 유니레버는 냄새 제거제인 쉴드Shield 브랜드를 홍보하고 제품의 시도구매를 유도하기 위해 남아프리카공화국 소비자들이 무료로 모바일 전화를 할 수 있게 하는 프로모션을 전개했다. 모바일폰으로 고객이 전화를 걸면, 오디오 광고가 나오고 쉴드를 구매할 수 있는 할인쿠폰을 받을 수 있다. 자신의 전화번호와 친구의 전화번호를 남기면 두 사람 간 무료전화를 할 수 있는 코드번호가 SMS로 전송되었다. 이 캠페인을 런칭하자마자, 처음 한 시간 동안 300통의 전화가 걸려 왔고, 시간당 5,000통이 걸려 온 적도 있으며, 이 중 22%가 쿠폰을 요청했다고 한다.

Every time a SHIELD customer or their friends will want to make a **quick free call** using **this service,** they will first have to listen to a 15 sec. SHIELD Audio Ad (with coupon request call-to-action) and then get **automatically be connected** to their loved ones to talk for **30 sec. free.**

유니레버 쉴드의 무료 전화 캠페인: 남아프리카공화국

이 캠페인은 모바일을 통해 브랜드가 어떻게 소비자들과 상호작용할 수 있고, 어떤 효과를 만들어낼 수 있는지를 잘 보여준다. 유니레버의 쉴드 브랜드는 이 캠페인을 통해 수많은 고객들과 일대일 인게이지먼트를 달성했다. 고객들에게 무료로 통화할 수 있는 기회를 제공하면서, 고객들과 일대일로 상호작용할 수 있는 기회를 얻은 것이다. 이를 통해 브랜드에 대한 관심을 유도하였고, 실제로 엄청난 판매실적까지 이루어냈다. 그달 사용할 수 있는 통화량을 모두 소진한 고객들에게 이 무료전화는 매우 가치 있는 경험이었을 것이다.

이 캠페인은 남아프리카공화국 사람들에게 무료전화가 보편화되어 있다는 점을 잘 활용했다. 우리나라에서는 고객에게 혜택을 주면서 자연스럽게 그들과 상호작용할 수 있는 방법이 없을까? 아마도 푸시성으로 제공하는 일반적인 광고보다는 고객과 상호작용하는 이러한 이벤트가 단기 성과뿐만 아니라 장기적으로 고객 인게이지먼트와 브랜드 로열티를 구축하는 데 효과적일 것이다.

사용자 생성 컨텐츠의 활용

소셜 미디어 마케팅은 점점 더 사용자들이 만들어낸 컨텐츠와 리뷰, 평가와 같은 고객들이 생성한 컨텐츠에 크게 의존하고 있다. 특히 밀레니엄 세대들은 친구나 동료의 영향이 구매 의사결정에 크게 영향을 미치기 때문에 브랜드가 컨텐츠를 만들기보다는 그들 스스로 컨텐츠를 만들어 퍼트리게 한다.

펩시는 리브 포 나우Live for Now 캠페인을 지원하기 위해서 펩시닷컴에 디지털 대쉬보드를 만들어 운영하고 있다. 페이스북이나 트위터 같은 소셜 미디어 상의 메시지나 컨텐츠들을 주의 깊게 분석하여 타겟 고객들이 어디에 관심을 갖고 있는지 파악한다. 펩시처럼 그들의 타겟 고객들이 생성해 놓은 컨텐츠들을 분석하면 그들이 무엇을 좋아하는지, 어디에서 시간을 보내고 있는지, 니즈는 무엇인지 깊이 있게 파악할 수 있을 것이다. TV나 인쇄매체와 같은 전통적인 미디어와 달리 소셜 미디어는 이용자의 나이, 성별, 관심영역 등 고객들을 더 잘 이해할 수 있는 많은 정보를 제공해 준다.

펩시의 리브 포 나우 캠페인. 펩시는 브랜드를 '현재의 문화(Now Culture)'와 연결하는, 브랜드의 첫 번째 글로벌 캠페인인 '리브 포 나우(Live for Now)'를 런칭했다. 이 캠페인은 대중문화 속으로 들어가고자 하는 펩시의 브랜드 정신을 표현하는 것이었다.

펩시는 9개월 동안 사람들의 마음속에 자리 잡고 있는 펩시 브랜드의 독특한 영역을 이해하기 위해 전 세계 수천 명의 브랜드 팬들을 대상으로 리서치를 시행했으며, 그 결과를 토대로 2012년 5월, 미국에서 처음 이 캠페인을 런칭했다. 그리고 이 캠페인을 전개하는 핵심

펩시 LIVE For NOW

미디어로서 소셜 플랫폼이자 컨텐츠 큐레이션 플랫폼인 펩시 펄스 Pepsi Pulse를 구축했다.

펩시 펄스는 펩시 브랜드가 대중문화 속으로 파고들겠다는 야심 찬 도전의 토대라 할 수 있다. 펩시 펄스는 즉각적이고 인터랙티브한 방법으로 고객들을 인게이지시키기 위한 통합적인 컨텐츠를 제공한다. 펩시 펄스는 대중문화의 대쉬보드 같은 역할을 하는데, 다양한 컨텐츠 소스로부터 각 시점에 톱10 스토리를 선별하여 제공한다. 이외에도 라이브스트림 콘서트 같은 컨텐츠나 뮤지션들이나 명사들의 활동도 소개한다. 펩시는 이미 2010년부터 소셜 미디어 활동에 꾸준히 투자를 해 왔는데, 펩시 펄스는 펩시 마케팅의 중심이 광고로부터 고객 인게이지먼트로 변경되고 있음을 단적으로 보여주는 것이다.

사용자 컨텐츠 생성의 기반을 제공한 큐브. 동영상 공유 사이트이자 앱인 큐브Coub는 사용자가 유튜브나 자신이 가지고 있는 동영상 등을 활

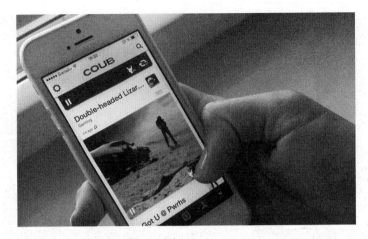
큐브: 10초짜리 동영상 공유 앱

용하여 최대 10초짜리 비디오를 만들어 다른 사람들과 공유할 수 있게 해주는 앱이다. 소비자들에게 알리고 싶은 것이 있는 브랜드들은 동영상 컨텐츠를 만들어 큐브를 통해 소비자에게 알릴 수 있다. 동영상을 만들 수 있을 뿐만 아니라 동영상에 음악을 넣어 공유할 수도 있다. 큐브는 영화, 스포츠, 만화, TV, 예술과 음악 등 주제나 토픽별로 수백 개의 채널로 분류되어 있다. 큐브의 이용자는 월 5,000만 명 정도이고, 주로 모바일과 태블릿을 통해 들어오며 큐브앱은 하루 500~700회 정도가 다운로드된다고 한다.

디즈니 스튜디오는 2014년 마블스튜디오가 만든 영화 '가디언스 오브 갤럭시Guardians of Gallaxy'를 홍보하기 위해서 짧은 비디오를 만들어 큐브에 올렸다. 비디오 컨텐츠를 많이 가지고 있는 브랜드의 경우 큐브를 활용하면 고객들을 쉽게 인게이지시킬 수 있다. 레드불과 미니쿠퍼도 큐브를 활용했다. 큐브는 소스 비디오와 연결되어 있어 소스에서 전체 동영상을 볼 수도 있기 때문에 하나의 바이럴 큐브가 소스 비디오의 수십만 뷰를 일으킬 수도 있다.

타겟에만 초점을 맞추면 다른 오류를 범할 수 있다

인터넷, 모바일, 스마트 TV 등 다양한 디지털 디바이스, 컨텐츠를 만드는 앱, 그리고 이를 주변 사람들과 공유할 수 있게 하는 소셜 미디어가 계속 발달하고 있기 때문에, 컨텐츠를 만들고 공유하는 것은 지금보다 훨씬 더 용이해질 것이다. 뿐만 아니라 계속되는 미디어의 분화와 디지털 기술의 발달로 인해 보다 다양한 형태의 아이디어와 실행방법들이 등장할 것이다. 하지만 명심해야 할 것은, 타겟과의 관련성뿐만 아니라 카테고리와의 관련성 역시 고려해야 하며, 브랜드 가치나 제품 특성에 맞는 컨텐츠를 개발하여, 핵심 고객에게 타겟화된 미디어를 통해 타겟화된 전달을 할 수 있어야 한다는 점이다. 또한 발전하는 미디어의 특성과 디지털 기술을 최대한 효과적으로 활용할 수 있는 창의적인 아이디어의 개발도 필수적이다.

벤츠의 유드라이브 프로젝트. 2014년, 벤츠는 새로운 A 클래스의 런칭을 앞두고 상대적으로 벤츠를 선호하지 않는 젊은층의 관심을 유도하고 그들을 인게이지시키기 위해 신문이나 TV 같은 전통매체가 아닌 새로운 미디어를 활용했다. 유드라이브YouDrive 프로젝트는 고객들이 광고를 보고 나서 다음 시나리오를 결정하게 하는 인터랙티브 형식의 광고였다. 유명 랩가수가 벤츠 A시리즈를 타고 질주하는데, 그를 탈출시킬 것인지 아니면 잡히게 할 것인지를 고객들이 자신의 의견을 트위터에 올려 선택하게 했다.

이러한 새로운 시도에 관심을 보인 많은 젊은이들이 트위터를 통해 자신의 의견을 올렸기 때문에 그들의 관심을 끌고 상호작용을 유발하는 데는 성공했다. 하지만 젊은층들에게 벤츠가 지향하는 고급 이미지를 구축하는 데는 크게 도움이 되지 않았다. 기존 전통 미디어를 통해 전달해 왔던 브랜드의 핵심 가치를 담아내지 못했고 단지 고객들의 참여와 상호작용에만 초점을 맞춘 프로젝트였기 때문이다. 결국 A 클래스의 판매에는 도움이 되었을지 모르지만 다른 모델들의 고급 이미지에는 부정적인 영향을 미쳤다. 톤앤매너 역시 벤츠의 고급스런 이미지와 달랐기 때문에 기존의 고객들에게는 그다지 긍정적인 평가를 얻지 못했다.

마케팅 커뮤니케이션이란 브랜드 가치를 전달하기 위한 활동이기 때문에 브랜드가 지향하는 가치를 일관성 있게 전달하는 것이 중요하다. 특히 전통적 마디어로는 고객들에게 메시지를 전달하기조차 힘든 디지털 환경에서는 일관성 있는 메시지 전달이 무엇보다 중요하다. 특히 다수의 제품으로 구성된 브랜드의 경우에는 브랜드의 핵심 컨셉이나 가치가 모든 제품에 고루 녹아들게 하여 각 제품에 대한 이미지가 일관성을 유지하도록 해야 한다. 벤츠는 A클래스를 통해 젊은층에게 어필할 방법을 찾고자 했지만, 실제로는 브랜드 이미지나 지향가치의 일관성보다는 타겟에만 초점을 맞춘 프로젝트를 진행한 것이다.

15 인게이지먼트 드라이버 5:
공유 Sharing

코카콜라는 어떻게 강한 브랜드 로열티를 구축했는가

코카콜라는 강한 고객 인게이지먼트와 로열티를 구축한 가장 대표적인 브랜드이다. 음료 카테고리임에도 불구하고 브랜드 가치가 세계 3위로 평가 받고 있다. 그렇다면 코카콜라는 어떻게 그렇게 강한 브랜드 로열티를 구축할 수 있었을까?

■ 행복한 순간을 전달하는 데 초점을 맞춘다

우리나라에서도 시행되었던 쉐어어코크Share a Coke 캠페인은 코카콜라가 최근 시행한 가장 대표적인 캠페인이고 디지털 마케팅을 대표하는 캠페인이기도 하다. 시초는 페이스북을 통해 자신의 이름을 적어 넣어 개인화된 콜라병을 주문할 기회를 제공함으로써 고객들이 참여하게 하는 캠페인이었다.
2013년 여름 시즌을 맞아 코카
콜라 영국법인에서는 코카콜라
병 로고의 한쪽 면에 코카콜라

로고 대신 영국에서 가장 많이 사용되고 있는 이름 150가지를 표기
하여, 친구, 가족 그리고 사랑하는 사람 등에게 그 사람의 이름이 적
힌 코카콜라를 전해 주고 행복한 순간들을 함께 나누자는 캠페인을
벌였다. 이 캠페인은 오길비앤매더Ogilvy& Mather 시드니 지사에서 고
안하여 2011년 호주에서 처음 런칭되었는데, 젊은 세대의 소비를
7%나 증가시켰고, 페이스북 트래픽을 87% 증가시켰다.

■ 다양한 미디어를 통합적으로 활용한다

영국에서는 2013년 4월 29일에 이 캠페인을 런칭했다. 다양한 미
디어를 활용한 많은 활동들이 전개되었는데, TV광고와 옥외광고는
물론이고 참가자들이 코카콜라 병에 자신의 이름을 새겨 넣는 경험
마케팅도 전개하였다. #shareacoke라는 해시태그를 활용하여 그들
의 이름을 친구나 가족들과 공유하도록 고객들을 독려하였다. 이 캠
페인은 고객들이 캠페인에 참여하여 사랑하는 사람과 상호작용을 하
게하고 그것을 주변 사람들과 공유하게 함으로써 코카콜라 브랜드에
대한 좋은 감정을 갖게 만들었다.

우선 TV캠페인의 효과로, 쉐어어코크 캠페인에 노출된 소비자의
코카콜라에 대한 인식이 눈에 띠게 향상된 것으로 나타났다. 코카콜
라 브랜드와 더불어 다이어트 코크Diet Coke나 코크 제로Coke Zero에
대한 인식도 향상되었다. 특히 캠페인에 노출된 18~24세 젊은층들

은 광고에 노출되지 않은 사람들보다 브랜드에 대해 훨씬 더 긍정적으로 이미지를 형성하고 있음이 확인되었다.

TV광고와 마찬가지로 소셜 미디어 캠페인에 노출된 사람들 또한 그렇지 않은 사람들과 비교할 때 코카콜라 브랜드에 대해 훨씬 더 긍정적이라는 사실이 발견되었다. TV광고를 본 사람과 트위터에서 #ShareaCoke을 접한 사람들보다 페이스북에서 캠페인을 접한 소비자들의 브랜드에 대한 인식이 월등하게(18%) 향상되었다고 한다.

과거와 달리 다양한 미디어가 존재하기 때문에 특정 미디어에만 의존하는 방식은 더 이상 유용하지 않다. 다양한 미디어를 활용하는 캠페인의 경우에는 각각의 미디어가 서로 보완적인 역할을 수행할 수 있도록 통합적으로 접근해야 한다. 그리고 미디어들마다 어떤 역할을 담당하고, 어떤 영향력을 발휘할지 정밀하게 설계해야 한다.

소셜 미디어는 사용자들이 무엇을 할 것인가를 그들의 방식대로 선택하게 한다. 그들이 언제, 어떻게 그것을 이용하더라도 개인화될 수 있고, 개개인이 스스로 창의적인 방법으로 그것을 활용할 여지를 준다. 그런 측면을 고려해 보면, 쉐어어코크 캠페인이 소셜 미디어를 선택한 것은 올바른 것이었으며, 그 효과는 기대 이상이었다.

■ 전 연령층에 맞춤화된 컨텐츠로 서로 연결되어 있음을 느끼게 한다

이 캠페인의 가장 큰 성공요인은 매우 혁신적인 방법으로 개인 맞춤화를 실현했다는 것이다. 대부분의 캠페인은 타겟 그룹을 지정하고 해당 타겟에 집중하는 반면, 쉐어어코크 캠페인은 13~60세에 이르기까지 모든 계층이 참여할 수 있게 하였고, 그들에게 개인화된 맞춤 컨텐츠를 제공했다. 자신의 이름으로 다른 사람들이 말을 걸어오

코카콜라 쉐어어코크: 한국

고, 친구 혹은 가족의 이름으로 그들에게 쉽게 말을 걸 수 있었기 때문에 연령층에 관계 없이 모든 고객들이 이 캠페인을 좋아했다.

쉐어어코크 캠페인은 고객들이 서로 개인적으로 이야기를 걸 수 있게 했으며, 그 과정에서 고객들이 브랜드 그리고 다른 사람들과 연결되어 있다고 느끼게 했다. 이 때문에 모든 연령층에게 개인화된 컨텐츠로 인식될 수 있었다. 이 캠페인은 개인화된 컨텐츠가 인게이지먼트를 강화하는 데 얼마나 효과적인지를 잘 보여주는 사례이다.

■ 국가별 문화적 특성을 반영한다

2014년 1월, 국내에도 쉐어어코크 캠페인이 도입되었다. 우리나라에서는 로고 위치에 이름을 넣는 것이 아니라 '우리 가족', '친구야', 자기야' 등의 닉네임이나 '사랑해', '잘될 거야' 등과 같은 간략한 메시지를 담았다. 상대에게 전하고 싶은 메시지와 닉네임을 코카콜라와 함께 전달할 수 있도록 한 것이다. 닉네임과 메시지를 잘 매칭하

코카콜라 쉐어어코크: 중국

면 다양한 스토리텔링이 가능하다. 한국코카콜라에 따르면, 2013년 11월에 10~30대 남녀 1,000명을 대상으로 실시한 '너의 마음을 보여줘' 설문조사를 바탕으로 닉네임과 메시지를 선정했다고 한다. 예를 들어, 새해 첫날 들었을 때 가장 기분 좋은 한마디이자 새해에 친구에게 꼭 해 주고 싶은 한마디로 '잘될 거야' 가 1위로 선정되었다.

우리나라 사람들은 자신의 이름을 공개적으로 드러내는 것을 좋아하지 않기 때문에 이름 대신 닉네임과 메시지를 활용한 것으로 보인다. 이름을 사용하는 것과 같이 개인화의 느낌이 강하지는 않았기 때문에 우리나라에서는 영국이나 호주처럼 폭발적인 효과를 기대하기는 어려웠지만, 재미 요소를 가미하여 소비자들의 관심을 유도하고 한 번쯤은 참여해 보고 싶은 욕구를 유발하기에는 충분했다고 생각된다.

중국에서는 2014년 7월에 음악을 이용한 쉐어어코크 캠페인이 전개되었다. 인터넷에서는 표현을 잘 하지만 실생활에서 서로 얼굴을 마주하면 잘 표현하지 못하는 중국 사람들의 특성을 이해하고 그들을 서로 연결하고 서로 더 많은 것을 나누게 하기 위해 코카콜라는 음악을 이용했다. 코카콜라 병에 로고 대신, 사람들의 감정을 잘 표현할 수 있는 50개의 문구를 인쇄하였다. 그 문구들은 누구나 잘 알 수 있는 노래 가사들인데, 그 문구를 스캔하면 스마트폰의 앱이 QR코드를 읽어 음악이 흘러나온다. 음악을 통해 자신의 감정을 표현할 수 있게 하여 사람들이 서로 소통하고 연결되는 경험을 만들어냈다. 결과적으로 고객과의 관련성이 강한 음악을 통해 고객들에게 잊지 못할 경험을 만들어 준 것이다.

어떻게 고객 스스로 컨텐츠를 만들고 공유하도록 유도할 것인가

유니클로의 유니클룩스 이벤트. 유니클로는 2011년부터 페이스북과 트위터를 이용해서 '유니클룩스'라는 고객 참여 이벤트를 시작했다. 유니클로 제품을 입은 자신의 사진을 올리거나, 유니클로를 입은 다른 사람들의 사진에 '좋아요'를 누르고 평가를 올리는 이벤트인데, '좋아요'를 많이 받은 사진이 위쪽에 배치되고, 매주에 한 번씩 '좋아요'를 가장 많이 받은 고객이 '이 주의 유니클로'로 선정되었다. 고객들 스스로가 모델과 스타일리스트가 될 기회를 제공하여 그들이 보다 관심을 갖고 참여하게 한 것이다.

이 이벤트에는 인게이지먼트를 유발하는 다양한 방법이 숨어 있었다. 우선 고객들의 호기심과 관심뿐만 아니라 자유로운 참여를 유발하기 위해서 참여의 수준도 단지 '좋아요'를 클릭하는 수준, 댓글을 다는 수준, 나아가 자신의 사진이나 컨텐츠를 올려 공유하는 수준으

유니클로 유니클룩스 이벤트

로 다양하게 제시했다. 또한 '좋아요' 순위를 계속 업데이트해 줌으로써 고객들의 관심을 증폭시켰다. 상위에 오른 참가 고객들은 주변 사람들에게 '좋아요'를 눌러 줄 것을 요청했고, 자연히 파급효과를 만들어냈다. 베스트 드레서로 뽑힌 고객은 친구나 동료들에게 알리기 위해 소셜 미디어를 통해 소식을 알리고 사진을 공유했다.

유니클로 스타일리스트 컨테스트. 일본에서 시행된 유니클로의 또 다른 이벤트는 페이스북을 활용한 스타일리스트 컨테스트이다. 유니클로 페이스북 페이지에 런던의 인기 브랜드인 올라 켈리Orla Kiely와 콜라보레이션한 제품의 사진을 포스팅하면, 고객들은 사진 속에 있는 아이템을 활용해 자신의 스타일링을 생각해 본 다음 포스팅된 사진에 자신의 이미지를 넣고 그 아이디어에 대한 설명을 덧붙였다. 가장 우수한 스타일링 아이디어를 선발하여 부상으로 15,000엔 상당의 올라 켈리 티셔츠와 1만 엔 상당의 핸드백을 제공했다.

이 이벤트 또한 고객들과 관련성이 높은 '스타일링'을 주제로 했고 고객들은 이 이벤트를 통해 다양한 스타일링 방법을 배울 수 있었다. 고객들이 직접 아이디어를 올리지 않더라도 제출된 아이디어를 살펴 보는 것만으로도 참여 효과를 유발할 수 있었다. 고객들은 선호하는 아이디어를 친구들과 공유하며 그에 대해 이야기했고, 그 과정에서 유니클로 브랜드에 대한 인게이지먼트가 강화되었다.

토요타 상상 속의 이동 수단. 자동차를 비롯한 이동 수단은 아이들에게 빼놓을 수 없는 관심사이다. 토요타는 2006년부터 세계 각국의 아이 들로부터 '상상 속의 이동 수단'에 대한 아이디어를 모집하여 서로 공유하게 하는 행사를 진행해 왔다. 9회째를 맞는 2014년에는 66만 개의 작품이 제출되었다. 토요타는 이 행사를 통해 세계의 모든 아이 들이 자신의 꿈을 표현하고 다른 아이들과 각자의 아이디어를 가지 고 서로 연결될 수 있는 기회를 만들어 주었다.

아이들의 창의성을 길러 주는 이 행사는 부모들에게도 토요타에 대한 긍정적인 인식을 심어 주는 계기가 되었고, 아이들뿐만 아니라 그 부모들의 인게이지먼트도 강화시킬 수 있었다.

포스트의 동영상 컨테스트. 2013년 포스트의 하니 번치즈 오브 오츠 Honey Bunches of Oats 브랜드는 음악을 주제로 한 '번치즈 오브 비츠 Bunches of Beats' 캠페인을 전개했다. 하니 번치즈 오브 오츠 브랜드는 'Smile while you shake it'이라는 새로운 시그너처 송을 만들고 이 노래에 맞는 댄스 동작을 가르쳐 주는 비디오를 선보였다. 이 시그너 처 송과 댄스를 확산시키기 위해, 소비자를 대상으로 댄스 컨테스트

토요타 '상상 속의 이동 수단' 캠페인

이벤트를 열었다. 시그너처 송에 맞추어 댄스 동작을 따라하는 동영상을 캠페인 마이크로 사이트에 올리는 이벤트였다.

이 캠페인은 특히 히스패닉 소비자를 겨냥한 캠페인이었다. 왜냐하면 하니 번치즈 오브 오츠가 히스패닉 사이에서 넘버1 시리얼 브랜드였기 때문이다. 포스트는 음악가 도미노 세인츠Domino Saints와 파트너십을 맺고 브랜드의 새로운 시그너처 송인 'Smile while you shake it'에 맞는 뮤직 비디오도 만들었다. 하니 번치즈 오브 오츠 패키지에는 춤을 추면서 박스를 흔드는 장면을 인쇄했다. 캠페인의 마이크로 사이트에는 'Smile while you shake it'에 맞춰 춤을 추는 댄스 동작을 가르쳐 주는 교습 비디오를 올려놓았다. 이것을 배워 자신이 춤추는 모습을 찍은 비디오를 마이크로 사이트나 페이스북 팬 페이지에 올리면 매주 한 명을 선정해 500달러의 상금을 지급했다. 이 행사는 31주 동안 계속되었다.

이 캠페인은 사진이나 동영상을 자유롭게 공유할 수 있는 스마트

네스퀵 버니피어 앱

폰의 특성을 효과적으로 활용한 사례로, 고객 스스로 컨텐츠를 만들고 공유하게 함으로써 더 많은 사람들을 끌어들이고 브랜드에 관심을 갖게 만들었다.

네슬레의 버니피어 사진앱. 네슬레의 네스퀵Nesquik은 2013년 모바일 사진앱인 버니피어Bunny-fier를 런칭했다. 이 앱을 다운받아 사진을 찍으면 브랜드의 심벌인 토끼의 귀가 달린 사진으로 바뀐다. 네슬레는 소비자들이 스스로 만든 이 재미있는 사진을 소셜 미디어를 통해 공유하도록 유도했다. 사진이 완성되면 공유할 수 있게 이메일, 트위터, 페이스북의 버튼이 나타났고, 사진 아래쪽에는 네스퀵의 제품 사진을 넣어 제품을 홍보하였다.

네스티에 뛰어들어라. 네스티는 아주 오래된 광고 캠페인인 '네스티에 뛰어들어라(Take the Nestea Plunge)'를 모바일 기반으로 다시 들고

네스티 'Plunge into Summer' 캠페인

나왔다. 물론 이전과는 달리 광고, 모바일/온라인 웹사이트, 소셜 컨테스트, 그리고 인스토어 QR코드 등의 디지털 도구를 모두 활용하였다. 오리지널 캠페인은 1970년대에 처음 시작해서 1990년대까지 전개되었는데, 목마른 사람이 네스티를 한 모금 마시고 뒤로 꼿꼿이 넘어져 물 속으로 빠지는 장면이 핵심이다.

캠페인은 사람들에게 오리지널 광고처럼 그들이 '여름 속으로 어떻게 빠져드는지(Plunge into Summer)'를 사진이나 동영상에 담아 인스타그램을 통해 주변 사람들과 공유하게 했다. 동영상을 올린 사람들에게는 경품 행사에 응모할 자격이 부여되었다. 이 캠페인은 6월에 시작하여 여름 내내 계속되었다.

모바일을 이용한 이유는, 영상을 업로드하기가 용이해서 더 많은 사람들이 참여하고, 더 많은 바이럴을 일으킬 수 있기 때문이었다. 네스티는 그중 일부 사진을 브랜드의 소셜 페이지와 홈페이지에 올렸고, 매장에는 행사를 알리는 QR코드를 비치해 두었다.

네스카페 빨간 머그컵 캠페인: 크로아티아

공유와 연결의 구조를 설계하는 방법

네스카페 빨간 머그컵 캠페인. 네스카페는 사람들 간의 만남과 교류의 매개라는 커피 카테고리가 갖는 본질적인 속성을 활용하는 캠페인을 전개했다. 크로아티아에서 가장 큰 두 도시에서 사람들의 눈에 잘 띠는 곳에 네스카페의 상징인 빨간 머그컵 1,000개를 매달아 두었다. 이 컵들은 4자리 비밀번호로 열 수 있는 잠금줄에 묶여 있었다. 컵을 발견하는 고객들은 페이스북의 네스카페 페이지에서 자물쇠를 풀 수 있는 4자리 코드를 받아서 자물쇠를 열고, 빨간 머그컵과 자물쇠를 미리 마련해 둔 주변의 네스카페 키오스크로 가져가면 따뜻한 커피 한 잔과 함께 컵을 추가로 하나 더 받을 수 있었다. 즉 커피를 친구와 나누어 마실 수 있게 한 것이다.

이 캠페인이 성공을 거둘 수 있었던 몇 가지 이유가 있다. 우선 혁신적이고 창의적인 방법으로 온라인과 오프라인을 결합하였고, 고객들의 소셜 미디어 커뮤니티를 효과적으로 활용했다. 이 아이디어는 네스카페의 소셜 미디어 커뮤니티의 한 고객이 생각해낸 것이라고 한다. 두 번째, 공개된 많은 장소들에서 이벤트를 진행함으로써 브랜드 가시성(Brand Visibility)을 통해 새로운 고객들에게 인지도와 친숙도를 향상시킬 수 있었다.

세 번째, 고객 인게이지먼트 드라이버들을 충실히 활용했다. 예상하지 못한 장소에서 빨간 머그컵을 발견하게 하여 관심과 흥미를 불러 일으켰고, 이벤트에 참여하도록 유도하였으며, 두 개의 머그컵을 제공함으로써 다른 사람들과 컵을 공유하고 연결될 수 있도록 하였다. 공유와 연결을 통해 커피 카테고리의 본질적인 속성을 구현하였고, '사람들을 함께 연결하는 것(Bringing People together)'이라는 브랜드 컨셉을 효과적으로 전달하면서 인게이지먼트를 유발했다.

이 빨간 머그컵은 단순한 아이콘이지만 네스카페 브랜드와 강한 연결성을 가지고 있어 사람들의 마음속에 브랜드에 대한 강렬한 인상을 심어주었다. 고객들은 소셜 미디어에 접속하여 캠페인에 참여하였고, 빨간 머그컵으로 친구들과 커피를 나누어 마시면서 더욱 가까워질 수 있었다. 캠페인을 통해 사람들은 서로 연결되었고 네스카페 브랜드에 대해 이야기했다. 이것이 바로 공유와 연결을 통한 고객 인게이지먼트라 할 수 있다.

■ 공짜로 주지 말고 참여를 통해 얻어가게 하라

브랜드 마케팅에서 뭔가를 공짜로 주는 것은 흔한 일이다. 하지만 앞에서 이케아 효과로 설명했듯이, 고객들은 공짜로 제공되는 것에 대해서는 별로 가치 있게 생각하지 않는다. 그렇기 때문에 그들에게 전달하고자 하는 메시지의 영향력도 약해진다. 하지만 네스카페의 경우처럼 스스로 페이스북에 들어가서 코드를 받고 자물쇠를 키오스크로 가져가서 교환하는 활동을 하게 하고 그러한 활동에 대한 보상을 받을 수 있게 하면, 고객들은 더 크게 가치를 느낀다. 그 과정에서 더 많은 사람들이 참여하게 되고, 캠페인을 다른 사람들과 공유하며, 더 많은 재미있는 이야기들이 만들어진다. 공짜로 받기보다 스스로 이벤트에 참여해 개인적인 경험을 하기 때문에 캠페인이 그들에게 더 큰 흥미를 불러일으킨 것이다.

행복 나누기|Share Happiness 캠페인. 이 캠페인은 쉐어어코크 캠페인의 하나로, 2013년 프랑스에서 시작되었는데, 코카콜라 캔을 돌리면

작은 두 개의 캔으로 분리되도록 디자인하여 다른 사람과 코카콜라를 나누어 마실 수 있게 하였다. 코카콜라는 흥미로운 발상으로 고객들을 즐겁게 하고 코카콜라를 통해 행복을 나눌 수 있게 하였으며, 그 행복을 코카콜라와 연결시켰다.

THE FUTURE OF

MARKETING

4부

고객 인게이지먼트의
주요 이슈와 도구들

개요
....

    4부에서는 디지털 시대의 인게이지먼트 마케팅의 주요 이슈들을 소개하고, 인게이지먼트 마케팅에 활용되는 몇 가지 새로운 마케팅 도구들을 살펴본다.

    고객 경험 측면에서 최근 중요하게 부각되고 있는 옴니 채널 전략(16장), 새로운 기업 혁신 패러다임이자 가장 높은 수준의 고객 참여 방법인 개방형 혁신(17장), 디지털 시대 마케팅의 화두이자 고객 로열티 마케팅을 지원하는 획기적인 데이터 분석 기술인 빅데이터의 활용(18장), 고객을 브랜드와 상호작용하게 하는 수단인 게임화(19장), 그리고 브랜드 통합 커뮤니케이션의 새로운 접근 방법인 브랜드 저널리즘(20장)을 다루고, 마지막 21장에서는 몇 가지 새로운 디지털 마케팅 도구들을 소개한다.

16 최상의 쇼핑 경험을 제공하는 옴니채널 전략

디지털과 모바일 환경에서 소비자 행동은 어떻게 변화하는가

최근 유통 분야에서 가장 많이 거론되는 단어가 바로 옴니채널 Omni Channel이다. 디지털로 변화된 소비자들의 행동에 대응하기 위한 전략의 하나인 옴니채널 전략은 유통 분야에서 먼저 거론되기 시작하면서 새로운 유통채널 전략으로 인식되기 시작했다. 하지만 옴니채널의 이슈가 발생하게 된 것은, 디지털 기술과 모바일 기술이 발달하면서 소비자의 쇼핑과 구매 행동이 변화했기 때문이다.

소비자가 정보를 얻고 제품이나 서비스를 구매하고 이를 반품하는 일련의 구매 프로세스에서 온라인과 오프라인의 구분이 없어졌다. 매장에서 정보를 얻고 온라인에서 구매를 하거나, 온라인에서 정보를 얻고 매장에서 구매를 하는 등, 정보를 얻는 채널과 구매를 하는 채널의 구분도 없어졌다. 이처럼 디지털 기기를 활용하여 언제 어디서나 정보를 찾고 쇼핑을 하는 소비자의 구매 행동을 정의하는 용어가 바로 옴니채널이다. 그리고 이러한 변화된 소비자의 쇼핑 및 구매 행동에 대응하기 위한 전략이 바로 옴니채널 전략이다.

■ 정보채널과 유통채널의 통합

유통업자나 일부 마케터들은 이것을 유통채널에 관한 이슈라고 생각하지만 소비자의 행동변화를 감안하면 그렇지 않다. 옴니채널은 고객과 고객의 행동에 관한 것이다. 오늘날 고객들은 모바일폰으로 언제 어디서나 쇼핑을 할 수 있다. 쇼핑이란 단지 제품을 구매하는 것만이 아니라 그 이상의 의미를 담고 있다. 새로운 것을 찾아내고, 어떤 것이 더 필요하거나 잘 어울리는지 결정하고, 대안들을 찾아보고, 가격을 비교하고, 사람들이 남긴 평가를 찾아보고, 가장 바람직한 대안을 결정하고 나서 구입행동을 하는, 이 모든 프로세스가 포괄적으로 관련된 개념이 바로 쇼핑이다.

고객의 구매 여정에는 구매하는 채널뿐만 아니라 정보를 찾아보는 채널들도 포함되어 있기 때문에 옴니채널의 영역에는 구매채널로서 웹이나 오프라인 매장뿐만 아니라 정보채널로서 웹, 소셜 미디어 그리고 전통적인 커뮤니케이션 채널과 툴들이 모두 관련되어 있다.

따라서 옴니채널 전략은 변화된 소비자 행동에 맞게 다양한 정보채널과 다양한 유통채널을 유기적으로 통합 운영하여 소비자들이 시간과 장소에 구애받지 않고 제품에 대한 다양한 정보를 수집하고 다양한 채널을 통해 이들을 비교하게 하여, 소비자 입장에서 가장 합리적이라고 판단되는 제품을 가장 편리한 채널을 통해 구매하게 하는 통합 마케팅 전략이라 할 수 있다.

옴니채널 전략은 기본적으로 유통과 정보의 온오프라인을 통합하여 상호 보완적 역할을 수행하게 하고 모든 정보채널과 구매채널에서 일관된 고객 경험을 제공하는 것을 목표로 한다. 유통채널 전략으로서 옴니채널 전략은 온라인과 오프라인 매장을 하나의 채널처럼 통합적으로 운영하고 관리하여, 구입, 픽업, 반품 등을 어느 채널, 어느 매장에서도 가능하게 한다. 커뮤니케이션 전략으로서 옴니채널 전략은 기본적으로 커뮤니케이션 프로그램을 통합적으로 운영하여 각 채널을 동일한 컨텐츠로 연결하고, 고객에게 필요한 정보를 인스토어에서 직접 제공하는 등 고객들의 쇼핑 여정을 보다 편리하게 하는 것이다.

■ 멀티채널의 진화

온라인과 모바일 쇼핑의 활성화는 유통에 있어서 멀티채널 구조를 탄생시켰다. 하지만 멀티채널 구조에서 각 채널은 독립적으로 운영되었다. 동일한 브랜드를 판매하는 채널들조차도 서로 경쟁하였고 가격도 서로 다를 뿐만 아니라 재고관리 시스템도 분리되어 있었다. 오프라인 매장에 재고가 있어도 온라인 매장에 재고가 없으면 판매하지 못하기 때문에 기업 입장에서 볼 때 상당한 비효율이 발생했다. 이러한 멀티채널의 비효율성을 개선하기 위한 노력으로 등장한 것이 유통 측면에서의 옴니채널이다.

멀티채널과 옴니채널의 가장 큰 차이점은 채널 운영상의 통합성이다. 옴니채널은 멀티채널과 달리, 경쟁적 관계가 아니라 보완적 관계로 채널 간 관계를 재정립했다. 즉 오프라인과 온라인 매장이 경쟁하는 것이 아니라, 동일한 가격의 동일한 제품을 소비자가 온라인과 오프라인을 드나들며 언제 어디서든 정보를 얻고, 어디서든 구매하고, 어디서든 반품할 수 있게 한 것이다. 그 결과 소비자들의 편리성이 강화되고 기업의 비효율성도 개선되었다.

■ 옴니채널이 중요하게 부각되는 또 하나의 이유

그동안 소비를 주도해 왔던 베이비붐 세대(1946~1964년 출생)의 구매력이 약화되고 디지털 환경에 익숙한 밀레니엄 세대(1980~2000년 출생)가 소비 주체로 부상하고 있다. 이들은 태어나면서부터 디지털 세상을 접하고 스마트폰에 익숙하기 때문에 그들의 소비 행동과 구매 프로세스를 따르지 않으면, 소비 주체가 될 이 세대를 향한 경쟁에서 뒤질 수밖에 없다.

이미 구매채널로서 온라인과 모바일의 비중 증가는 전 세계적인 추세이고, 오프라인에서 상품을 확인한 다음 온라인에서 구매하는 쇼루밍족과 온라인에서 정보를 얻고 오프라인에서 구입하는 역쇼루밍족 같은, 정보채널과 구입채널이 서로 다른 크로스오버 쇼퍼들이 급속도로 늘어나고 있다.

2014년 전 세계 3만 명의 소비자를 대상으로 한 IBM의 조사에 따르면, 비식품의 경우 오프라인 매장에서 구입하는 비율이 2013년 84%에서 2014년에는 72%로 떨어져, 온라인 쇼핑의 비중이 그만큼 늘어났다. 전체 소비자 중 29%가 온라인이나 모바일로 제품을 구입한다는 것이다. 80%의 소비자들은 구입하지는 않지만 온라인이나 모바일을 이용하여 정보를 얻고 있다. 이제 소비자들, 특히 밀레니엄 세대의 소비자들은 어느 채널에서나 정보를 얻고 어느 채널에서나 구입을 하는 상황이 되었다.

이것이 바로 오늘날 소비자들의 쇼핑 행태라는 점을 인정해야 한다. 온오프라인을 넘나드는 쇼핑 행태는 밀레니엄 세대가 소비자의 주체가 되는 향후에는 지금보다 훨씬 더 강해질 것이다. 그리고 기업이 경쟁력을 갖기 위해서는 그들이 원하는 패턴으로 정보와 유통구조를 변화시키지 않으면 안 된다.

밀레니엄 세대의 소비자들은 온라인에서 구매한 상품을 가까운 오프라인 매장에서 반품할 수 있기를 원한다. 오프라인 매장에 재고가 없으면 집에서 택배로 받아 보길 원한다. 배송 과정은 인터넷이나 모바일로 언제든 확인이 가능해야 한다. IBM의 조사결과에 따르면, 소비자들이 유통에 대해 바라는 것은 다음과 같다.

1. 주문 내역에 대한 실시간 추적
2. 모든 채널에서 동일한 가격과 상품 구성
3. 매장 비재고 물품의 다음 날 즉시 배송
4. 모든 채널의 로열티 프로그램 통합
5. 온라인 구매 상품의 오프라인 반품

이러한 소비자들의 니즈를 충족시키기 위해서는 다양한 채널을 통합적으로 운영하여 소비자들에게 끊김없는(Seamless) 일관된 고객 경험을 제공하는 '옴니채널' 전략이 필수적이다.

■ 소비자 중 67%가 크로스오버 쇼퍼이다

칸타월드와이드 패널이 2014년 우리나라 소비자 1,500명을 대상으로 쇼핑 스타일을 조사한 결과, 67%가 이미 크로스오버 쇼퍼임을 확인했다. 이 조사에 의하면 쇼루밍을 많이 한다고 여겨지는 의류, 패션, 잡화, 가전 등 고관여 제품뿐만 아니라 영유아용품, 식료품이나 생활용품 등 일상 소비재 제품을 구매할 때도 소비자들은 활발하게 쇼루밍 혹은 역쇼루밍을 하는 것으로 나타났다. 쇼루밍만 하는 순수 쇼루머가 18%, 역쇼루밍만 하는 순수 역쇼루머가 9%, 쇼루밍과 역쇼루밍을 모두 하는 옴니쇼퍼가 40%로, 쇼루머, 역쇼루머, 옴니쇼퍼를 합한 크로스오버 쇼퍼가 67%를 차지한다.

크로스오버 쇼퍼의 비중은 식품이 60%, 생활용품이 72%, 개인용품이 68%, 화장품이 68%, 영유아용 제품이 81%로, 제품 카테고리에 따라 다소의 차이는 있지만 전반적으로 크로스오버 쇼퍼가 절대적인 비중을 차지하고 있다. 또한 쇼루밍과 역쇼루밍을 모두 하는 옴니쇼퍼는 단일 채널을 활용하는 전통 쇼퍼보다 소비 지출액이 1.6배 높아 소비지출을 가장 많이 하는 핵심 쇼퍼인 것으로 드러났다.

모바일쇼핑 경험율은 2014년에 이미 54%에 달했고, 20~30대는 70% 이상, 40~50대도 각각 42%, 29%가 모바일 쇼핑을 경험했다고 한다. 온라인 쇼핑 경험율은 이미 90%를 넘어섰고 연령별로는 20~30대가 99%, 40대는 86%, 50대도 68%에 이른다. 온라인과 모바일은 20~30대가 주도하고 있지만 40~50대도 온라인과 모바일에 빠르게 친숙해지고 있는 것으로 드러났다.

이러한 시장 환경의 변화에 대응하기 위해서는 소비자들의 쇼핑 여정을 이해하고 그들에게 최상의 경험을 제공하기 위한 방법을 찾아야 한다. 쇼루밍족도 만족시키고 역쇼루밍족도 만족시키기 위해서는 다양한 채널에서 고객들이 일관되고 불편함이 없는 쇼핑 경험을 할 수 있게 해야 한다.

결과적으로 고객들의 다양해진 니즈를 충족시키기 위해서 옴니채널 전략이 부상하고 있다. 이전의 전략이 오프라인에서 온라인, 그리고 모바일 채널로 고객들이 이전되고 있다는 것을 전제로 하였다면, 이제는 고객들이 여러 채널을 동시에 서로 다른 목적으로 사용하고 있다는 것을 전제로 한 채널 전략을 수립해야 한다.

옴니채널 전략의 기본 요건

그렇다면 옴니채널 전략이 갖추어야 할 기본 요건은 무엇인가?

첫 번째 요건은 채널의 통합이다. 유통채널뿐만 아니라 정보채널 또한 통합되어야 한다. 정보채널의 통합은 모든 정보채널이 일관성 있는 커뮤니케이션을 하는 것이다. 각 채널이 각자의 특성을 충분히 발휘하면서도 상호 보완적인 역할을 담당하도록 설계해야 한다. 유통채널의 통합 역시 각 채널이 상호 보완적인 역할을 수행하면서 함께 성장하는 것이다. 채널의 통합을 통해서 고객들이 각 채널을 편리하고 효율적으로 이용할 수 있는 구조를 제공해야 한다.

두 번째 요건은 모든 채널에서 일관된 고객 경험을 제공해야 한다는 것이다. 어느 채널에나 동일 가격, 동일 품질의 상품이 구비되어 있어야 한다. IBM의 조사 결과에 따르면, 소비자들은 일관된 브랜드 경험이 매우 중요하다고 인식하고 있고, 옴니채널을 경험한 소비자의 86%가 단일 채널보다 옴니채널을 이용할 때 더 많이 지출한다고 응답했다. 옴니채널 소비자들은 손가락 하나로 모든 것을 이용할 수 있기를 기대하고 어느 채널에서든 동일한 브랜드 경험을 할 수 있기를 기대한다. MIT의 최근 리포트에 따르면, 오프라인 매장에서 쇼핑하는 사람의 80%가 온라인에서 구입하고 그중 1/3은 매장에서 쇼핑을 하면서 모바일 기기로 정보를 탐색한다고 한다. 결국 소비자들은 다양한 방법, 다양한 채널을 통해 그들의 경험을 만들어간다는 것이다. 정보채널과 구매채널의 경계가 무너졌고 온라인 채널과 오프라인의 경계도 무너진 것이다.

세 번째 요건은 고객 중심 체제로 완전 전환하는 것이다. 매장 중심 디자인에서 소비자 중심 디자인으로, 매장 중심 스토리텔링에서 유기적으로 연결된 다채널 기반의 브랜드 중심 스토리텔링으로, 판매 중심 재고관리에서 고객수요 중심 재고관리로, 채널 요구에 최적화된 시스템에서 고객 요구에 최적화된 시스템으로 전환해야 한다.

유통채널 전략으로서 옴니채널 전략

이제 유통채널의 프로모션이나 마케팅 활동은 특정 채널에 한정된 활동이 아니라 브랜드를 중심으로 한 통합적인 활동으로 전개되어야 한다. 왜냐하면 고객들이 그들의 쇼핑 여정상의 각 접점을 별도로 인식하기보다는 전체 접점을 하나의 브랜드로 인식할 것이기 때문이다. 채널 또한 다르지 않다. 각 채널을 별도의 독립된 채널로 인식하기보다는 모든 채널을 브랜드를 중심으로 하나의 채널로 인식하게 될 것이다. 따라서 효과적인 옴니채널 전략을 개발하기 위해서는 고객이 쇼핑 여정에서 각 접점과 각 채널을 어떻게 활용하는지에 대한 명확한 이해가 우선 필요하다.

디지털 시대의 소비자 행동에서 각 접점이나 각 채널은 독립적이거나 서로 대체 관계에 있는 것이 아니라, 전체 쇼핑 여정에서 상호 보완적인 역할을 담당한다. 고객마다 이용하는 채널은 다를 수 있겠지만, 어떤 채널은 정보채널로, 어떤 채널은 구매채널로, 또 어떤 채널은 반품채널로 이용할 것이다. 이처럼 여러 채널을 동시에 활용하는 고객에 대응하기 위해서는 각 채널을 별개의 채널로 생각해서는 안 되며, 어느 한 역할에 국한해서도 안 된다. 각 채널은 서로 연결되어 있어야 하고, 세 가지 역할을 모두 담당할 수 있어야 한다.

세계 최대의 소매업계 단체인 전미소매업협회National Retail Federation는 2015년 10월, 옴니채널 소매지수Omnichannel Retail Index를 개발하여, 옴니채널 상거래가 일어나는 주요 소매 분야 120개의 소매업체를 대상으로 옴니채널 이행 수준을 평가하고 그 결과를 발표했다. 평가 기준은 5가지 카테고리인데, 우선 채널 간 제품 구색이 동일한가, 고객이 다양한 기기나 플랫폼으로 접근할 수 있는가, 얼마나 많은 고객이 로열티 마케팅 프로그램에 가입하고 있는가, 그리고 나머지 2가지는 배송과 반품에 관한 것이다. 결과적으로 전미소매업협회 역시 이 5가지를 옴니채널의 핵심 방향성으로 보고 있는 것이다.

■ 모든 채널들을 연결하여 하나의 채널로 인식하게 하라

미국 최대의 백화점 체인인 메이시스Macy's는 2014년 9월부터 온라인에서 구매한 고객이 오프라인 매장에서 제품을 픽업할 수 있게 하는 서비스(Buy Online Pickup In-Store: BOPIS)를 런칭했고, 서비스에 제공되는 품목 수와 지역을 점차 확대해 가고 있다. 또한 온라인이나 모바일에서 구매한 제품을 당일 배송하는 서비스를 미국 8개 도시에서 시행하고 있다. 2011년부터 이미 RFID를 도입하여 통합적이고 체계적인 매장 재고관리를 통해 고객의 불편을 줄이고 판매의 효

buy online
pick up
in store

new!
pick up in-store

Now, you can place an order online and pick it up
at your nearest Macy's store—at no additional cost!

메이시스: 유통 채널의 통합

율성을 강화하기 시작했다.

미국의 대표적인 종합 유통체인인 타겟Target도 2013년부터 모바일이나 웹에서 구매한 상품을 고객이 지정한 스토어에서 찾아갈 수 있게 하는 서비스를 시작했다. 이 서비스를 통해 고객의 시간을 절약해주고 온라인과 모바일을 이용하는 고객들이 매장을 방문하도록 유도하여 매장에서의 경험을 강화하고 있다. 롯데백화점도 2014년 11월부터 온라인으로 구매한 상품을 오프라인 매장에서 찾아갈 수 있는 픽업 데스크를 운영하고 있다. 본점을 시작으로 차츰 서비스 지역을 넓혀가고 있다. 이 픽업 서비스는 24시간 운영되며, 고객이 원하는 시간에 상품을 찾아갈 수 있다.

이러한 서비스는 고객의 시간을 절약할 수 있게 하고 온라인과 모바일을 이용하는 고객들의 매장 방문을 유도하여 매장에서의 경험을 강화하는 효과를 기대할 수 있다. 이처럼 온라인과 모바일을 매장과 연계하는 것은 이들을 통합적인 하나의 채널로 인식하게 하고 고객들에게 끊김없는 쇼핑 경험을 제공한다.

■ 전 채널에 적용되는 통합적인 프로그램을 운영하라

이러한 전략을 실행하는 데는 많은 어려움이 있다. 온라인 채널의 통제력 문제, 기존 채널을 변화시켜야 하는 문제, 점포별로 독립적으로 운영되어 오던 구조를 변경시켜야 하는 문제 등 다양한 문제가 산재해 있다. 메이시스의 예를 보면 이러한 문제를 극복하는 데 도움이 될 수도 있다.

메이시스는 2014년 블랙 프라이데이Black Friday를 맞아, 고객들이 메이시스의 각 매장별로 서로 다른 특가 상품을 찾아보고 쇼핑할 수 있게 하는 모바일 앱을 런칭했다. 비록 점포 간 제품 구색이나 특가 상품을 통합하지는 못했지만, 앱에 기반한 통합 프로그램을 갖게 되었다. 이 앱에서 고객들은 특가 상품 정보를 확인할 수 있고, 쇼핑리스트를 작성할 수 있으며, 특가 상품을 어느 점포에서 살 수 있는지 확인할 수 있다. 특히 특가 상품과 구입 가능한 매장 정보를 연동하여, 각 매장을 지원하는 역할을 한다는 점에 주목할 필요가 있다.

메이시스 입장에서는 재고가 없어서 구입하지 못하는 고객의 불편을 덜어 주고 고객들의 쇼핑을 보다 편리하게 하는 경험을 제공할 수 있다. 또한 각 매장으로 고객을 분산시킴으로써 특정 매장에 고객이 쏠림으로 인한 불편을 해소할 수 있고 각 매장의 매출을 분산시키는 효과를 거둘 수 있다. 물론 이러한 편의를 제공하기 위해서는 각 매장의 재고를 통합적으로 관리하는 옴니채널 시스템이 구축되어야 한다. 대부분의 유통체인이나 브랜드샵의 경우, 직영매장을 제외하고는 채널별로 독립적인 사업자가 운영하기 때문에 옴니채널 전략을 시행하기에 많은 어려움이 있다. 메이시스와 같이 먼저 고객의 편리성을 강화하는 통합적 프로그램 운영해 본 다음 이를 확대하는 단계적 접근을 고려해 볼 수 있을 것이다.

■ 인스토어에서 색다른 경험을 제공하라

월마트 앱의 인스토어 모드. 인스토어 경험이 고객들의 쇼핑경험에서 중요한 비중을 차지함에도 불구하고, 자사 앱에 인스토어 모드를 제공하고 있는 유통점은 열 곳 중 한 곳에 불과하다. 월마트는 이미 오래전부터 인스토어 경험의 중요성을 인식하고 모바일 앱을 통한 인스토어 경험 향상에 많은 노력을 기울이고 있다. 월마트의 앱은 고객이 매장 주변으로 다가오면 앱이 인스토어 모드로 전환되어 고객이 매장 내 지도를 보고 원하는 아이템을 쉽게 찾을 수 있게 해 준다. 모바일을 통해 고객의 쇼핑 경험을 간소화하고 편리하게 해 주며, 고객에게 어떤 채널이든 편리한 채널을 활용할 수 있게 한 것이다.

블루밍데일의 스마트 피팅룸. 미국의 고품격 백화점 체인인 블루밍데일은 피팅룸 내에 벽 높이의 태블릿을 설치하여 고객이 한 번만 옷을 입어 보면 저장된 영상을 활용하여 원하는 다른 색상, 다른 스타일의 옷을 입은 모습까지 보여주는 새로운 기술을 도입하였다. 옷을 여러 번 갈아입지 않고도 자신의 모습이 어떻게 비치는지를 경험할 수 있게 해 주고 완벽한 모습을 연출할 수 있도록 다른 아이템들도 추천하여 함께 보여준다. 버튼 하나만 누르면 직원을 불러 도움을 받을 수도 있다.

그리고 무엇보다 중요한 것은 고객들이 이러한 색다른 경험을 페

블루밍데일 스마트 피팅룸

이스북이나 인스타그램 등을 통해 주변 사람들과 실시간으로 공유할 수 있게 하여 많은 사람들의 관심을 유발한다는 것이다. 블루밍데일은 2014년 9월에 유통체인으로는 처음으로 모바일 결제 시스템인 애플페이를 도입하여 고객의 편의성과 지불 안전을 더욱 강화하였다.

세포라의 버추얼 메이크업 거울. 화장품 및 미용용품 전문 유통체인인 세포라Sepora는 고객들이 선택한 제품의 색깔과 스타일이 자신에게 어울리는지 확인해 볼 수 있도록 버추얼 메이크업 거울을 설치했다.

각 개인에게 개인화된 경험을 제공함으로써 개인적인 차원의 인게이지먼트를 유발할 뿐만 아니라 고객의 반복적인 방문을 유도할 수 있기 때문에 그들과 장기적 관계를 형성할 수 있다.

■ 매장에서 고객이 필요로 하는 모든 정보를 제공하라

메이시스 백화점은 고객들의 편의성을 강화하기 위해 다양한 앱을 개발하여 제공하고 있다. 고객이 특정 아이템의 사진을 스캔하여 입력하면 동일한 아이템이나 유사한 아이템을 찾아주는 메이시스 이미지 서치Macy's Image Search 앱도 그중 하나이다.

버버리는 드레싱룸에서 거울 가까이로 제품을 가져가면 제품에 관한 비디오 컨텐츠가 디스플레이 되도록 제품에 RFID칩을 부착했다. 옷걸이에 RFID칩을 부착하여 고객이 옷걸이를 들면 옷걸이에 걸린 제품에 관한 일련 정보가 스크린에 나타난다.

미국의 종합 유통 체인인 타겟Target은 아이폰 앱에 인스토어 모드를 추가하여 온라인과 매장에서의 경험이 서로 연결되도록 했다. 고객이 앱을 열면 해당 매장에 관련된 컨텐츠나 광고를 보여주고 제품 위치도 알려준다. 고객은 앱에 쇼핑 리스트를 작성하여 그 기록을 남겨 둘 수도 있다. 이 과정에서 타겟은 고객이 매장 내에서 어디를 방문하는지, 어떤 아이템을 주로 찾는지에 관한 정보를 수집하여 매장을 개선하거나 보다 개인화된 서비스를 제공하는 데 활용할 수 있다.

커뮤니케이션 전략으로서 옴니채널 전략

기존 전통 매체와 디지털 매체의 특성을 적절히 활용하면서 이들을 통합적으로 운영한다면 브랜드 커뮤니케이션 효과를 극대화할 수 있다. 소비자들의 쇼핑 여정에서 구매를 유도하고 고객들의 구매 편리성과 최고의 구매 경험을 제공하는 통합 커뮤니케이션 사례들을 통해 커뮤니케이션 전략으로서 옴니채널 전략에 대해 알아보자.

■ 모든 채널에서 일관성 있는 통합적 커뮤니케이션을 전개하라

2008년 금융위기 이후 명품업계들도 심각하게 경기침체의 영향을 받았다. 기존의 주 구매 타겟이던 베이비붐 세대의 구매력은 급격히 하락하였고 기업들은 생존을 위해 미래의 핵심 소비층이 될 밀레니엄 세대로의 타겟 전환이 절실히 필요했다. 이미 구매력을 가지고 있거나 구매 잠재력을 가지고 있는 이들은 디지털 미디어에 익숙한 소비층이기 때문에 이들과 적극적으로 소통하고 공략하기 위해서는 전략의 변화가 필요했다.

버버리의 디지털 변신. 세계적인 명품 브랜드인 버버리는 2년간의 혁신을 거듭한 결과, 디지털로 혁신한 가장 대표적인 패션 브랜드가 되었다. 그러한 변화의 상징적인 결과물 중 하나로, 버버리는 런던의 레전트스트리트에 디지털로 통합된 27,000제곱피트 규모의 플래그십 스토어를 선보였다. 플래그십 스토어를 만든 주된 목적은 웹사이트인 버버리닷컴의 디지털 경험을 현실 공간으로 가져와 온라인과 오프라인에서 일관성 있는 경험을 제공하려는 것이었다.

플래그십 스토어 안은 대형 스크린들로 채워져 있는데, 스크린을 통해 패션쇼 장면을 생생하게 보여주면서 버버리 브랜드의 역동적인 변화 모습을 연출한다. 버버리의 CEO 안젤라 아렌트Angela Ahrandts는 "우리의 문으로 들어오는 것은 마치 웹사이트로 걸어 들어오는 것과 같다"고 말했다. 전통적인 VIP 마케팅에 집중하던 세계적인 명품 브랜드 버버리 역시 시대의 변화에 부응하여 디지털 미디어에 엄청난

버버리 런웨이 모바일 생중계: 2014 봄/여름 컬렉션

투자를 하기로 결정한 것이다.

버버리는 신상품을 선보이는 런웨이에서부터 온라인, 오프라인 매장에 이르기까지 소비자와 만나는 모든 접점을 통합적으로 운영한다. 전통적인 VIP 마케팅에서 탈피해 온라인과 모바일을 통한 가상 체험을 제공하고, 소셜 미디어를 활용하여 잠재고객을 공략하는 등 새로운 고객층을 끌어들이기 위해 노력하고 있다. 2013년 10월에 있었던 2014년 봄/여름 컬렉션 장면을 모바일을 통해 생중계하였을 뿐만 아니라 버버리 웹사이트를 통해 패션쇼 준비 장면부터 모델들의 워킹 장면 하나하나까지 생생하게 볼 수 있게 했다. 버버리는 또한 런웨이에 대한 소비자들의 반응을 실제로 판매될 물량을 예측하는데도 활용했다. 고객의 참여를 유도하여 그들을 인게이지시키기 위해서 온라인에 '아트 오브 더 트렌치'라는 사이트를 열어 소비자들이 버버리 코트를 입은 사진을 스스로 업로드하게 하여 150년 전통을 가진 버버리 브랜드가 밀레미엄 세대와 소통하는 장을 만들었다.

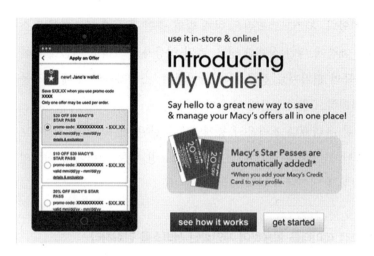

메이시스 월렛 앱

버버리는 고객들의 적극적인 상호작용을 유발하기 위해 소셜 미디어를 통해 브랜드에 관한 소식을 알리고 고객의 목소리를 들으려고 했다. 또한 옴니채널 전략의 일부로서 상징성이 강한 옷과 액세서리들을 여러 채널에 동시에 출시했다. 다양한 디지털 솔루션들을 활용하여 전 세계의 젊은 고객층의 인게이지먼트를 강화하고 이들을 유인하는 데 집중했다.

■ 새로운 아이디어로 고객의 편의성과 최상의 경험을 제공하라

메이시스 월렛Macy's Wallet은 메이시스가 제공한 이벤트 정보나 쿠폰 등을 모바일 가상공간에 저장해 두고 사용할 수 있게 하는 앱인데, 모든 것을 한 곳에 모아두고 언제든 어떤 기기로든 꺼내 볼 수 있게 하였다.

세계적인 홈쇼핑 채널인 QVC는 세컨드스크린이라는 태블릿용 앱을 내놓았다. 세컨드스크린은 현재 방영 중인 홈쇼핑 프로그램에 소개되는 제품에 대한 상세한 정보, 추가 영상자료 그리고 제품에 대한 소비자들의 평가자료 등을 함께 제공하여, 소비자들의 구매 여정을 보다 편리하고 만족스럽게 해 준다.

이처럼 옴니채널 전략은 유통채널에 국한된 이슈가 아니라, 정보 검색에서 구매에 이르기까지 소비자의 쇼핑 행동 전반에서 최상의 쇼핑 경험을 제공하기 위한 것이다.

■ 고객 데이터를 활용하여 개인화된 서비스를 강화하라

2011년부터 이미 기업들은 RFID를 활용한 통합적이고 체계적인 매장 재고관리를 통해 고객의 불편을 줄이고 판매 효율성을 강화하기 시작했다. 중장기적인 관점으로 볼 때, 옴니채널의 방향성은 빅데이터의 활용이다. 옴니채널이 활성화되면 차츰 고객 접점에서 고객과의 상호작용을 통해 얻은 데이터를 적극 활용하고, 이를 외부 데이터나 소셜 미디어 컨텐츠와 결합해서 고객을 종합적인 시각으로 분석하여 고객에게 최상의 개인화된 서비스를 제공할 수 있을 것이다.

고객은 유통업체나 브랜드들이 그들의 구매 여정을 명확히 이해하여 개인화된 추천이나 서비스를 제공해 주기를 기대할 것이다. 옴니채널 전략을 통해 다양한 소스로부터 수집한 많은 데이터들을 하나의 플랫폼으로 통합하는 시스템을 구축하는 것이 고객들에게 보다 나은 경험을 제공하는 데 있어 중요한 원천이 될 것이다.

17 새로운 기업혁신 패러다임:
개방형 혁신 Open Innovation

개방형 혁신의 개념과 유래

개방형 혁신은 가장 높은 수준의 고객 참여 방법이다. '개방형 혁신'이라는 용어는 1960년대에 처음 나왔지만, 본격적으로 활용된 것은 2003년 캘리포니아 대학 교수인 헨리 체스브로Henry Chesbrough의 『개방형 혁신Open Innovation』이라는 책이 발간되면서부터이다. 이 개념은 지금껏 기업 내부적으로 이루어져 왔던 혁신을 기업 외부에서 만들어내는 것을 의미한다.

개방형 혁신은 기업이 혁신적인 제품이나 서비스를 만들기 위해 외부의 원천으로부터 아이디어를 구하거나, 내부의 지식과 기술을 외부에 공개하여 외부 전문가들이 새로운 기술과 가치를 만들어내게 하는 혁신 패러다임이라 할 수 있다. 기업은 소비자든 외부 전문가든 외부의 파트너들과 함께 혁신적인 아이디어를 만들어내고, 이에 대한 리스크와 보상을 그들과 함께 나눈다. 기업은 혁신이 보다 쉽게 내부로 혹은 외부로 이전될 수 있도록 문턱을 낮추어야 한다.

개방형 혁신은 내부의 자원이나 역량에만 의존하지 말고 기업 외부의 다른 사람이나 다른 기업들이 가진 아이디어나 특허 혹은 발명들을 활용하여 혁신을 이루어내자는 생각에서 출발한다. 또한 내부적으로만 활용되고 있는 아이디어나 발명들을 외부에 제공함으로써 더 큰 가치를 만들어내거나 또 다른 사업 기회를 모색하자는 것이다.

■ 크라우드 소싱 및 공동 창조

개방형 혁신은 2006년 제프 호우Jeff Howe가 만든 크라우드 소싱 Crowd-sourcing과 유사하다. 크라우드 소싱은 군중crowd과 아웃소싱 outsourcing의 합성어로 인터넷을 통해 대중으로부터 아이디어를 얻고 이를 기업 활동에 활용하는 방식을 말한다. 네트워크와 공유의 시대에 발맞추어 기업들은 적극적으로 외부에서 아이디어 원천을 찾아내고 지속적으로 아이디어를 얻어내기 위해 외부 네트워크를 구축해야 하며, 이것이 바로 미래의 핵심 경쟁력이 될 것이라고 한다.

혁신적인 제품 개발은 지적재산권이나 소유권과 관련되기 때문에 지금껏 기업 내부에서 비공개적인 형태로 관리되면서 행해져 왔다. 하지만 이미 몇몇 기업들은 하청업체, 부품 공급업체 등 관계사, 판매상이나 산학협동 등을 통해 신상품 개발을 위한 혁신적인 아이디어를 얻어 왔다. 기업의 마케터들 역시 고객으로부터 신상품 아이디어를 직접 구하는, 보다 열린 형태의 혁신을 도모하고 있다.

원료 공급업자와 전문가들이 네트워크를 형성하고 상호작용을 통해 혁신적인 신상품을 개발하도록 개발 과정을 그들에게 일임하기도 하고, 때로는 이러한 과정에 고객을 참여시키기도 한다. 만약 기업이 기업 내부, 관계사, 전문가 그리고 고객과 함께 유기적으로 협업할 수 있는 여건을 만들어 낼 수 있다면, 현재보다 훨씬 빠른 시간 내에 비용을 적게 들이고도 신제품에 대한 아이디어를 얻을 수 있을 것이다. 이것이 바로 공통적인 관심을 가진 다양한 집단이 융화하여 혁신을 만들어내는 공동 창조(Co-Creation) 모델이다.

공동 창조 역시 개방형 혁신의 한 개념으로, 외부 전문가나 소비자가 협력하여 창의적인 결과물을 공동으로 창조한다는 점을 강조한 것이다. 따라서 크라우드 소싱은 개방형 혁신과 유사한 개념이고 공동 창조 역시 개방형 혁신의 일부로 이해할 수 있다. 따라서 이 책에서는 공동 창조의 개념을 개방형 혁신의 틀 안에서 설명하기로 한다.

앞에서 설명했듯이, 개방형 혁신은 크게 두 가지 서로 보완적인 유형이 있다. 먼저 외부의 아이디어와 기술을 활용하는 아웃사이드 인 outside-in 유형은 기업이 폭넓은 외부 아이디어의 원천을 확보하고 이를 적극적으로 받아들이는 유형이다. 반대로 인사이드 아웃Inside-out 유형은 내부의 아이디어나 기술을 다른 개발자나 비즈니스가 활용할 수 있도록 공개하는 것이다. 내부 기술을 공개한 기업은 라이선싱 등을 통해 외부 개발자나 비즈니스로부터 해당 기술을 활용한 대가를 받아 수익을 창출한다.

■ P&G의 커넥트 앤 디벨롭 플랫폼

우선 개방형 혁신과 공동 창조가 어떻게 실제로 활용되고 있는지 알아보자. 개방형 혁신 하면 가장 먼저 떠올릴 수 있는 기업이 바로 P&G이다. 2000년까지만 해도 P&G 역시 다른 기업들과 마찬가지로 새로운 제품이나 서비스 개발은 내부 역량이나 신뢰할 만한 공급업체의 네트워크에만 의존해 왔다. 또한 P&G가 개발한 제품이나 기술 그리고 노하우들은 P&G의 제품을 개발하고 판매하는 데만 사용되었고, 외부 기업이나 기관에 사용 허가를 해주는 일은 거의 없었다. 디지털 기술의 발달과 함께 세상이 점점 더 서로 연결되고 있기 때문에, 2000년경부터 P&G는 각 분야에서 전문성을 가진 수백만 명의 과학자, 엔지니어 그리고 다른 기업들과도 협력할 수 있다는 것을 깨닫고 개방형 혁신을 추진하게 되었다. 그 결과로 태어난 것이 공동 창조, 크라우드소싱 등을 기본 개념으로 담고 있는 개방형 혁신 플랫폼인 커넥트 앤 디벨롭(C+D)이다. P&G는 커넥트 앤 디벨롭을 통해 전 세계의 소비자들뿐만 아니라 많은 다른 기업들과 협력하여 혁신적인 아이디어와 제품을 개발하기 시작했다.

P&G의 개방형 혁신은 인사이드 아웃과 아웃사이드 인 모두를 활용한다. 라이선스를 주기도 하고 얻기도 하며 마케팅 모델에서 엔지니어링, 제품에서부터 패키지, 그리고 서비스에서 디자인에 이르기까지 외부와 상호 도움을 주고받는, 말 그대로 개방형 혁신이다. P&G는 C+D에 힘을 실어주어 외부의 혁신가와 혁신적인 회사들이 지속적으로 C+D에 혁신적인 아이디어를 제출하도록 독려하였을 뿐만 아니라 전망 있는 파트너들과 공동작업을 계속해 갔다.

외부 기관과의 협력. P&G는 다양한 방법으로 외부의 혁신을 활용했는데, 우선 외부의 혁신적인 기관들과 파트너십을 맺었다. 예를 들면, 오크리지 국립연구소Oak Ridge National Labs와 파트너십을 맺고, 연구소의 슈퍼컴퓨터인 타이탄Titan을 활용하여 복합체들이 어떻게 분자 상태로 상호작용하는지를 발견할 수 있었고, 이 발견은 헤드앤숄더스Head & Shoulders의 제품 공식을 정교화하는 데 큰 도움을 주었다. 또한 혁신제품이나 비즈니스를 투자자들과 연결하는 사업을 하는 회사인 서클업CircleUp과 파트너십을 맺고 막 비즈니스를 시작한 스타트업 기업들의 혁신적인 아이디어나 기술에 접근할 수 있었고, 그들을 통해 P&G의 니즈에 부합하는 혁신적인 기술을 공급받을 수 있었다. P&G는 학교들과도 다양한 협력관계를 구축하였는데, 인디애나 대학의 연구원들과 현재 전 세계적으로 판매되고 있는 크레스트Crest 치약을 개발했다. 대학과 최초의 제휴는 P&G 본사가 위치한 신시내티 대학과의 전략적 제휴였고, 2010년에는 오하이오 주에 있는 주립대학들, 2011년에는 미시간 주에 있는 주립대학들과 전략적 제휴를 맺었으며, 영국의 던햄 대학, 독일의 프라운호페르 대학, 인도의 CSIP 등 전 세계의 대학들과 협력관계를 맺고 있다.

소비자들의 아이디어 활용. P&G의 커넥트 앤 디벨롭(C+D)이 만들어낸 혁신제품 다수가 소비자들이 제공한 아이디어들이다. 섬유유연제인 바운스Bounce 역시 개인 소비자의 혁신적인 아이디어가 만들어 낸 작품이다. P&G는 개인이 개발한 특허 제품의 라이선스를 취득한 후 P&G의 기존 연구와 결합하여 바운스를 탄생시켰다. 그리고 개인이 개발한 냄새 전이 기술을 활용하여 옷에 신선함을 더해주는 바운스 린트롤러를 개발하기도 했다. 던킨도넛의 커피를 리테일스토어에서 판매할 수 있도록 한 던킨도넛 리테일 커피 역시 커넥트 앤 디벨롭을 통해 개발한 것이다.

P&G의 개방형 혁신: 올레이 리제너리스트

외부 전문 기업들과의 협업. P&G는 25년 전부터 수용성 기술 전문 업체
인 모노졸MonoSol과 협력해 왔는데, 이 회사와 함께 에이리얼 엑셀 리
퀴드탭스Ariel Excel Liquidtabs, 캐스케이드 액션 팩스Cascade Action Pacs,
타이드 부스 듀오 팩스Tide Booth Duo Pacs 등을 차례로 개발했다. 그러
한 공동 작업을 지속한 결과, 엄청난 성과를 만들어낸 타이드 파즈
Tide Pods를 개발하기에 이르렀다.

스킨케어 분야에서도 주름방지 기술을 찾고 있던 중, 프랑스의 조
그만 업체인 세더마Sederma가 상처와 화상 부위를 재생하는 새로운
펩티드를 개발했다는 사실을 알게 되었고, 이 회사와 파트너십을 맺
고 올레이 리제너리스트Olay Regenerist를 개발하여 단숨에 이 분야에
서 글로벌 리더가 되었다. 이탈리아의 화학회사인 조벨Zobele의 공기
정화기기 제조기술과 P&G의 향개발 기술 그리고 분리막 기술을 결
합하여 페브리즈 셋 앤 리프레쉬Febreze Set & Refresh를 만들어냈고, 이
어 페브리즈 카 벤트 클립스Car Vent Clips와 페브리즈 스틱 앤 리프레
쉬Stick & Refresh 등도 공동으로 개발하였다.

아웃사이드 인 개방형 혁신

이제 아웃사이드 인 개방형 혁신과 인사이드 아웃 개방형 혁신에 대해 좀 더 자세히 알아보자. 아웃사이드 인 개방형 혁신에는 소비자나 외부의 크리에이티브 전문가들을 통해 신제품 아이디어나 마케팅 아이디어를 제공받는 크리에이티브 아웃소싱형과, 교수, 정부기관 연구원, 퇴직 전문가나 공급업체 전문가 등으로부터 신기술이나 솔루션을 제공받는 솔루션 아웃소싱형이 있다.

■ 소비자와 함께하는 개방형 혁신, 공동 창조

인터넷과 SNS가 발달함에 따라, 기업과 고객, 외부 협력업체, 전문가들 간의 상호작용이 전례 없이 많아졌다. 앞서가는 회사들은 이러한 기회를 적극 활용하고 있다. 그들은 고객, 외부 협력업체, 전문가들을 활용하여 신상품을 개발하거나 크리에이티브 아이디어를 얻고 있다. 고객과 함께 제품이나 서비스를 개발하는 영역은 아직 해결해야 할 과제가 많이 남아 있다. 그럼에도 불구하고 이미 몇몇 기업들은 소비자들이 진정으로 원하는 제품이나 서비스를 개발하기 위해 고객들을 적극 참여시키고 고객들이 자발적으로 자신의 아이디어를 제공할 수 있게 하는 시스템을 개발, 운영하고 있다.

프라할라드C. K. Prahalad 교수와 라마스와미Venkat Ramaswamy 교수는 2000년 〈하버드비즈니스 리뷰〉 지에 '고객의 능력을 유인하는 것(Co-opting Customer Competence)'이라는 논문을 발표하고, 그것을 발전시켜 그들의 저서 『경쟁의 미래The Future of Competition』에서 공동 창조(Co-Creation)의 개념을 구체화했다. 이들은 음악파일 공유 서비

넷플릭스: 가치의 공동 창조

스를 제공하는 넵스터Napster와 비디오 대여와 주문형 인터넷 스트리밍 서비스를 제공하는 넷플릭스Netflix 사례를 들면서, 기업이 제공하는 것만으로는 더 이상 고객을 만족시킬 수 없게 되었음을 설명했다. 그들은 소비자에게 전달되는 가치가 기업 내부에서만 창조되지 않고 향후에는 기업과 고객이 함께 창조해 나가게 될 것이라고 말했다.

공동 창조라는 개념은 제품이나 서비스를 기업과 고객이 공동으로 만들어 가는 것만을 의미하지 않는다. 고객이 제품이나 서비스를 구매하는 것 또한 "단지 거래의 개념에서 벗어나 고객 경험의 일부가 될 것"이라고 설명하면서 제품이나 서비스의 구매 개념이 달라질 것이라고 예측했다. 다시 말해 공동 창조라는 그들의 개념에서 볼 때, 시장은 "가치를 창조하기 위해서 기업과 활동적인 소비자들이 새로운 형태의 상호작용을 하고, 각각의 자원과 능력을 공유하고 결합하는 플랫폼"이라 정의할 수 있다.

『디맨드Demand』의 저자인 에이드리언 슬라이워츠키Adrian Sloywotzsky는 '수요 창조의 법칙'을 설명하면서, "글로벌 기업 중 단 10%만이 제대로 수요를 창출하고 있다"고 지적하고, 기업들이 수요를 창출하지 못하는 이유는 '안에서 밖으로(In to Out)' 전략에만 젖어 있고, '밖에서 안으로(Out to In)' 전략에는 눈을 뜨지 못하고 있기 때문이라고 말한다. 즉 내부의 상상력만으로 수요를 창출하려 하지 말고 외부 즉 고객, 관계사 그리고 외부 전문가의 아이디어나 전문성을 통해 수요를 창출해야 한다고 주장한다.

■ 소비자와 함께 만들어가는 마케팅 캠페인

고객이 참여하는 공동 창조는 이제 신상품 개발뿐만 아니라 마케팅 캠페인 개발에도 다양하게 활용되고 있다. 고객들이 참여하여 만든 아이디어나 캠페인의 경우, 고객들이 스스로 만든 상품, 서비스 혹은 캠페인이기 때문에, 자발적으로 입소문을 발생시켜 기업의 커뮤니케이션 비용을 획기적으로 절감할 수 있고 기존 매체를 이용한 마케팅보다 훨씬 더 큰 효과를 얻을 수 있다.

2009년 푸조자동차는 고객 스스로 자신이 만들고 싶은 자동차 디자인을 응모하게 하였는데, 이 응모 사이트는 400만 페이지뷰를 기록하며 엄청난 인기를 끌었다. 푸조자동차는 공개 응모를 통해 제출된 디자인으로 전시모델을 만들어 온라인과 오프라인 매장에 전시했다. 그리고 일부 디자인들은 온라인 자동차 게임을 만드는 데 활용하기도 했다.

■ 공동 창조는 마케팅 인텔리전스의 수단

소비자나 외부 전문가들로부터 신제품이나 광고, 브랜딩 등의 크리에이티브 아이디어를 얻는 것 이외에도 공동 창조를 응용한 마케팅 방법은 다양하다. 신상품에 대한 사전반응 조사를 시행할 수 있고, 새로 개발한 슬로건, 브랜드네임, 디자인 등을 선보이기 전에 소비자들로부터 먼저 평가를 받을 수도 있다. 이러한 활동을 통해 마케터는 소비자들에 대한 보다 심층적인 이해에 도달할 수 있고 브랜드의 포지셔닝 등 전략 방향에 대한 아이디어도 얻을 수 있다. 이전에 소비자 리서치를 통해 얻어 왔던 많은 정보들을 앞으로는 공동 창조 과정에서 획득하게 될 것이다.

개방형 혁신으로 가장 큰 성과를 거두고 있는 기업은 레고 그룹이다. 레고 그룹은 레고 아이디어LEGO Idea 플랫폼을 통해 고객들이 새로운 아이디어들을 제시하게 하여, 그것을 상품화하고 있다. BMW 그룹은 소비자들을 위한 온라인 미팅 공간인 BMW 코크리에이션랩 BMW Co-creation Lab을 운영하고 있는데, 자동차에 관심이 많고 미래의 자동차를 위해 자신의 아이디어를 공유하고 싶어 하는 소비자들이 참여한다. BMW 그룹은 세계 각국으로부터 이러한 소비자들을 초청해서 자신의 컨셉카를 보여주고 그들의 평가를 받는다. 그리고 그들의 제안과 아이디어를 제품 개선에 활용한다.

■ 공동 창조를 위한 4가지 접근 방법

현재 우리는 네트워트 환경에서 살고 있기 때문에 소비자들이 원하고 필요로 하는 가치가 무엇인지 수시로 확인할 수 있다. 기업들은 소비자들과의 상호작용을 통해 가치를 교환하고 창조할 수 있다. 따라서 기업들은 소비자들과 상호작용할 기회를 더 많이 확보할 필요가 있다. 그렇다면 지금부터 고객과 함께 가치를 창출하기 위한 접근 방법을 알아보자.

대화. 대화는 그 자체가 공유, 즉 함께 나눈다는 것을 의미한다. 대화를 통해 서로를 배우고 이해한다. 대화에서는 사람들이 동등한 입장에서 커뮤니케이션하고 토론한다. 대화를 통해 기업은 소비자들의 경험형성에 필요한 감성적, 사회적, 문화적 맥락을 이해하는 데 도움을 얻고 기업이 혁신을 하는 데 필요한 정보도 제공받을 수 있다.

할리데이비슨은 "여러 세대에 걸친 삶의 방식의 변화를 이해하는 데 있어 소비자와의 대화가 가장 중요한 역할을 했다"고 한다. 아메리칸온라인American Online 역시 "소비자와의 대화를 위한 포럼을 구축함으로써 서비스 향상을 위한 통찰력을 얻을 수 있었다"고 한다. 애플의 제품 개발이 부진했을 때조차도 맥킨토시 사용자들의 커뮤니티는 상호대화를 통해 로열티를 유지하고 있었다. 아이맥iMac을 시장에 출시하여 상황을 회복하게 해준 것도 대화의 도움이었다.

대화는 듣고 반응하는 것 이상의 의미를 가지고 있다. 대화를 통해 기업과 소비자는 서로 깊이 관여하게 되고, 상호 이해의 폭이 넓어지며, 상대방의 의지를 확인하기도 하고, 상호 기대하기도 하고, 상호 요구하기도 한다.

접촉 및 사용 경험의 확대. 전통적인 의미에서 소유란 기업에서 소비자에게로 가치가 전이되는 과정을 말한다. 하지만 가치를 경험하기 위해 그것을 반드시 소유할 필요는 없다. 소비자들이 소유하지 않은 상태에서 제품이나 서비스를 경험할 수 있다면 소비자나 기업 모두에게 도움이 될 수 있다. 리사캔스키는 그의 저서 『메쉬Mesh』에서 "빌려주는 사업의 시대가 올 것이다"라고 말했다. 소유함으로써 가치를 만들어내는 것이 아니라 공유함으로써 가치를 만들어내는 시대가 도래한다는 것이다. 그 대표적인 예가 공유 플랫폼이다. 공유 플랫폼들은

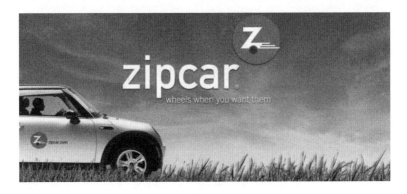

집카: 자동차 공유 플랫폼

공유 서비스를 이용하는 소비자들과의 빈번한 접촉을 통해 얻은 많은 정보를 활용하여 훌륭한 고객 경험을 만들어내고 있다.

집카Zipcar는 렌트라기보다는 공동 소유 방식으로 자동차를 대여하는 서비스이다. 가장 가까운 곳에 있는 집카를 필요한 장소까지만 빌려 사용하고, 사용한 만큼 비용을 지불하는 서비스이다. 사용자는 개인 자동차를 소유할 필요 없이 공유 자동차 중의 하나를 이용하는 셈이다. 집카는 대학가가 있고 대중교통이 잘 발달하지 않은 미국의 중소도시들이나, 주차, 교통체증 등으로 불편을 겪는 대도시에서 주로 발달하고 있는데, 이 새로운 서비스가 도시에서의 새로운 삶의 방식을 만들어내고 있다. 개인에게는 경제적 이득과 편리성이라는 혜택을 주고 사회적으로는 대기오염이나 주차 문제까지 일부 해소해 주고 있다. 국내에서는 쏘카SoCar가 이 분야에서 가장 활발한 행보를 보이고 있다.

이 외에도 접촉이나 사용을 통한 소비자 경험의 확대는 다양한 방법으로 가능하다. 기업이 신제품을 출시하기 전에 사용 대상들에게 먼저 사용할 기회를 주고 제품에 대한 평가를 받아 제품을 개선하는 활동을 전개하는 것도 좋은 방법이다. 제품을 사용해 본 소비자들은 기업과 함께 제품을 만들어 가는 경험을 하게 되고, 그들은 이러한 경험을 주변 사람들과 이야기할 것이다. 기업 입장에서는 이러한 과정을 통해 자연스럽게 신제품의 홍보 효과까지 얻을 수 있다.

위험 감소. 위기관리에 대한 기업과 소비자들 간 의무와 책임은 늘 논란이 된다. 기업이 가치를 창출하는 활동에 소비자들이 참여하게 되면, 기업은 발생할 수 있는 위험요소를 사전에 소비자들과 공유하게 되고 이를 통해 더 많은 위험요소를 찾아낼 수 있을 것이다. 참여한 소비자들도 이에 대해 보다 큰 책임감을 갖게 될 것이다. 소비자들이 활용할 수 있는 정보가 많아지면, 소비자들은 위험요소에 대한 정보까지 확인하고서 제품을 선택할 수 있게 된다. 단순히 제품이나 서비스에 위험요소에 대한 경고문을 달아주는 것은 사실상 위험에 대한 책임을 소비자에게 떠넘기는 것이다. 기업은 이제 더 이상 방어적으로 커뮤니케이션해서는 안 된다. 위험에 대한 우려를 가지고 있는 소비자들과 터놓고 대화함으로써 소비자들을 관여시키는 노력을 강화할 필요가 있다. 기업이 주도적으로 위험요소에 대해 소비자들과 커뮤니케이션하고 이를 적극적으로 관리하는 자세를 보여주는 것이 오히려 다른 기업들과 차별화하는 새로운 기회가 될 수도 있다.

투명성. 소비자가 기업과 함께 가치를 창출하는 경우 투명성이 매우 중요하다. 페덱스Fedex는 택배가 배송되는 전 과정을 소비자들이 웹사이트를 통해 실시간으로 확인할 수 있게 한다. 이러한 과정 또한 고객의 경험을 향상시키는 역할을 하게 된다. 국내에서도 일부 식품 기업들은 제조 및 유통 과정을 소비자들에게 공개함으로써 신뢰를 얻고 있다. 최근에는 기업의 문제해결을 위해서 기업정보를 공개하고 일반인에게 해결 방법을 구하는 경우도 등장하고 있다.

선진 기업들의 아웃사이드 인 방법들

■ 기업의 체계화된 아웃사이드 인 시스템

 **하이네켄의 아이디어 브루어리.** 하이네켄 브랜드는 2012년 하이네켄 아이디어 브루어리Idea Brewery라는 클라우드 소싱 플랫폼을 오픈했다. 이 플랫폼의 목적은 고객들을 기업 활동에 적극적으로 인게이지시키면서 고객을 통한 혁신을 이루는 것이었다. 이 플랫폼이 고객들에게 요청한 첫 번째 아이디어는 지속가능한 맥주 패키지를 창조하는 것이었다. 아이디어는 다음의 세 가지 조건 중 하나에 부합해야 했다.

- 재활용하거나 리사이클링할 수 있는 패키지
- 새로운 패키지 재질 발견
- 지속가능한 미래를 창조하는 맥주 패키지 활용 방법

1만 달러의 상금은 헬멋 위텔러Helmut Witteler에게 돌아갔다. 그는 소비자에게 맥주병을 반환할 동기를 제공하는 '하이네켄오맷 Heineken-O-Mat'이라는 혁신적인 기구를 제안하였다.

아이디어 브루어리가 요청한 두 번째 아이디어는 '생맥주 경험 챌

린지(The Draught Beer Experience Challenge)'였다. 이 아이디어 개발의 목적은 소비자들에게 생맥주에 대한 새로운 경험을 창출하기 위한 것이었다. 생맥주를 통해 새로운 경험을 할 수 있게 하는 아이디어를 공모하였다. 선발된 최종 6명을 암스테르담에 있는 하이네켄 본사로 초청하여, 하이네켄 전문가들과 함께 공동 창조를 통해 자신의 아이디어를 발전시키도록 했다. 이렇게 개발된 아이디어가 '세계 스키머의 맛(Flavors of world SKIMMER)'이다. 생맥주의 거품에 자신이 원하는 다른 맛을 첨가하여 새로운 경험을 할 수 있게 하는 아이디어이다. 자신이 좋아하는 맛을 스키머에 묻힌 후 스키머를 거품에 담가 거품이 아래로 내려가게 하면 마지막 한 모금을 마실 때까지 그 맛이 남아 있게 된다.

2012년에는 하이네켄 140주년 기념행사에 사용될 한정판 선물팩에 들어갈 맥주병 디자인을 공모하는 글로벌 경연대회를 열었다. 주제를 '연결(Connections)'로 정하고, 참가자들에게 '향후 140년 동안 사람들이 어떻게 서로 연결될지를 상징화하는 디자인을 창조하고 온라인 갤러리를 통해 자신의 디자인을 다른 사람의 디자인과 짝을 이루라'고 요청했다. 연결의 개념을 적용한 것이다. 전 세계 140여 개국에서 3만 명이 넘는 디자이너들이 참가했고 디자인을 전공하는 멕시코 학생과 호주 시드니의 프리랜서 디자이너가 짝을 이룬 작품이 1등으로 선정되었다.

2012년 경연대회가 성공적인

하이네켄 아이디어 브루어리 컨테스트

결과를 낳았기 때문에 2013년에는 '미래를 리믹스하라(Remix the Future)'는 주제로 또 다른 경연을 열었다. 2012년과 마찬가지로 하이네켄 브랜드의 140주년을 기념하기 위해, 하이네켄의 기록보관소에 보관되어 있던, 하이네켄 브랜드의 유구한 역사를 보여주는 250여 개의 독특한 아이템과 이미지를 제공해 주고 미래의 맥주병 디자인에 대한 영감을 얻을 수 있도록 하였다. 2013년에 선정된 디자인은 선물용 박스에 적용되었다.

 **마이 스타벅스 아이디어.** 스타벅스의 마이 스타벅스 아이디어 역시 개방형 혁신 플랫폼인데, 고객들로 하여금 제품 개선이나 고객 경험을 향상시킬 수 있는 아이디어를 제출하게 함으로써 고객 스스로 새로운 상품과 서비스 개발에 참여하게 한다. 제출된 아이디어들 중에서 마이 스타벅스 아이디어에서 활동하는 고객들의 투표를 거쳐 우수 아이디어가 선정되면, 스타벅스의 운영진은 자체 평가를 통해 아이디어를 상품화할지 여부를 결정한다.

마이 스타벅스 아이디어 사이트는 고객들로 하여금 브랜드에 대해 관심을 갖게 하고, 브랜드 활동에 참여하게 했으며, 서로의 아이디어를 공유하고, 함께 평가하도록 만들었다. 이 사이트는 고객 인게이지먼트를 유발하는 모든 방법을 포괄적으로 담고 있다고 해도 과언이 아니다.

마이 스타벅스 아이디어는 소셜 네트워크 상에서 스타벅스 고객들이 아이디어를 나누고 제안하는 허브 역할을 해 오다가 차츰 스타벅스 고객들의 커뮤니티로 역할이 변화되었고, 고객들은 이 사이트에

마이 스타벅스 아이디어: 스타벅스 개방형 혁신 플랫폼

서 보내는 시간을 즐기기 시작했다. 스타벅스와 고객들은 이 소셜 네트워크를 통해 다른 고객들이 어떤 제안을 하고 어떤 아이디어에 투표하며 그 결과가 어떻게 되는지 지켜보면서 고객과 아이디어 개발에 대한 통찰력을 갖게 되었으며, 그 과정을 통해서 그들의 아이디어도 차츰 진화해 갔다.

이 사이트는 개방형 혁신의 툴로 시작되었다. 스타벅스는 고객들이 서로 터놓고 이야기하는 곳, 그리고 뭔가를 위해 서로 협력할 수 있는 곳을 만들고자 했다. 차츰 고객들이 모여들면서 이 사이트는 고객의 니즈와 생각을 확인하고 파악하는 마케팅 인텔리전스의 창구가 되었고, 나중에는 온라인 커뮤니티로 발전하였다. 결과적으로 이 사이트는 스타벅스의 매우 강력하고 효과적인 인터넷 마케팅 툴로 발전했다

마이 스타벅스 아이디어는 2008년에 시작되었는데, 그로부터 5년 동안 고객들은 15만 개 이상의 아이디어를 제출했고, 그중 277개의 아이디어가 실제로 구현되었다. 무료 와이파이 서비스, 디지털 리워

드 시스템, 테이크아웃 컵의 뚫린 부분을 막아주어 커피가 쏟아지지 않게 하는 스플래쉬스틱Splash Stick, 매우 다양한 맛의 새로운 커피 메뉴 등 고객이 만들어낸 우수한 아이디어들은 바로 고객의 생활을 편리하고 다채롭게 하는 많은 경험들을 만들어 냈다. 그 과정에서 스타벅스 브랜드와 고객의 관계는 더욱더 돈독해지고 있다.

3M의 혁신적인 아이디어 센터. 3M은 회사 외부의 사람들, 즉 비즈니스 파트너나 고객과의 협업을 통해 혁신적인 아이디어를 창조해 내기 위해 2014년 10월에 스코틀랜드 애버딘의 알튼Altens에 아이디어 센터를 설립했다. 이 센터에는 다양한 발명품들이 전시되어 있는데, 이 센터를 방문하는 학생들은 세계적으로 뛰어난 기술을 가진 회사들이 만들어낸 발명품들과 그 뒤에 숨은 이야기들을 배울 수 있다. 이 센터에는 신기한 것들과 발명품들이 가득하지만, 3M의 궁극적인 목적은 미래기술과 솔루션을 창조하기 위해 고객과 함께 협업할 기회를 만들어내는 것이다. 3M은 고객들과 함께 이 센터를 과학과 기술을 활용해 보다 발전된 삶을 구현하는 플랫폼으로 성장시킬 계획을 가지고 있다.

■ 구입할 고객과 직접 협업

가정용 보트 제조회사인 서머셋 하우스보츠Somerset Houseboats는 공동 창조의 각 요소가 잘 적용된 사례이다. 고객과 함께 의견을 주고 받으면서 보트의 구조를 디자인하고, 고객이 보트를 만드는 과정에 직접 참여할 수 있도록 제조 공장과 연결해 주며, 전체 프로세스를 고객이 실시간으로 모니터링할 수 있게 한다. 고객들은 웹페이지에서 이 작업에 참여한 건축 전문가, 미학 전문가, 구조 전문가들의 약력과 디자인 이력을 확인할 수 있고 그들과 직접 접촉할 수도 있다.

이 회사는 고객들과 많은 대화를 나눌 수 있도록 전 과정을 디자인했다. 그 과정은 보트를 만드는 것이라기보다는 하나의 정성들인 공예품을 만드는 과정이며, 고객이 배를 갖기도 전에 다양한 경험을 할 수 있게 하는 과정이다. 이 과정을 통해 고객에 대해 많이 배울 수 있고 그들이 원하는 것이 무엇인지 이해할 수도 있기 때문에 기업 역시 많은 이득을 얻을 수 있다. 또한 디자인, 엔지니어링, 제조 과정에서 고객들로부터 많은 새로운 아이디어를 얻을 수도 있다. 고객이 만족하지 못할 수 있다는 리스크를 줄일 수도 있고, 심지어 회사의 투자 리스크도 줄일 수 있다.

■ 외부 전문가를 활용하는 아웃사이드 인 개방형 혁신

P&G는 기록적으로 짧은 기간 내에, 일반적으로 R&D에 소요되는 비용의 극히 일부의 비용으로 혁신을 이루었다. 커넥트 앤 디벨롭(C+D)을 활용하여 포테이토칩에 재미있는 그림과 단어가 인쇄된 새로운 프링글스 라인을 개발하여 런칭한 것이다. 개인과 기관들로 구

성된 C+D 글로벌 네트워크로부터 칩에 이미지를 인쇄하는 방법을 얻었다. 식용으로 해가 없는 이미지를 과자와 쿠키에 프린팅하는 잉크젯 기술은 이태리에서 조그만 빵집을 운영하는 퇴임 교수로부터 전수받을 수 있었다.

■ 아이디어 경쟁 모델

기업의 크리에이티브 혁신 업무를 대행해 주는 에이전시들이 우후 죽순으로 생겨났는데, 그들이 활용하는 아웃사이드 인 개방형 혁신 모델은 아이디어 경쟁 모델이다. 이 모델은 상금을 걸고 아이디어 개발자들이 경쟁하게 하는데, 이를 의뢰하는 기업 입장에서는 상대적으로 저렴한 비용으로 다양한 아이디어를 제공받을 수 있다.

■ 아웃사이드 인 개방형 혁신을 중개하는 에이전시들

미국과 유럽 그리고 일본에서는 이미 아웃사이드 인 개방형 혁신의 업무를 대행하는 수많은 에이전시들이 등장하여 상당한 성과를 만들어내고 있다. 이들은 외부 전문가로부터 새로운 기술이나 아이디어를 얻고 소비자들로부터도 크리에이티브한 아이디어를 얻어 기업들에게 제공한다. 2001년에 미국 보스턴에 설립된 이노센티브 InnoCentive는 개방형 혁신을 제공하는 서비스 제공업체로서 가장 선도적인 회사이다. 2013년을 기준으로 200개국에서 36만 명의 혁신가들이 2,000개가 넘는 프로젝트에 참여했으며, 제출된 아이디어나 솔루션이 4만 개가 넘고 상금으로 1,400만 달러가 지급되었다. 이 회사가 받은 투자금액만 3,000만 달러에 달한다. 이 회사는 전문가들과 일반 소비자들을 회원으로 모집하고 기업이 원하는 기술과 아이디어, 크리에이티브를 그들로부터 제공받아 기업에 전달한다.

공동 창조를 전문 분야로 하는 이카Eyeka는 2007년에 설립되었는데, 주로 소비재 기업을 중심으로 신제품 개발과 광고, 브랜딩, 포지셔닝, 패키징 등 크리에이티브 개발을 전문 분야로 하는 에이전시이다. 세계 164개국으로부터 30만 명 이상의 사람들이 참여하며 745개 프로젝트에 8만 개가 넘는 아이디어가 제출되었고, 지급된 상금 액수가 780만 달러에 이른다. 주요 고객사는 코카콜라, 네스카페, P&G, 네슬레, 클라린스, 로레알, 유니레버 등으로 다양하다. 이 외에도 나인시그마Nine Sigma, 조보토Jovoto, 챌린지포스트ChallengePost, 독일의 하이브Hyve 등 이미 다수의 에이전시들이 활발히 활동하고 있다.

인사이드 아웃 개방형 혁신

개방형 혁신의 또 다른 형태는 기업의 내부 아이디어나 기술 혹은 프로세스를 다른 기업이나 혁신가들이 활용할 수 있도록 개방하는 것이다. 외부에서 내부의 아이디어나 기술을 활용하도록 허용함으로써 수익을 창출하는 것이다. 먼저 내부에서 부분적으로 완성된 제품의 플랫폼을 제공하고 외부 파트너들이 이를 활용하여 그들에게 맞춤화된 제품을 만들거나 기존 플랫폼의 제품을 확장하여 향상된 제품을 만들게 하는 방법이다. 이를 제품 플랫포밍Product Platforming이라고 하는데, 주로 소프트웨어 개발 키트(SDK)나 응용 프로그래밍 인터페이스(API)와 같이 바로 활용할 수 있게 준비된 소프트웨어 프레임워크가 가장 일반적인 제품 플랫포밍의 형태이다.

구글은 구글 플러스 플랫폼 등을 개발자들에게 제공하여, 개발자가 스스로 다양한 앱을 만들 수 있게 한다. 예를 들면, 복잡한 로그인 대신 간단히 인증할 수 있는 방법, 관심 있는 주제와 일치하는 사진을 찾아 주는 앱, 사람들과 공동 작업을 할 수 있는 새로운 소셜 환경을 만드는 앱 등을 개발할 수 있게 지원하는 소프트웨어 프레임워크를 외부 개발자들에게 제공함으로써 구글이 보유하고 있는 기술들이 널리 사용될 수 있게 한다.

아마존 역시 아웃사이드 인뿐만 아니라 인사이드 아웃 개방형 혁신을 성공적으로 활용하고 있다. 아마존은 이러한 모델이 성과를 거둠에 따라 규모가 큰 소매업체들과 파트너십을 맺고 그 소매업체의 웹사이트에 자신의 노하우를 제공하기 시작했다. 소매업체들은 소매 웹사이트 운영에 있어 아마존의 전문성과 노하우를 활용하고자 하는 것이고, 아마존은 이러한 전문성이 '아마존만의 기밀에 해당하는 전문성' 이라는 기존의 생각을 바꾸어 그들이 가지고 있는 인터넷 리테일링 및 웹사이트 인프라 스트럭처에 대한 전문성과 지식을 활용해서 새로운 사업 기회를 모색한 것이다.

더 나아가 아마존은 외부 소매업체들의 웹사이트 개발을 지원하는 비즈니스로도 사업 영역을 확장하고 있다. 이러한 방식으로 내부적으로 보유하고 있던 지식과 기술을 시장에 내놓고 이를 다른 기업들이 활용하게 하는 새로운 비즈니스를 만들어 가고 있는 것이다. 아마존은 그들의 기술과 인프라의 일부를 개방형 서비스를 구축하는 데 활용할 수 있다고 판단하고 스스로 보다 경쟁력 있고 가치 있는 새로운 비즈니스를 만들어 가고 있다.

18 빅데이터의 활용 Big Data

빅데이터의 접근과 활용

전통적으로 고객의 태도를 이해하기 위해 포커스 그룹, 서베이 등 고객조사를 많이 활용해 왔는데, 디지털이 발달하면서 고객의 태도와 행동을 이해하고 마케팅 인사이트를 찾아내는 방법으로서 빅데이터 분석이 많이 거론되고 있다. 이 빅데이터는 데이터를 분석하는 기술이기 때문에 로열티 마케팅과 대체되는 개념이 아니라 로열티 마케팅을 지원하는 기술로 활용될 수 있다. 고객과 잠재 고객의 태도와 행동 데이터를 분석하여 그들의 로열티를 향상시키는 방법을 찾아낼 수 있기 때문이다.

세계적인 홈쇼핑 네트워크인 QVC는 28년간의 고객 데이터를 분석하여 각 고객의 미래 가치가 무엇인지 예측하여 고객의 구매를 독려하고 구매 후 실망감을 최소화하려는 노력을 해 왔다. 그들은 데이터

세계적인 홈쇼핑 네트워크 QVC

에서 발견한 많은 인사이트를 통해 고객들이 지속적으로 QVC의 고객으로 남아 있게 하는 방법을 찾아내고 있다. 빅데이터 기술은 로열티 마케팅을 위한 의미 있는 인사이트를 제공할 뿐만 아니라 서로 다른 특성을 가진 고객을 선별하여 그들의 특성에 맞는 접근을 가능하게 하기 때문에 향후에 그 중요성이 더 커질 것으로 예상된다.

디지털 시대의 소비자들은 인터넷과 모바일을 사용하는 과정에서 많은 디지털 정보를 남긴다. 디지털의 용도가 다양해지고 소비자들의 디지털 사용 시간이 많아짐에 따라 소비자들이 남기는 정보의 양은 폭발적으로 늘어나고 있다. 이러한 데이터를 빅데이터Big Data라고 한다. 위키디피아의 정의에 따르면, 빅데이터는 '기존의 데이터베이스 관리 툴로는 처리하기 힘든 대량의 복잡한 데이터 집합'을 지칭하는 용어이며, 이를 가치 있게 활용하기 위해서는 데이터를 수집하고 선별하고 저장하고 분석하여 데이터로부터 인사이트와 가치를 추출하는 기술이 필요하다. 이 기술을 빅데이터 기술이라고 하는데, 편의

상 빅데이터라고 통칭하기도 한다.

디지털의 발달과 미디어의 분화로 인해 소비자의 선호 형성 과정과 선택행동은 점점 더 복잡하고 다양해지고 있다. 따라서 기업은 디지털로 인해 변화한 소비자를 이해하고 소비자들에게 중요한 가치가 무엇인지를 확인하기 위해 많은 정보를 필요로 한다. 그 결과 많은 기업들이 빅데이터를 어떻게 확보하고 활용할지에 관심을 갖고 그 방안을 모색하고 있다.

빅데이터를 활용하여 인사이트를 찾아내고 이를 마케팅에 활용하는 것은 이제 하나의 시대적 트렌드로 인식되고 있다. 빅데이터는 이제 특정 산업에 국한된 이슈가 아니라 정부나 공공기관을 포함하여 어떤 산업 분야든 관심을 갖지 않을 수 없는 이슈가 되었다. 오프라인뿐만 아니라 온라인과 모바일에서 다양한 활동을 하는 고객의 행동과 태도를 이해하기 위해서는 빅데이터가 필수적이 다.

아마 빅데이터가 적용될 첫 번째 영역이 바로 마케팅이고, 의심의 여지없이 빅데이터의 등장은 차세대 마케팅에 있어서 게임의 룰을 바꿔 놓을 것이다. 이미 오래 전부터 사용되고 있었던 데이터 마이닝 툴들로는 파악할 수 없었던 고객행동과 태도 그리고 다양한 트렌드를 보다 정밀하고 쉽게 파악할 수 있게 될 것이다.

■ 빅데이터는 새로운 영역이 아니다

빅데이터는 사실상 이전에 CRM, 데이터 마이닝 등으로 지칭되었던 데이터 관리/분석 기술과 같은 맥락으로 이해해야 한다. 빅데이터 기술은 과거와 전혀 다른 데이터를 분석하거나 완전히 새로운 뭔가를 찾는 획기적인 방법이 아니라, 과거보다 다양하고 방대해진 데이터를 효과적으로 분석하는 기술일 뿐이다. 빅데이터 기술을 활용해 우리는 소비자의 행동이나 태도, 그들의 의사결정 과정(Decision Journey)을 보다 명확하게 들여다볼 수 있다. 디지털과 미디어의 발달로 인해 과거보다 훨씬 많은 데이터가 존재하고 그 방대한 데이터로 인해 훨씬 더 많은 발견과 인사이트가 얻어지는 것일 뿐이다.

■ 빅데이터를 잘 활용하려면 기본으로 돌아가라

빅데이터는 그 의미가 말해 주듯이 방대한 데이터이다. 그 방대한 데이터를 모두 활용할 수는 없다. 빅데이터를 활용하는 데 있어 사전에 반드시 고려되어야 할 요소가 바로 효율성이다. 세상에 존재하는 모든 데이터를 분석할 수 있다면 그 만큼 많은 인사이트를 얻을 수 있을지 모르지만 투자해야 할 시간과 비용 또한 만만치 않다. 따라서 빅데이터를 어떻게 활용할 것인가에 대한 전략적 측면과 더불어 빅데이터를 어떻게 활용할 것인가에 대한 구체적인 계획이 필요하다. 빅데이터의 잠재력을 충분히 활용하기 위해서는 무엇보다 기업들이 기본으로 돌아갈 필요가 있다. 지금까지 마케팅의 진화 과정이 주는 교훈은, 맹목적으로 데이터 마이닝을 시행해서는 안 된다는 것이다. 합리적인 이론을 바탕으로 분석 목표에 기초해 체계적으로 접근해야 한다. 또한 소비자와 시장을 전체적으로 보는 시각이 필요하며, 실행하면서 체득하고자 하는 자세 또한 필요하다.

■ 데이터의 활용 목적을 분명히 하라

우선 데이터는 그 자체가 목적이 아니라 수단이라는 점을 명심해야 한다. 데이터 자체가 아니라 데이터의 활용이 목적인 것이다. 빅데이터 역시 데이터이다. 다만 방대한 데이터일 뿐이다. 데이터의 종류도 다양하고 용도 또한 다양하지만, 분명한 것은 데이터는 수단이라는 것이다. 데이터를 활용할 목적이 설정되지 않으면 어떤 데이터를 수집할지, 수집한 데이터로 무엇을 분석해야 할지에 대한 방향성을 가질 수가 없다.

만약 데이터부터 모으고 그중에서 필요한 정보를 찾아보려고 한다면 어떻게 될까? 어떤 정보를 수집해야 할지 명확하지 않기 때문에 이것저것 관련된 데이터를 모두 모으게 되고 데이터량은 기하급수적으로 늘어나게 된다. 데이터량이 많아지면 필요한 데이터를 골라 쓰기 위해 데이터를 분류하고 필요한 데이터를 추출하는 데 많은 시간과 인력 그리고 비용을 투자해야 한다. 필요한 데이터를 찾아내 활용하기는 커녕 방대한 데이터에 압도되고 말 것이다. 빅데이터 분석이 유용한 도구임에도 불구하고 지금까지 빅데이터 분석의 결과가 성공적이지 못한 가장 큰 이유 중 하나는 바로 목적이 뚜렷하지 않았기 때문이다. 빅데이터를 통해 무엇을 얻을 것인지 정확히 그림을 그리고 있다면 빅데이터를 수집하고 처리하는 일련의 과정이 보다 체계적이고 효율적으로 진행될 수 있을 것이다.

마케팅 툴로서 빅데이터 분석은 마케팅 목표와 밀접하게 연결되어야 한다. 마케팅의 목표는 예를 들면 다음과 같은 것들이 될 수 있다.

- 고객의 지출을 증가시키려면 어떻게 해야 할까?
- 고객의 구매 빈도를 증가시키려면 어떻게 해야 할까?
- 고객의 이탈을 줄이려면 어떻게 해야 할까?
- 고객의 로열티를 향상시키려면 어떻게 해야 할까?

이러한 요소가 직접적인 목표가 되든, 아니면 각각의 방향성에서 구체적인 세부 요소가 목표가 되든, 목표를 명확히 하고, 그 목표를 달성하는 데 필요한 정보를 정의한 다음 관련 데이터를 확보해야 한다. 그리고 빅데이터 접근의 출발점으로서 이러한 데이터 활용 목적에 입각해 분명한 이슈나 가설을 설정해야 한다. 예를 들면 다음과 같다. 소비자 니즈를 어떻게 발견하고, 그들이 필요로 하는 가치를 어떻게 창출할 것인가? 소비자들을 어떻게 세분화하여 타겟 세분시장에 어떻게 접근할 것인가?

기존에 정립된 소비자 행동이나 기존의 마케팅 이론을 활용하지 않으면 구체적인 이슈나 가설을 세우기조차 힘들고, 결과적으로 빅데이터의 잠재력을 효과적으로 활용할 방법을 찾아내기는 더욱 어려울 것이다. 또한 최근의 마케팅은 'What'이라는 질문으로 끝나지 않고 'Why' 그리고 'What's Next'를 파악해 내기를 요구하기 때문에 뚜렷한 목적과 이론적인 기초, 그리고 이론에 입각한 구체적인 가설이 없으면 데이터가 보여주는 피상적인 사실을 파악하는 데 그칠 가능성이 크다. 데이터에 숨겨진 의미, 즉 2차적인 분석에는 접근조차 하지 못하는 결과가 될 수도 있다.

마케팅 게임의 룰을 바꾸어 놓고 있는 데이터 혁명을 우리는 이미 경험했고 또한 데이터 함정에 빠진 적도 있다. 1980년대 중반, 바코드 스캔Bar-code scan 데이터가 소개되면서 소매점 계산대에서 구매 자료수집이 가능해졌다. 그 이전에 기업들은 특정 기간 동안의 실매출을 추정하기 위해 소매점의 사입량과 재고량을 조사하는 AC닐슨의 리테일Retail Audit 데이터나, 소비자가 구입한 장바구니 품목을 일기 형식으로 정리해서 이를 집계하는 소비자패널 데이터에 의존할 수밖에 없었다. 바코드 스캔 데이터가 등장함에 따라 POS(Point of Sales)

에서 무슨 일이 일어나는지를 확인할 수 있게 되었다. 하지만 이 당시에도 바코드 스캔 데이터의 활용은 가격 프로모션의 영향을 분석하는 데 지나치게 편중되어 있었다.

하지만 시간이 지나면서 데이터의 함정을 이해하게 되었고 학자들과 기업들은 보다 마케팅에 활용가치가 높은 정교한 통계모델을 개발해 냈다. 오늘날 POS에서 모아진 데이터의 활용도는 훨씬 더 넓어졌다. 예를 들면 고객의 장바구니를 분석할 수 있게 되었고, 이는 고객 로열티 프로그램을 활성화하는 데 도움을 주었다. 바코드 스캔 데이터와 마찬가지로 빅데이터 역시 처음부터 그 목표가 체계적으로 설계되지 않으면 잘못된 방향으로 인도될 가능성이 높다.

빅데이터 시스템 설계의 주체는 마케터여야 한다

앞서 이야기한 것처럼 데이터는 목적이 아니라 수단이기 때문에, 마케팅에서 빅데이터 활용은 마케터가 주도해야 한다. 마케터가 먼저 데이터의 활용 목적을 설정하고, 그 목적에 따라 어떤 데이터를 수집하고 어떻게 분석할지를 정하면, 그에 따라 IT 전문가가 수집할 데이터의 구조와 사용 편의성 등을 설계하는 것이 바람직하다.

2000년대 CRM 열풍을 기억할 것이다. 많은 기업들이 적게는 수억에서 많게는 수십억을 들여 IT컨설팅업체들이 만든 CRM 시스템을 도입하였다. 하지만 그 결과에 대해서는 대체로 회의적이다. 가장 근본적인 이유는 고객 데이터를 어떻게 활용할 것인가에 관련된 소프트웨어를 먼저 설계하지 않고, 데이터를 모아서 처리할 하드웨어를 먼저 구축했기 때문이다. 즉 마케터가 주축이 되어 시스템이 설계된 것이 아니라 IT전문가가 중심이 되어 전체 프로그램이 설계되었기 때문이다. 그 결과, 수억, 수십억을 들여 만든 CRM 시스템이 고작 고객에게 메일링하는 수단 정도로 사용되는 경우가 많았다.

실제로 데이터의 잠재성을 충분히 활용하기 위해서는, 먼저 몇 가지 가설을 설정하여 어떤 데이터를 추출하고 어떤 방법으로 인사이트를 도출할지를 설계해야 한다. 이 단계를 거친 후, 필요한 데이터를 확보하고 데이터로부터 필요한 정보나 인사이트를 추출하는 작업을 진행해야 된다. 이 과정에서 데이터의 조합과 통계적 분석을 통해 새로운 데이터를 만들어내는 IT전문가와 협업이 필요한 것이다.

특히 데이터의 숨겨진 패턴을 찾아내고, 그들을 해석하고 또한 그들을 활용할 수 있는 통찰력으로 바꾸어 놓기 위해서는 무엇보다도 잘 훈련된 마케팅 전문가가 필요하다. 빅데이터의 전략을 제시하고, 최적의 빅데이터 구축에서 분석 및 결과 활용에 이르기까지 전 과정을 기획하고 지휘하는 활동을 빅데이터 큐레이션Curation이라고 한다. 누가 큐레이션을 담당하는 것이 타당할까? 마케팅 전문가일까, 아니면 IT전문가일까?

■ 소비자와 시장을 전체적으로 보는 시각을 가져라

새로운 데이터 소스가 발견되면 대부분 체계적인 이해도 없이 그 데이터에 너무 빨리 빠져들게 되는 것이 일반적인 현상이다. 하지만 성공적인 일부 기업들은 한 발 뒤로 물러나 고객과 시장에 대한 종합적인 시각을 가지려고 애써 왔다고 한다. 그들은 새로운 정보 소스를 열심히 파헤치면서도 기존에 있었던 데이터들을 가볍게 여기지 않는다. 왜냐하면 이들 데이터가 새로운 데이터에서 지원해 주지 못하는 정보를 제공해 줄 수도 있기 때문이다. 따라서 고객과 시장 관점에서 데이터를 파악하고 활용하는 종합적인 시각을 가져야만 데이터를 가장 효과적으로 활용할 수 있다.

■ 빅데이터보다는 인게이지먼트를 활용하는 것이 효율적이다

빅데이터 분석은 사방으로 흩어져 있는 데이터를 모으고, 그것을 읽을 수 있는 데이터로 선별하여 정리하고, 그 속에서 인사이트를 얻기 위해 다각도의 분석을 시행한다. 앞에서 언급한 것처럼 효율성의 이슈가 있다. 그만큼 투자해서 얻은 인사이트는 투자 대비 충분한 가치가 있는가? 마케팅의 효율성 측면에서는 그러한 방대한 데이터를 수집하고 분석하기보다는 인사이트의 수준이 낮을지라도 보다 쉽게 모을 수 있고 분석할 수 있는 데이터를 활용하는 것이 오히려 바람직할 수도 있다.

고객 인게이지먼트 과정을 살펴보자. 고객이 브랜드에 관심을 갖기 시작하여 브랜드를 경험하고 참여하기 시작하면, 고객정보의 수집이 시작된다. 고객과 지속적으로 상호작용을 하고 고객을 참여시키면서 더 많은 데이터를 확보할 수 있다. 이러한 데이터는 인터넷이나 모바일에서 무작위로 얻을 수 있는 데이터에 비해 비록 그 종류와 양은 적을지라도, 데이터를 모으는 과정이 매우 효율적이고 데이터의 활용도 역시 매우 높은 편이다. 모아진 데이터를 분석하기 위한 목적과 이슈를 정의하기도 용이하며 어떤 결과가 도출될지를 가설화할 수도 있다.

■ 빅데이터보다 스몰데이터에서 출발하라

마케팅의 효율성을 생각한다면, 모을 수 있는 작은 양의 데이터에서 시작해서 데이터의 범위를 넓혀가는 것이 타당하다. 디지털 시대와 전통 마케팅의 가장 중요한 차이는 고객을 모으는 방법이다. 전통 마케팅이 대중을 상대로 하여 고객 한 사람, 한 사람을 독립적인 고객으로 간주하고 폭넓은 고객집단을 향해 마케팅 활동을 펼쳤다면, 디지털 시대의 마케팅은 한 사람의 고객을 확보하고 이 고객을 기반으로 구전과 공유를 통해 단계적으로 고객 집단을 확장해 나가는 것이다. 전통 마케팅과 디지털 마케팅은 그 접근 방법이 완전히 다른 셈이다. 데이터를 기준으로 볼 때 빅데이터의 접근은 전통적인 마케팅의 접근에 가깝고, 스몰데이터에서 출발하여 데이터를 쌓아가는 것은 디지털 시대의 마케팅에 비유될 수 있을 것이다.

디지털 시대에는 이전과 달리 마케팅 활동을 통해 고객을 만나기조차 힘들고, 고객들은 전통 미디어나 브랜드가 전달하는 메시지를 신뢰하지도 않는다. 그들은 주변 사람들을 더 신뢰하며, SNS 등을 통해 서로 연결되어 정보나 컨텐츠를 공유한다. 디지털 시대에 고객들 스스로 신뢰할 만한 정보를 얻는 효율적인 방법을 찾아낸 것이다.

데이터를 활용하는 기술 역시 같은 맥락으로 볼 수 있다. 디지털 시대에는 사방에 퍼져 있는 데이터를 수집하기보다는 스몰데이터로 시작하여 고객의 수를 늘리고, 고객의 인터넷, 모바일 활동에 관련된 더 많은 데이터를 수집하여 빅데이터로 확대해 가면서 더 많은 인사이트를 찾는 것이 보다 바람직하지 않을까?

그리고 빅데이터 활용을 위해서는 산업의 특성을 충분히 이해할 필요가 있다. 예를 들면, 패션시장의 경우 소비자들의 독특한 감성과 그들만의 스타일을 충족해야 하기 때문에, 대중을 향한 브랜드가 아니라면 빅데이터 를 활용하는 것이 오히려 좋은 해법이 아니 다. 개성 있는 아이덴티티를 가진 브랜드들

은 패션 리더들을 집중 공략하여 매니아층을 넓혀가는 방법을 취하고 있다. 그 대표적인 브랜드가 2014년 국내 패션계에서 가장 핫한 브랜드였던 코오롱 인더스트리 에프앤씨FnC의 럭키슈에뜨이다.

피자헛의 고객 데이터를 이용한 고객 인게이지먼트

파자헛은 2012년 고객 데이터 기반의 모바일, 소셜 미디어 그리고 인스토어에서 고객을 타겟팅하는 새로운 인게이지먼트 프로그램을 도입하였고, 전년 대비 마케팅 ROI가 12배 증가하는 성과를 만들어 냈다. 이전에는 다이렉트 마케팅이나 전통적인 커뮤니케이션 채널을 통해 고객들과 접촉해 왔지만 비용 대비 효과를 담보할 수 없었기 때 문에 고객 데이터 기반 시스템으로 전환했다고 한다.

피자헛은 캐필러리Capillary의 고객 인텔리전스 솔루션을 활용하여 고객 데이터를 수집하고, 구조화했다. 고객들이 제공한 구입 행태나 특성, 행동 유형을 활용하여 고객들을 크게 25~30개의 의미 있는 세 분집단으로 나누고, 다시 고객 행동을 세분 화하여 6,000개가 넘는 행동그룹으로 분류 했다.

실제 데이터에 기반해 세분화된 고객자 료와 캠페인 자동화기술을 적용하여 각 세

분집단의 특성에 맞게 캠페인을 전개할 수 있는 시스템을 구축했다. 이 시스템을 통해 피자헛은 인스토어 방문, 전화 혹은 온라인 포털 등 각각의 채널별로 접속해 오는 고객들과 끊임없이 커뮤니케이션하고, 모아진 데이터를 활용하여 효과적으로 고객 인게이지먼트를 구축할 수 있었다.

고객은 자신들이 사용하는 채널을 통해 커뮤니케이션하기를 선호하며, 채널마다 응대에 대한 그들의 호의 역시 차이가 난다. 피자헛의 시스템은 고객들이 선호하는 채널을 통해 고객과의 관련성이 높으면서 효과적으로 어필할 수 있는 개인화되고 타겟화된 마케팅 프로그램을 설계하고 실행할 수 있게 했다.

고객에 대한 철저한 이해를 바탕으로, 고객의 행동을 기반으로 세분화된 고객의 특성을 반영하여 고객과 커뮤니케이션하고 그들에게 적절한 캠페인을 전개했기 때문에 이전의 전통적인 캠페인보다 훨씬 더 높은 반응률을 기록했다. 고객이 언제 어떤 제품을 어떤 방법으로 주문할지 알고 있기 때문에 그들이 구입을 고려할 만한 장소에서, 그들의 니즈가 발생할 시점에 맞추어 고객들이 주문하도록 자극할 수 있었다. 데이터베이스를 이용하여 신규 고객을 찾아내기도 하고, 적절한 시점에 그들을 유인하는 매력적인 제안을 제공할 수도 있었다. 특히 고객의 특성에 따라 세분화되었기 때문에 캠페인의 성공률과 ROI가 크게 향상되었으며 피자헛에 대한 고객 인게이지먼트 또한 크게 상승하였다.

19 게임화 Gamification

게임화의 개념과 유래

많은 사람들이 게임을 좋아하고 그 이용 연령층도 확대되어 감에 따라, 많은 브랜드들이 고객 인게이지먼트를 위해 게임이나 게임의 요소를 활용하기 시작했다. 기술의 발전으로 훨씬 더 다양하고 재미 있는 경험이 제공되고 있기 때문에 더 많은 사람들이 게임에 더 많은 시간을 보내게 될 것이다. 또한 게임은 이러한 재미 요소를 통해 고객의 관심을 끌 수 있고 상대적으로 긴 시간 동안 브랜드에 머무르게 하기 때문에 고객과 상호작용하는 효과적인 수단이 되고 있다.

얼마 전까지만 해도 게임을 활용한 브랜드 마케팅의 방향은, 게임을 통해 소비자들에게 브랜드를 인지시키고 그들을 유인하는 것이었는데, 이제는 게임의 활용 범위가 훨씬 더 넓어졌다. 모바일 디지털 기기들이 발달함에 따라 언제 어디서나 게임을 할 수 있는 환경이 되었고 과거보다 훨씬 더 많은 사람들이 게임에 관심을 갖게 되었기 때문이다.

최근 몇 년 동안 게임 시장은 급격한 성장을 보여 이제 10조 원에 이른다고 한다. 담뱃값 인상 이전 기준으로, 우리나라 19세 이상 국민의 30% 이상이 하루에 2,500원씩 지불하는 담배 시장의 규모가 6~7조 원, 전 여성이 이용하는 화장품 시장의 규모가 7~8조 원임을 감안해 보면 게임 시장의 규모는 실로 엄청나다.

최근 TV광고에서도 게임 브랜드 광고가 적지 않은 비중을 차지하고 있다. 지하철을 타 보면 70~80% 이상이 휴대폰이나 태블릿을 보고 있고 그중 반 이상이 게임을 하고 있다. 게임은 이처럼 짧은 시간을 즐겁게 보낼 수 있는 수단이기 때문에 생활의 필수적인 요소가 되고 있으며, 이전과 달리 10~20대에 국한되지 않고 남녀노소 누구나 즐기는 오락이 되어 가고 있다. 서베이 결과에 따르면, 전 국민의 2/3가 게임을 하고, 그중 40%가 여성이며 25%가 50세 이상의 연령층이라고 한다. 이제 게임은 모든 사람들에게 중요한 오락 수단이 되었다. 게임은 모바일 마케팅에 있어서 매우 중요한 도구로 부각되고 있는 것이다.

■ 기업의 약 70%가 고객 인게이지먼트를 위해 게임화를 활용한다

연구 결과들에 따르면, 페이지뷰, 커뮤니티 활동 그리고 사이트에서 보내는 시간 등을 감안해 볼 때, 게임화를 통해 100~150% 정도 인게이지먼트를 증가시킬 수 있다고 한다. 따라서 게임 자체뿐만 아니라 캠페인을 위한 앱이나 모바일 사이트 등에 게임의 기법을 도입하거나 캠페인 앱 자체를 게임으로 구성하는 게임화Gamification가 활성화되고 있다.

게임화는 게임을 직접 활용하는 것과는 개념이 좀 다르다. 비즈니스에서 게임화는 특정한 목적을 위해 소비자들의 행동을 이끌어내거나 상호작용을 유도하는 매개로서, 게임의 기법이나 원리, 요소를 도입하는 것이다. 그 과정은 게임과 유사하지만 궁극적인 목표는 비즈니스와 관련된 것이다. 고객의 상호작용 프로세스에 게임화를 이용하는 기업들이 차츰 늘어나고 있는데, 최근의 게임화 트렌드는 디지털 게임의 디자인 기술을 활용하고 그것을 소셜 미디어나 웹 기반의 앱에 적용하는 것이다.

게임화를 비즈니스에 이용한 첫 번째 유형은 미국의 유나이티드 항공United Airline이 고객과 브랜드를 연결하고 고객들을 지속적으로 유지하기 위해서 도입한 우수고객 마일리지 프로그램(Frequent Flyer Program)이다. 나이키 플러스는 퓨얼밴드와 모바일 앱을 활용하여 운동의 양을 지속적으로 확인할 수 있게 한다. 고객들은 자신의 기록과 성취도를 친구들 혹은 다른 나이키 플러스 멤버들과 공유할 수 있다. 나이키 퓨얼 포인트가 쌓이면 보상도 받는다.

포스퀘어Foursquare는 고객들에게 서로 다른 장소에 체크인Check-in할 기회를 제공하고 그들의 경험을 다른 사람들과 공유하게 한다. 그렇게 하면 포인트를 얻을 수 있을 뿐만 아니라 특정 장소를 가장 많이 방문하는 사람이 되면 시장Mayor 배지도 얻을 수 있다. 시장이 되면 그곳에서 공짜 혜택을 받을 수도 있고 할인 혜택을 누릴 수도 있다. 이것들이 바로 게임화를 이용한 방법들이다.

게임화의 기본적인 아이디어는 고객의 흥미를 유발하고 인지도를 높이는 것과 같은, 미리 설정한 목표를 달성하는 것이다. 게임화를 위한 소프트웨어를 만드는 회사들은 쉽게 실행할 수 있는 각종 응용 프로그램을 제공하는데, 그 목적에 따라 프로그램이 세분화된다. 즉 브랜드 프로모션이나 로열티, 판매촉진, 고객과 관계형성, 그리고 고객 이해 등, 다양한 목적에 맞게 게임화를 활용할 수 있다.

　게임이 활성화되는 이유는 아마도 게임이 갖고 있는 6가지 요소, 즉 욕망, 자극, 도전, 성취와 보상, 피드백 그리고 '최고가 된다는 것' 때문일 것이다. 인간은 본성적으로 어디에서건 최고가 되려고 조바심을 낸다. 인간은 자신의 전문성과 헌신적인 노력에 대해 보상을 받기 원한다. 게임의 목표는 최고가 되는 것이고, 고객유인 요인은 목표를 달성하면 제공되는 인센티브이다. 따라서 게임화를 이용하는 기업은 플레이어의 목표와 기업의 목표를 맞물리게 하려고 할 것이다. 그리고 자주 방문하거나 구매하는 대가로 포인트를 지급하여 보상을 해 준다.

　초기에 포스퀘어나 샵킥Shopkick 등이 성공을 거두면서 게임화의 잠재성이 예측되었다. 2011년 소셜 게임 개발업체인 징가Zynga가 상장을 하면서 본격적으로 게임의 위력이 주목받기 시작했다. 징가는 페이스북이나 트위터 등 소셜 네트워크 서비스 업체에도 게임을 제공하는데, 이것을 소셜 게임이라 부른다. 소셜 게임이 수면으로 떠오르면서, 사이트 방문을 유인하거나 로열티를 강화하는 등 고객 인게이지먼트를 향상시키는 효과적인 수단으로 관심을 받기 시작했다. 고객들에게 기억에 남을 만한 경험을 제공하기 위해 많은 기업들이 게임 개발회사들과 파트너십을 맺고 있다. 연구결과에 따르면, 게임을 이용하는 기업의 약 70% 이상이 고객 인게이지먼트와 로열티 강화를 목적으로 하고, 약 15% 정도가 인지도 제고를 목적으로 한다고 한다. 기업이 게임화를 통해 성과를 얻을 수 있는 것은 성취와 성공에 대한 인간의 본성적인 욕구 때문이다.

■ 게임화를 활용해 브랜드 가치나 메시지를 쉽게 전달할 수 있다

게임을 활용한 마케팅은 고객들에게 브랜드가 제공하는 가치를 알리는 데 매우 효과적이다. 게임 환경 속에서 서로 경쟁하고 협력하는 것은 게임 자체를 위해 중요한 것이기도 하지만 제품이나 브랜드와 관련된 긍정적인 메시지를 증가시키기도 한다. 또한 게임에 참여하는 사람들은 반드시 가이드라인대로 따라할 수밖에 없기 때문에, 그들의 행동을 조정하고 변화시킬 수도 있다. 게임의 방식에 순응하듯이 게임을 통해 브랜드가 전달하는 것들을 받아들이게 하는 것이다.

필즈버리의 과일닌자 게임. 2014년 필즈버리의 토스터 스트루들Toaster Strudel 브랜드는 '과일을 더 많이(More Fruit)' 캠페인을 지원하기 위해 과일 닌자(Fruit Ninja)라는 게임과 과일을 자르는 무사가 출연하는 라이브쇼를 선보였다. 이 캠페인은 TV광고, 게임 그리고 라이브쇼로 구성되었다.

게임의 한 예로, 1,000개의 수박 자르기 미션을 완수하면 리워드를 받게 되는데 토스터스트루들 한 박스당 75센트 할인쿠폰, 게임 내 리워드 카탈로그에서 물건을 구매할 수 있는 게임 머니, 혹은 라이브쇼에 갈 수 있는 티켓을 받는다. 제시되는 미션은 주로 브랜드가 전달하고자 하는 메시지이다. 미션을 완수한 모든 소비자에게는 LA에서 진행될 라이브쇼의 홍보 비디오도 제공된다. 소비자들은 오프라인 이벤트에 가기 위해 게임에 열심히 도전했고, 라이브 이벤트를 보여주는 비디오 역시 널리 확산되었다. 이 게임은 디지털 게임으로 시작해서 모바일 쿠폰으로 옮겨가고 결국 고객들이 제품을 구매하려고 줄을 서게 했으며, 100만 명 이상이 게임에 참여하는 엄청난 성과를

필즈버리 토스트 스트루들: 과일닌자 게임

거두었다. 즐거운 게임을 경험하게 될 때 게임화가 브랜드에 어떤 영
향을 주는지를 잘 보여준 사례이다.

■ 게임화를 이용하면 고객의 관심을 유발하고 지속시킬 수 있다

맥도날드의 골 게임. 맥도날드는 2014년 월드컵 시즌에 맞춰 3D 축구
게임 앱인 맥도날드 골Mc Donald's Go!을 선보였다. 그와 동시에 빨간
색 프렌치프라이즈 패키지를 각 나라의 축구팀을 묘사한 12가지의
월드컵 이벤트 패키지로 변경하여, 고객을 게임으로 유도하는 매개
로 사용했다. 맥도날드에서 프렌치프라이즈를 구입하고 박스를 스캔
하면 게임을 시작할 수 있다. 이용자들은 테이블 위에 프렌치프라이
즈 실제 메뉴를 세우고 사진을 찍은 다음 그것을 앱에 집어넣어 이들
을 장애물로 활용하는 3D 묘기 슛게임을 즐길 수 있다. 이용자들은
게임에 이겨서 배지를 탈 수 있고 묘기 슛을 소셜 미디어를 통해 다
른 사람들과 공유할 수도 있다.

맥도날드 골 게임: 2014 월드컵

많은 사람들의 관심이 집중된 월드컵 시즌에, 축구 게임은 사람들의 관심을 유발할 수밖에 없다. 특히 맥도날드는 이 게임에 대한 관심을 증폭시키기 위해서 실생활에서 사람들이 보여주는 놀랍고도 재미있는 공 다루는 묘기와 골을 넣는 묘기를 담은 동영상을 제작하기도 했다. 게임은 기본적으로 인간의 본성을 자극하여 많은 사람들의 관심과 흥미를 유발할 뿐만 아니라 브랜드와 고객이 상호작용을 하게 한다. 그러한 관심은 브랜드에 대한 고객들 간의 대화를 유발하고 브랜드에 대한 관심으로 연결된다.

팍스 엔터테인먼트의 모바일 게임. 팍스 디지털 엔터테인먼트는 '박물관에서 지낸 밤(Night at Museum)'의 세 번째 시리즈인 '무덤의 비밀(Secret of the Tomb)' 개봉을 앞두고 관객들의 흥미를 유발하기 위해 '박물관에서 지낸 밤 : 숨겨진 보물'이라는 모바일 게임을 만들었다. 이 게임에는 영화 속 환경과 캐릭터를 그대로 활용하여 영화에 대한 고객들의 관심을 고조시켰다.

Find hidden treasures!*

*Before they disappear!

'박물관에서 지낸 밤' 모바일 게임

팍스사는 영화의 스타일을 그대로 활용하여 영화를 생생하게 느낄 수 있고 게임의 스릴도 즐길 수 있도록 게임을 구현했다. 이 게임은 '박물관에서 지낸 밤'의 팬들이라면 쉽게 접근할 수 있는 전통적인 모바일 게임이다. 이 게임을 통해 고객들은 영화와 동일한 환경에서 새로운 모험을 경험하게 되는데, 박물관을 구하기 위해 영화 속 캐릭터들과 팀을 이루어 숨겨진 보물을 찾을 수 있는 실마리를 찾아낸다.

게임은 기본적으로 고객들의 참여를 유발한다. 맥도날드의 게임은 더 많은 고객들이 맥도날드를 찾아오게 했으며 반복적으로 앱에 들어오게 했다. 그중에는 로열 고객도 있지만 새로운 고객도 유입되게 된다. 특히 맥도날드의 게임은 프렌치프라이즈의 구매를 통해 시작되고 게임의 요소가 맥도날드 제품과 연결되어 있기 때문에 이용자들은 제품과 상호작용을 하게 되고 이를 통해 추가 구입으로 이어지기도 한다. 또한 지속적으로 게임을 즐기기 위해서 이용자들은 게임이 제공하는 보상을 얻으려고 노력하고, 이러한 과정에서 브랜드에 대한 이용자들의 관심과 관계가 지속된다.

메이시스의 게임형 프로모션. 메이시스는 광고 기반의 게임을 통해 브랜드를 알리고 고객에게는 프로모션에 참여할 기회를 제공했다. 이 광고캠페인을 통해 메이시스는, 최근 타겟으로 설정하고 있는 모바일 이용자들과 더 많은 접촉을 갖고자 하였다. 모바일에는 다양한 브랜드들이 활동하고 많은 메시지들이 난무하기 때문에 다른 브랜드나 메시지보다 먼저 인식되고 관여하게 하는 것이 중요하다. 이를 위해 메이시스는 광고에 게임을 접목시킨 캠페인을 활용하기로 했다.

음악을 들으면서 게임을 하고 있으면, 아래쪽에 메이시스가 이 게임의 스폰서라는 문구가 배너로 나타난다. 소비자가 광고를 클릭하면 메이시스의 별 모양 로고와 함께 패션 제품의 사진이 뜬다. 그리고 아래에 박스가 나타나면서 이 사진을 보고 연상되는 단어를 30초 이내에 타이핑하라고 한다. 정답인 메이시스라는 단어를 쳐 넣으면 축하 메시지가 팝업으로 뜬다. 그러면 메이시스의 모바일 사이트로 클릭하여 들어갈 수 있고 일정 시간 동안만 제공되는 세일 행사에 참여할 수 있다. 메이시스는 기본적인 배너 광고가 아닌, 소비자들의 주의를 끌 수 있는 새로운 아이디어를 계속 찾아내고 있다. 메이시스를 연상해내고 이를 타이핑하게 하는 것은 배너 광고보다 더 인터랙티브한 광고로서 고객의 인게이지먼트를 크게 향상시킬 수 있다.

■ 게임화를 이용하면 고객과의 관련성을 강화할 수 있다

게임은 재미와 약간의 보상을 통해 고객과 브랜드가 친밀한 관계를 형성할 수 있게 하고, 고객들에게 추억으로 기억됨으로써 그 관계가 오래 지속되게 한다.

코카콜라의 저스트댄스나우. 코카콜라는 모바일을 활용하여 젊은층들과 관계를 강화하려고 지속적으로 노력해 왔다. 2014년 9월에 런칭한 모바일 게임 저스트댄스나우 역시 젊은층들과의 관련성을 강화하는 브랜드 전략의 일환이면서, 회사에서 펼치고 있는 '건강한 라이프스타일 장려' 운동과 미국음료협회가 추진하는 '2020년까지 일인당 소비 칼로리 20% 줄이기' 캠페인을 지원하기 위한 노력이기도 하다.

이 캠페인은 비만인 소비자들을 대상으로 하는데, 저스트댄스나우 앱에는 소셜 댄스 캠이 포함되어 있어 춤추는 모습을 아이폰이나 아이패드로 녹화하고 페이스북으로 공유할 수 있다. 사용자들은 앱을 다운받고 다른 스크린과 연결하여 댄서들이 춤추는 것을 따라 할 수도 있다. 아이폰이나 아이팟 터치를 사용해서 그들의 동작을 다시 보고 그들의 댄스 동작에 점수를 매길 수도 있다. 이 게임은 피트니스와 음악을 융합한 것으로 젊은층과의 관련성을 높여 인게이지먼트를 향상시키기 위해 전략적으로 개발되었다.

유니레버의 엑스맨 게임. 유니레버의 남성 화장품 브랜드인 엑스Axe는 2012년 모바일 게임인 엑스맨Axeman을 런칭했다. 엑스맨은 엑스 브랜드의 소셜 허브를 만드는 전략의 일환으로 구상되었다. 남성들의 외모를 가꾸어 주는 엑스 브랜드는 남성들의 라이프스타일에 초점을 맞추기 때문에 제품을 직접 이야기하기보다는 남성들과 관련성이 높은 이슈와 요소를 활용하였다. 남성들이 관심을 갖는 것들을 활용해서 그들과 상호작용하고 그들에게 즐거움을 줄 수 있는 새롭고 놀라운 방법들을 지속적으로 제공하는 것이다.

음악과 게임은 남성들이 매우 매력적으로 생각하는 요소들이기 때문에 엑스 브랜드는 엑스맨 게

플래닛 엑스: 엑스 소셜 허브

임과 게임을 위한 소셜 허브인 플래닛 엑스Planet Axe를 통해 그들에게 게임을 즐기고 음악을 활용할 기회를 제공하였다. 엑스맨 모바일 게임에서는 그들 자신의 음악으로 게임을 맞춤형으로 만들 수 있다. 게임을 해서 엑스 포인트를 모을 수 있고, 이 포인트로 게임 도구인 곡들을 살 수 있다. 또한 다른 사람들과 경쟁하기 위해서 포인트를 거래할 수도 있다.

게임을 위한 소셜 허브인 플래닛 엑스는 게임을 하는 고객들이 서로 연결되고 경쟁하게 하였고, 그들이 받은 리워드를 함께 모아 사용할 수도 있게 하였다. 엑스 브랜드가 엑스맨을 런칭한 것은 엑스를 남성 고객들의 외모에 도움을 주는 제품 차원을 넘어 그들 삶의 일부로 만들기 위해서였다. 음악, 게임, 라이프스타일 등 고객들과 관련성이 높고 고객들이 열정을 가지고 있는 것을 활용해 고객들의 인게이지먼트를 높이려고 한 것이다.

■ 게임화를 이용하면 공유와 구전, 추천을 유도할 수 있다

게임 이용자들은 그들의 경험을 다른 사람에게 이야기함으로써 더 많은 이용자들의 참여를 유도한다. 뿐만 아니라 포스퀘어의 배지나 게임 랭킹 같은 상징적인 인센티브를 제공하면 다른 사람들에게 자랑하고 싶은 욕구가 발동하여 소셜 네트워크를 통해 이를 공유하고

입소문을 만들어낸다. 이를 통해 더 많은 사람들이 게임에 참여하게 되고 점점 더 확산되어간다. 맥도날드 게임 역시 배지라는 상징적인 인센티브를 제공하고 묘기슛 등 많은 재미 요소를 만들어, 주변 사람들과 게임을 공유하도록 유도했다.

슐로스키의 게임들. 슐로스키는 미국 댈러스에 본사를 둔 샌드위치 체인으로, 국내에는 1995년에 처음 소개되었다. 슐로스키Schlotzsky는 브랜드 인지도를 높이고 고객 인게이지먼트를 높이기 위해 두 개의 모바일 게임을 런칭하였는데, 10만 명이 넘는 사람들이 이 게임을 다운받았다.

샌드위치와 음료 상품을 주는 '스크래치 매치 앤 윈Scratch, Match and Win' 게임을 통해 일년 내내 매주 공짜 샌드위치가 제공되었고, 스택인 오리지널Stackin' Original이라는 게임은 샌드위치에 들어가는 구성 요소를 쌓아 레벨을 올리고 그 결과를 페이스북을 통해 다른 사람들과 공유하게 했다. 이 게임의 디지털 리워드 프로그램은 고객들이 그 게임을 공유하고, 브랜드에 대한 입소문을 내고 추천하도록 유도했다.

슐로스키 랏츠포미 앱

슐로스키의 음료 패키지에 있는 QR 코드를 스캔하면 랏츠포미 앱을 다운받을 수 있다. 친구들에게 랏츠포미를 추천하여 친구가 앱을 다운받으면 리워드를 받는데, 소비자들이 소셜 미디어를 통해 슐로스키 브랜드에 대해 이야기하고 구전과 추천을 만들어낸 대가로 보상을 받는 것이다. 더 많은 소비자들이 이 앱을 다운받도록 유도하기 위해 게임을 런칭하고 한달 동안 게임을 다운받은 사람에게는 칩과 음료를 사면 작은 사이즈의 슐로스키 샌드위치가 공짜로 제공되었다.

또한 이 게임이 런칭되는 시기 동안 버즈를 일으키기 위해 "샌드위치가 착륙했다(Sandwiched have landed)"라는 디지털 캠페인도 전개되었다. 유튜브, 페이스북과 트위터에 올린 동영상 시리즈로, 백만 개의 샌드위치가 지구를 공격해 오고, 이에 맞서 지구를 구하는 약자들의 모험에 대한 이야기이다. 그 동영상의 인물들은 하늘에서 샌드위치를 없애버리는 앱을 다운받아서 하늘에서 떨어지는 샌드위치로부터 지구를 어떻게 구할 수 있는지 방법을 배운다.

슐로스키는 앱 기반의 로열티 프로그램을 소셜 미디어와 결합하여 공유와 추천에 따른 혜택을 제공함으로써 많은 고객들에게 브랜드를 알리고 관심을 갖게 유도할 수 있었다.

게임화를 통한 고객 인게이지먼트

게임화는 이제 대중을 대상으로 한 마케팅 방법으로 자리매김하고 있다. 게임화는 다섯 가지 인게이지먼트 드라이버들을 모두 갖추고 있기 때문에 고객 인게이지먼트에 매우 효과적이다. 게임화를 통해 고객 인게이지먼트를 유발하기 위해서는 다음 네 가지가 반드시 필요하다.

- 구조화된 원칙과 목표: 잘나가는 게임들을 보면 알 수 있듯이 플레이어들이 뭔가를 성취하고 인게이지하도록 유도하는 잘 짜여진 명확한

목표와 규칙이 필요하다.

- 정기적인 피드백: 인게이지먼트는 일관성 있는 피드백을 통해 유지되어야 한다.
- 도달할 수 있는 도전: 도전은 프로세스를 흥미롭게 해야 하고 고객이 활동을 계속하면 도달할 수 있는 것이어야 한다.
- 강력한 음모: 고객들을 참여시키기 위해서 목표 이외에도 주목하지 않을 수 없는 숨은 묘미를 주는 아이디어가 있어야 한다.

20 브랜드 저널리즘 Brand Journalism

브랜드 통합 커뮤니케이션의 새로운 접근

온라인과 SNS가 발달하면서 광고와 컨텐츠의 구분이 모호해지고 뉴스의 상업화가 가속화되면서 소비자들은 점점 대부분의 컨텐츠를 광고로 인식하게 되었다. 그 결과 인터넷이나 모바일에 넘쳐나는 컨텐츠들은 뉴스로서의 매력이 떨어지고 순수한 기사나 컨텐츠에 갈증을 느끼는 소비자들이 늘어나고 있다.

따라서 기업이나 브랜드는 직접 관리할 수 있는 영역이나 공간을 통해 소비자들의 컨텐츠에 대한 니즈를 충족시킬 수 있는 방법을 찾게 되었고, 그 결과 기업이나 브랜드가 스스로 미디어를 만들고 소비자들에게 컨텐츠를 생산하여 뉴스처럼 제공하는 브랜드 저널리즘이 등장하게 되었다. 이는 브랜드가 직접 소비자들에게 컨텐츠를 전달할 수 있는 플랫폼으로서 그 형태는 블로그, 웹사이트, 페이스북 팬

맥도날드 브랜드 저널리즘

페이지 혹은 이들의 결합 등으로 다양하다.

　브랜드 저널리즘은 2004년 맥도날드의 글로벌 마케팅 총괄을 역임한 래리 라이트Larry Light가 에드버타이징 에이지Advertising Age 컨퍼런스에서, 맥도날드의 새로운 마케팅 접근인 '브랜드 저널리즘 플랜'을 소개하면서 처음 사용한 용어이다. 맥도날드는 자사 브랜드 같은 메가 브랜드의 다면적이고 광범위한 브랜드 이야기를 하나의 광고나 단순한 컨텐츠로는 전달할 수 없다고 판단했다. 특히 맥도날드의 새로운 글로벌 브랜드 캠페인 'i'm lovin' it!'의 다면적인 메시지를 다양한 매체를 통해 다양한 소비자들에게 전달해야 했기 때문에, 하나의 메시지를 반복적으로 전달하는 전통적인 방식을 활용하지 않고, 다양한 흥미를 가져다주는 서로 다른 일련의 컨텐츠로 마치 에디터가 잡지를 만드는 것과 같은 방식으로 브랜드 잡지를 만들기로 한 것이다. 이것이 브랜드 저널리즘이라는 용어가 생겨나게 된 계기이다.

■ 마케터들이 스토리 형식으로 브랜드 컨텐츠를 전달한다

전 세계의 소비자들에게 메시지를 푸시 방식으로 전달하는 것은, 소비자와의 대화를 기반으로 한 디지털 시대의 마케팅에서는 더 이상 유효하지 않다. 디지털 기술로 인해 마케터들이 직접 소비자들과 이야기할 수 있는 환경이 만들어 졌다. 이전보다 훨씬 다양한 컨텐츠들을 뉴스 편집자의 도움 없이 마케터들이 스스로 컨텐츠를 생산하여 소비자들에게 전달할 수 있게 된 것이다. 즉 브랜드 저널리즘은 디지털 시대에 적합한 컨텐츠 마케팅 방법이라고 할 수 있다. 기존의 광고 역시 이러한 컨텐츠 마케팅의 한 형태라고 볼 수 있겠지만, 브랜드 저널리즘은 이 보다 한 발 더 나아가 뉴스보다 더 흥미로운 '스토리' 라는 형식으로 브랜드 컨텐츠를 전달한다.

최근에는 소비자들이 이미 다양한 형태의 마케팅을 경험했고 경험과 참여 등의 새로운 경험을 해 왔기 때문에, 광고 전문가나 저널리스트가 아닌, 마케터들이 직접 생산하거나 기고자들에 의해 생산된 이야기들이 기존의 뉴스보다 더 흥미를 줄 수 있다. 결국 브랜드 저널리즘은 광고와 전통적인 뉴스 매체의 저널리즘 사이를 파고드는 새로운 미디어로, 광고업계와 저널리스트들을 긴장시키고 있다.

이러한 영향으로, 비즈니스 뉴스를 제공하는 전통 미디어인 〈포브스Forbes〉조차 2010년 〈브랜드 보이스BrandVoice〉(당시에는 Advoice)라는 이름으로 브랜드 저널리즘을 도입하기 시작했다. 점점 더 세분화되고 개인화되는 디지털, 모바일 시대에는 획일화된 형식으로 컨텐츠를 일방향적으로 전달하는 기존의 뉴스보다는 소비자들과 함께 생산하고 공유하는 브랜드 저널리즘이 더 각광 받을 것이라는 것을 그들도 인정한 셈이다.

미디어와 마케팅이 융합하여 탄생한 하이브리드

브랜드 저널리즘은 스토리텔링이 진일보한 개념으로, 스토리텔링이 일회성이라면 브랜드 저널리즘은 지속적이고 전략적으로 소비자들의 흥미를 유도하는 방식으로, 브랜드에 관한 스토리를 진정성 있게 전달한다. 또한 전통적인 매체에서 벗어나 블로그, 웹사이트, 소셜 미디어 등의 채널을 복합적으로 활용하고, 신뢰할 수 있는 정보에 재미 요소를 가미해서 컨텐츠를 전달한다. 브랜드 저널리즘의 형태는 주로 온라인이나 모바일 매거진 형태로 구성되기도 하고, 하나의 미디어로 정착되기도 한다.

코카콜라 저니. 코카콜라는 2012년 11월에 〈코카콜라 저니Coca Cola journey〉라는 브랜드 디지털 매거진을 선보였다. 단순히 회사의 보도자료나 홍보성 비디오를 일방향적으로 제공하는 기존의 웹사이트와는 달리, 사람들에게 흥미롭고 영감을 주는 스토리나 비디오를 제공하고 그들이 관심을 갖는 다양한 주제에 대한 견해를 제시한다. 컨텐츠 역시 SNS를 통해 전달된 브랜드에 관한 이야기, 다양한 동영상, 지속가능 경영, 혁신, 코카콜라의 역사, 음악, 커뮤니티, 문화, 음식과 레시피 등 매우 다양한 주제로 구성되어 있다. 또한 회사나 브랜드와 관련된 컨텐츠가 아니더라도, 독자들에게 흥미를 주고 서로 의견을 나눌 수 있는 다양한 컨텐츠를 개발하고 있다.

레드불의 레드불레틴Red bulletin. 에너지드링크의 선구자인 레드불은 〈레드불레틴〉이라는 잡지를 통해 엄청난 수의 소비자들과 강력한 연결고리를 형성하고 있다. 165개국에서 리딩 에너지드링크 브랜드인

코카콜라 브랜드 저널리즘: 코카콜라 저니

레드불은 수백 명의 운동선수들을 스폰서하면서 고객들과의 지속적인 접촉 기반을 구축했을 뿐만 아니라 〈레드불레틴〉이라는 브랜드 매거진을 통해 고객들의 생활 속에 깊이 자리 잡고 있다.

〈레드불레틴〉은 2007년부터 발간한 라이프스타일 매거진인데, 2015년 현재 2,700만 부를 찍어낼 정도로 광범위한 독자층을 가지고 있다. 인쇄잡지로 큰 성공을 거둔 〈레드불레틴〉은 다양한 분야의 더 많은 독자층을 확보하기 위해 아이패드 앱을 런칭하였다. 이 앱은 전 세계에 퍼져 있는 고객들의 흥미를 높이고 라이프스타일에 더 깊이 파고들기 위해 비디오뿐만 아니라 인터랙티브 컨텐츠들로 구성되어 있다. 스포츠 문화와 스포츠 스타, 뮤지컬 배우에 관한 뉴스, 스포츠나 음악 장비들에 대한 평가에 이르기까지 인쇄매체로는 표현하기 어려운 컨텐츠를 제공하여 고객의 라이프스타일 경험을 창출해 내고 있다. 새로운 이슈가 나오면 고객들에게 알림서비스를 제공하고, 소셜 미디어나 이메일로 컨텐츠를 자유롭게 공유할 수 있게 하였다.

아메리칸 익스프레스 온라인 매거진: 오픈 포럼

아메리칸 익스프레스의 오픈 포럼. 아메리칸 익스프레스의 〈오픈 포럼〉은 아메리칸 익스프레스가 후원하는 온라인 매거진이자 하나의 공개 포럼이다. 지난 2007년부터 소규모 기업에 도움이 되는 조언과 정보를 제공하면서 일종의 커뮤니티 사이트 역할을 해 오고 있으며, 이들의 비즈니스를 위한 전문가들의 이야기나 블로그 포스트, 토론방, 동영상 등을 담고 있다.

〈오픈 포럼〉은 이제 하나의 미디어로 자리 잡아 가고 있다. 이 포럼에서 자체적으로 운영하는 설문조사나 어워드 등이 언론에 대대적으로 보도되거나 인용되기도 한다. 2008년 42만 5000뷰를 기록한 데이어 2010년에는 1,000만 페이지뷰를 달성했다. 이 사이트는 회원들이 관심을 갖는 주제에 관한 컨텐츠를 제공하는 과정에서 하나의 아이디어 허브로 포지셔닝되었다. 그리고 기업 고객 혹은 비즈니스 파트너를 찾고 있는 소기업들의 네트워킹을 돕고 점차 소규모 자영업자의 문제에 대한 목소리를 내면서 더욱 주목받고 있다.

넷어포터 온라인 패션잡지: 디에디트

넷어포터의 디에디트. 영국의 명품 전문 온라인 쇼핑몰인 넷어포터Net a Porter는 사이트 내에서 패션 잡지인 〈디에디트The Edit〉을 매주 발간한다. 2012년 미국 〈보그〉와 〈하퍼스 바자〉의 패션 에디터였던 루시 예맨스Lucy Yeomans를 영입하면서 이 잡지가 발간되기 시작했다. 쇼핑 리스트, 스타일룩, 브랜드 촬영, 뷰티, 여행 등 다양한 컨텐츠로 구성되어 있으며, 온라인의 이점을 살린 독특한 컨텐츠들을 선보인다. 일부 컨텐츠는 컨텐츠에서 소개한 아이템을 바로 구매할 수 있도록 링크를 걸어 놓았기 때문에 컨텐츠를 목적으로 방문하지만 궁극적인 목표인 구매로도 쉽게 연결된다. 여러 언어로 제공되고 있고 각 지역에 맞춘 로컬 컨텐츠를 생산하여 제공하기 때문에 각 지역에서 다른 지역의 소식이나 동향을 파악할 수도 있어 세계적 패션 트렌드에 관심을 가진 사람들의 니즈도 충족시키고 있다. 2014년 2월에는 세계 60개국 220개 도시에서 페이퍼 매거진을 동시에 발행하여 〈월스트리트저널〉, 〈뉴욕타임스〉 등 글로벌 유력지들이 주요 이슈로 다루기도

LVMH의 나우니스

하였고 영국 〈인디펜던트〉 지에서는 패션의 바이블이라 불리는 〈보그〉와 경쟁하는 매거진으로 꼽기도 했다.

LVMH의 나우니스. LVMH는 자사 온라인 쇼핑몰인 e럭셔리닷컴이 LVMH의 고급스러운 이미지를 전달하는 데 기여하지 못했다고 판단하고 새로운 방식으로의 전환을 모색하여 2010년에 나우니스Nowness 사이트를 오픈했다. 나우니스는 영화 제작자, 아티스트, 크리에이터를 위한 오픈 플랫폼으로 예술, 패션, 사진, 건축, 디자인, 음악 영화에 이르기까지 다양한 컨텐츠들을 매일 한 가지씩 이야기 형태로 제시한다. 나우니스는 사용자들에게 다양한 컨텐츠를 제공하기 위해서 자사 브랜드뿐만 아니라 경쟁사 브랜드도 컨텐츠의 소재로 적극 활용하고 있다.

미국 최대 무선 통신업체이자 무선 데이터 공급업체인 버라이즌

Verizon은 75명의 에디터, 작가, 비디오 사진작가가 참여하는 모바일 웹사이트를 운영하는데, 독특하게 디자인된 컨텐츠로 버라이즌의 라이프스타일을 전달하고 있다.

■ 장기적 관점에서 독창적인 브랜드 컨텐츠를 전달한다

이처럼 브랜드 저널리즘은 하나의 미디어로서의 역할을 담당하는 만큼 다양한 필진들이 참여해 독특하고 심화된 컨텐츠를 생산해야 한다. 단순히 브랜드를 홍보하는 컨텐츠가 아니라 스토리텔링 등 사용자들의 흥미와 관심을 유도할 수 있는 독창적인 컨텐츠를 만들어 낼 수 있어야 한다. 또한 브랜드 저널리즘은 SNS와 유기적으로 연계되어 컨텐츠를 효과적으로 전파해야 하고, 더 나아가 소비자들과 적극적으로 커뮤니케이션하는 발판이 되어야 한다.

이를 위해서는 소비자들이 적극적으로 참여할 수 있는 공간과 방법을 마련해야 한다. 또한 기존의 소셜 미디어와 달리 일시적으로 컨텐츠나 상업적 메시지를 전달하는 것이 아니라 장기적인 시각으로 브랜드 컨텐츠를 체계적으로 전달하여 브랜드에 대한 관심을 형성하고 지속시켜 나가야 한다.

브랜드 관리를 위한 역동적인 커뮤니케이션 플랫폼

브랜드 저널리즘은 디지털 시대의 마케팅에 필수적인 요소로 부각되고 있다. 왜냐하면 브랜드 저널리즘은 브랜드의 스토리를 진화시킬 수 있기 때문이다. 일련의 계획을 갖고 광고, 기사, 블로그 포스트, 비디오, 소셜 미디어, 이벤트 등의 컨텐츠를 체계적으로 전달함으로써 소비자나 고객들의 관심과 흥미를 끌거나 유지하는 데 매우 좋은 방법이 될 수 있다.

이제 브랜드 매니저들은 브랜드 저널의 에디터가 되어야 한다. 브랜드 매거진을 활용하면 브랜드 메시지들을 다양하고 재미있게 전달할 수도 있고, 고객과의 관련성이 높은 스토리로 만들어 일관성 있게 전달할 수도 있다. 하지만 브랜드 저널이 반드시 매거진 형태로 발간되어야 하는 것은 아니다. 특정 매체나 매개를 통합 커뮤니케이션 플랫폼으로 정하고, 종합적으로 기획된 브랜드 컨텐츠들을 그곳에 모으되, 각 컨텐츠는 컨텐츠별로 효과적인 매체나 매개를 통해 전달하면 된다.

요약해 보면, 브랜드 저널리즘은 저널리즘 스킬과 스토리텔링 기법을 활용하여 브랜드를 관리하는 툴이라 할 수 있다. 다양한 미디어를 통해 전달되는 컨텐츠와 전달 기법들을 역동적인 커뮤니케이션 플랫폼으로 통합시킨 것이다. 지금과 같이 빠르게 변화하는 마케팅 환경에서 마케터는 전통적인 방식에만 의존하지 말고 고객들의 관심을 끌고 인게이지시킬 수 있는 재미있고 가치 있는 컨텐츠들을 창조해 나가야 한다.

21 새로운 디지털 미디어 툴

모바일의 핵심 툴이 될 비콘

향후 몇 년 동안 우리나라에서 가장 부각될 모바일 서비스는 비콘 Beacon을 활용한 서비스다. 비콘 서비스는 페이팔Pay Pal이 2013년 BLE(Bluetooth Low Energy) 방식의 결제 서비스를 공개하고, 애플이 결제서비스와 연계한 실내 위치 기반의 아이비콘즈ibeacons 서비스를 선보이면서 본격적으로 부각되기 시작했다. NFC의 감지거리가 10센티미터 미만인데 비해 BLE 방식의 비콘은 전송 및 감지거리가 10~50미터까지 넓어지기 때문에 위치 기반으로 마케팅 플랫폼과 결제서비스를 통합적으로 제공할 수 있다는 장점이 있다.

비콘은 50미터 이내에 있는 스마트폰 사용자에게 정보를 전달할 수 있는 정보전달 서비스로, 고객에 대한 정보를 수집하고 이를 분석할 수 있게 하는 역할도 한다. 따라서 비콘 서비스를 매장에서 사용할 경우, 제품 정보나 프로모션 등 고객에게 관련성이 높고 개인화된 컨텐츠를 제공할 수 있어 인스토어에서 향상된 고객 경험을 창조할 수 있다.

2014년 11월, 삼성이 비콘 기술을 활용한 위치 기반 정보단말 서비스인 프록시미티Proximity 서비스를 개시했다. 애플이 아이비콘을 런칭한 지 1년 2개월 만에 삼성이 프록시미티를 런칭한 것이다. 삼성과 애플의 비콘 서비스는 기본적으로 큰 차이가 없다. 블루투스는 중앙집중 모드와 주변으로 퍼져나가는 모드, 두 가지로 구성되는데, 삼성이 제공하는 프록시미티 서비스는 삼성의 플레이스엣지라는 소프트웨어가 주변으로 퍼져 나가는 모드를 지원하여 미세한 위치 정보까지 전송해 줄 수 있는 장점을 가지고 있다. 또한 애플의 아이비콘은 사용자가 앱을 다운받아 보유하고 있어야 가능한데, 삼성의 프록시미티는 스마트폰에 앱을 다운받을 필요 없이 컨텐츠를 보낼 수 있는 장점을 가지고 있다.

삼성의 프록시미티는 파리바게트 매장과 삼성디지털 플라자 매장에서 이미 도입되어 활용되고 있다. 머지않아 많은 매장들이 고객 인게이지먼트를 향상시키기 위해 이 서비스를 이용할 것으로 예상된다. 또한 비콘 기술의 발달 속도를 감안하면 이 책이 출간될 즈음에는 이 내용이 이미 오래전 이야기가 될 수도 있을 것이다.

■ 최초의 비콘 서비스를 상용화한 샵킥

페이팔과 애플이 공개한 BLE 방식의 비콘 서비스를 선보이기 이전에도 비콘은 이미 사용되고 있었다. 비콘을 이용해 솔루션을 구축하여 상용화한 최초의 사업자는 샵킥Shopkick이었다. 매장에 들어오는 사람에게 리워드를 주는 방식으로 고객을 매장으로 유인하는 서비스를 제공해 온 샵킥의 핵심 기술이 바로 저주파 사운드 비콘을 이용해 자동 체크인 되도록 하는 것이다

이 기능을 통해 샵킥은 3년 동안 500만 명의 가입자를 확보했다. 하지만 2013년에 페이팔과 애플이 선보인 새로운 비콘 서비스는 기존의 사운드 비콘과 비교해 볼 때, 기기가 소형화되고 저전력을 사용하고 있으며 벽과 같은 물리적인 환경에 영향을 덜 받는 장점을 가지고 있다. 이러한 장점 때문에 사물인터넷의 대부분 제품들이 블루투스를 이용한다

■ 리테일 스토어에서의 비콘 활용

비콘은 특정 장소에 설치되어 작동하는 것이기 때문에 리테일 스토어들에게 특히 유용하고 리테일러들에게 엄청난 기회를 제공해 줄 것으로 기대된다. 리테일 스토어에서 비콘이 활용되는 방법을 좀 더 자세히 살펴보자.

의류매장, 마트, 커피 전문점 등 다양한 리테일 스토어를 염두에 두고 어떤 서비스를 제공할 수 있는지 생각해 보자. 먼저 비콘을 이용하면 매장 주변을 지나가는 고객을 매장으로 유인할 수 있다. 특가 상품이나 세일 정보가 매장 주변을 지나가는 고객의 모바일 기기에 뜬다. 이러한 정보는 고객을 매장으로 유인할 것이다. 개인화된 서비스도 가능해진다. 기존에 거래가 있던 고객이라면 고객이 매장에 들어서면 고객의 구매이력 정보에 기반하여 고객의 취향에 맞는 제품의 할인쿠폰이 모바일 기기로 전달된다. 또한 매장직원은 구매이력 정보를 활용하여 고객의 취향에 맞는 제품을 추천할 수도 있다.

커피 전문점의 경우 "오늘도 캐러멜 라떼'를 주문하시겠습니까?" 라는 개인화된 서비스로 고객에게 편의성을 제공하고, 고객의 동선에 따라 실시간으로 필요한 정보를 제공할 수 있다.

의류매장에서는 고객이 마음에 드는 청바지를 고르고 나면 청바지와 어울리는 티셔츠를 추천해 준다. 매장 내에서도 매대마다 고객에게 메시지를 전달할 수 있다. 예를 들면 대형마트나 백화점을 쇼핑하는 도중 특정 매대를 지나갈 때 해당 브랜드가 제공하는 할인쿠폰이 제공된다. 또는 특정 매대에서만 제품을 구입하는 고객에게는 경쟁 브랜드의 쿠폰을 제공할 수도 있다.

리테일 스토어의 경우, 비콘을 활용하여 고객 승인 하에 고객들에게 가치 있는 제안이나 정보를 제공할 수 있기 때문에 매우 유용하다. 현장에서 꼭 필요한 정보를 제공하는 위치 기반 서비스가 바로 비콘 서비스이다. 고객이 쇼핑을 마치고 매장 밖으로 나오면 자동으로 결제가 이루어지기 때문에 편리하다. 비콘을 활용해 고객과 상호작용하는 다양한 기회를 만들 수 있으며, 매장을 나가는 손님에게 감사 메시지를 전달할 수도 있다. 또한 매장에서의 고객 행동을 이해할 수 있는 구체적인 정보를 얻을 수도 있어, 이를 토대로 매장에서의 고객 경험을 향상시킬 방법을 모색할 수 있다.

비콘을 도입한 미국 리테일 스토어들. 미국의 메이시스 백화점은 아이비콘을 처음 도입한 리테일 스토어로, 샵킥의 아이비콘iBeacon 기술인 샵킥샵 비콘Shopkick' s Shop Beacon을 활용하여, 매장 이용자들이 매장 근처에 오면 앱을 통해 각 세부 매장별 이벤트, 할인, 추천, 보상 등의 정보를 모바일에 제공한다. 예를 들면 장난감 코너에 앱을 설치한 고객이 들어오면 코너 입구에 설치된 인식 기기가 고객의 모바일 앱

메이시스 백화점 아이비콘 서비스

을 인식하고 할인, 신상품 등의 정보를 보내 주는 것이다. 2013년 크리스마스 휴가 기간에 시험적으로 운영되었고, 현재 전국 매장에 4,000개 이상의 비콘 기기가 설치되었다.

비콘 서비스는 현장에서 프로모션 정보나 마케팅 정보를 고객에게 전달하기 때문에 고객 관련성이 아주 높은 마케팅 수단이다. 고객 인게이지먼트를 향상시키기 위한 방안으로서, 메이시스 이외에도 베스트바이Best Buy, 제이씨페니JcPenny 등 많은 리테일 체인들이 비콘 서비스를 도입하고 있다.

■ 다양한 용도를 창조해 가는 비콘

2013년 10월, 미국 메이저리그의 뉴욕 메츠 홈구장인 시티필드는 아이비콘 시범 서비스를 시작했다. 고객이 야구장을 방문하면 경기와 구장에 대한 정보 등 필요한 정보를 제공한다. 이번 방문이 몇 번

뉴욕 메츠 홈구장, 시티필드의 아이비콘 서비스

째인지도 알려주고, 좌석의 위치와 출구도 알려준다. 그리고 매점이
나 기념품점을 지나가면 쿠폰이 모바일 기기에 뜬다. 지금은 뉴욕메
츠뿐만 아니라 20개가 넘는 MLB 스테디엄들이 아이비콘 서비스를
도입하고 있다.

코카콜라는 2014년 월드컵 시즌에 아이비콘을 활용하여 팬들에게
가까운 코카콜라 키오스크의 위치를 알려주는 서비스를 제공했다.
니베아는 2014년 잡지 광고에 비콘 팔찌를 끼워 넣고 스마트폰과 연
동하여 해변에서 아이들이 어디 있는지 찾는 데 도움을 주었다.

네덜란드산 프리미엄 맥주 브랜드인 그롤쉬 역시 2014년 여름에
비콘을 이용한 이벤트를 시행했는데, 맥주병 뚜껑에 블루투스 기반
의 비콘을 설치하고 병을 따면 비콘이 작동하고 스마트폰과 연결되

어 시리얼 번호로 무료 영화 관람권에 응모할 수 있도록 했다. 비콘이라는 신기술과 무료 영화 관람권에 당첨될 수 있다는 점으로 인해 고객들의 관심과 흥미를 유발하였다.

국내에서는 SK텔레콤이 2014년 사용 장소와 환경에 따라 구분된 4종의 비콘을 출시한 데 이어 실내 위치 확인뿐만 아니라 실내 지도 제작도 가능한 '위즈턴'도 출시했다. 2014년 3월에는 분당 서울대병원에서 국내 최초로 비콘을 활용하는 실내 내비게이션 시스템을 설치하여 운영 중이며, SK나이츠 농구단의 홈구장인 잠실 학생체육관에도 비콘을 활용한 서비스가 개시되었다.

■ 잠자고 있는 앱을 깨우는 비콘

비콘을 이용하면, 고객이 쇼핑하는 시간에, 고객이 이전에 다운받은 잠자고 있는 앱에 다시 주의를 기울이게 할 수 있다. 연구 결과에 의하면, 스마트폰에서 앱 소요 시간 중 42%가 가장 많이 사용하는 앱 하나를 사용하는 데 쓰이고, 앱 사용 시간의 75%가 가장 많이 쓰는 앱 4개를 사용하는 데 쓰인다고 한다. 그렇다고 해서 사용되지 않고 있는 앱이 모두 쓸모없는 앱은 아니다. 어떤 앱은 일 년에 단 몇 번이지만 아주 유용하게 사용되는 앱도 있고, 사용할 상황과 동기가 부여되면 다시 사용될 수 있는 앱도 있다.

비콘을 이용하면 이러한 휴면 앱을 동기화할 수 있다. 만약 고객이 자사 스토어앱을 다운받았지만 사용하고 있지 않다면, 사용 동기를 제공하여 스토어앱을 다시 사용하게 할 수도 있는 것이다. 비콘 서비스는 사전에 메시지를 전달해도 좋다는 동의를 받은 앱이기 때문에 고객이 비콘이 접근할 수 있는 거리에 들어오면 스토어앱에서 고객에게 도움이 되는 행사 정보가 있다는 것을 알려주거나 앱을 열면 받을 수 있는 인센티브를 제공함으로써 고객이 스토어앱을 다시 사용하게 할 수 있다.

■ 비콘은 고객에게 부정적인 인식을 유발할 수 있다

비콘은 마케팅에 매우 요긴한 기술이다. 하지만 고객에게 긍정적인 경험을 만들어 주지 못하면 오히려 부정적인 작용을 할 수도 있다. 스타벅스는 2015년부터 프리미엄 스토어에 한정해서 애플의 아이비콘을 도입할 예정이다. 비콘 기술을 사용함으로써 오히려 고객들을 소외시키거나 귀찮게 한다는 인상을 줄 수 있기 때문에 조심스럽게 그들이 구상하고 있는 프리미엄 스토어의 격에 맞는 서비스를 제공할 계획이라고 한다. 즉 프리미엄 커피를 직접 볶고 맛을 볼 수 있게 마련된 공간에서 스마트폰으로 고객들이 막 내린 신선한 커피에 대한 상세한 정보를 받아볼 수 있게 하는 것이다. 이러한 과정은 스타벅스의 모바일 마케팅을 보다 가치 있게 향상시켜 나갈 것이다.

스타벅스와 같은 커피 전문점의 경우, 비콘 서비스를 도입하면 고객이 스토어 문을 열고 들어오는 순간 고객의 구매 이력과 특성이 매장 점원의 단말기에 나타나서, 고객에게 제품을 추천할 수 있으며 별도의 수고 없이 로열티 프로그램의 마일리지가 자동으로 적립되기 때문에 고객의 불편을 덜어줄 뿐만 아니라 매장 운영의 효율성도 높일 수 있다. 스타벅스의 경우, 이미 로열티 프로그램의 회원이거나 스타벅스 앱을 사용하고 있는 고객들이 많을 뿐만 아니라, 이미 모바일 마케팅을 통해 고객들에게 지속적으로 놀라운 경험을 제공해 왔기 때문에, 사전에 비콘 기술에 대한 고객의 기대 수준을 만들어 놓을 필요가 있다. 비콘 기술을 통해 고객들이 어떤 메시지를 받게 될지, 그래서 어떤 혜택을 받을 수 있는지에 대해 충분히 인지시키지 않으면, 고객들은 비콘 기술이 그들을 귀찮게 하거나 방해한다고 느낄 수도 있을 것이다.

■ 개인화된 정보와 경험을 통해 고객 인게이지먼트를 향상시킨다

비콘은 다양한 장점을 가지고 있기 때문에 더 많은 기업들이 판매 성과를 향상시키거나 고객의 로열티를 강화하기 위해 비콘을 설치할 것으로 생각된다. 차츰 비콘이 상용화되면 광고 회사나 기업들이 수천만에서 수억 명의 고객들을 대상으로 관련 지역에 광범위하게 비콘을 설치하는 범국가적인 네트워크가 구축될 수도 있을 것이다.

앞에서도 언급했듯이, 비콘 기술을 이용하면 현장에서 제품 정보, 할인 쿠폰, 행사 정보, 그리고 결제에 이르기까지 다양한 방법으로 고객들에게 새로운 쇼핑 경험과 편리함을 가져다 줄 수 있다. 또한 각 고객에게 개별화된 정보와 경험을 제공할 수 있는 기반이 된다. 비콘 서비스를 이용한 한 보석점 체인의 경우, 비콘 메시지를 받은 사람들 중 72~75%가 매장 안으로 들어왔다고 한다. 이제 머지않아 국내 리테일 스토어들도 경쟁적으로 비콘 서비스를 도입하게 될 것이고, 이를 통해 고객의 경험의 질이 향상되고 고객 인게이지먼트도 더욱 강화될 것이다. 향후 비콘을 이용하는 다양한 서비스가 개발될 것이고, 이를 통해 고객들에게 보다 다양하고 편리한 경험을 제공할 수 있게 될 것이다.

소셜 웹툰

국내 기업들은 브랜드와 상품을 널리 알리기 위해 다양한 마케팅 기법을 도입하고 있다. 최근에는 브랜드 홍보 마케팅의 일환으로 이른바 '웹툰 마케팅'이 주목받고 있다. 웹툰은 인터넷에서 연재되는 만화로, 스마트폰이 빠르게 보급되면서 포털 사이트에서 가장 매력적인 컨텐츠로 자리 잡았으며, 10~20대에서 최근 30~40대까지 구독층이 넓어지면서 다양한 타겟 마케팅이 가능한 분야로 성장하고 있다.

1세대 웹툰 마케팅이 기업의 로고나 제품을 웹툰에 그대로 노출시키는 간접 광고(PPL) 형식이었다면, 차츰 소비자가 참여하는 소셜 웹툰으로 발전해 가고 있다. 소셜 웹툰에서는 브랜드를 직접적으로 부각시키지는 않지만 홈페이지나 쇼핑몰에 웹툰 컨텐츠를 연재해서 소비자들을 유인하고, 기획 단계부터 웹툰작가와의 협업을 통해 브랜드 철학을 담은 스토리를 개발하여 상업적인 거부감을 없애는 방법을 사용하고 있다.

코오롱에프앤씨의 '도밍고씨의 흥하는 흥신소'. 코오롱스포츠는 2013년 다음카카오의 웹툰 '피크'의 협찬사로 참여하여 웹툰 속의 등산복과 신발 등에 코오롱의 제품 디자인과 로고를 넣는 간접 광고를 진행하였는데, 차츰 대중의 관심이 떨어지자 젊은층을 겨냥하여 웹툰을 직접 제작하기로 했다. 코오롱에프앤씨의 남성복 캐주얼 '시리즈'는 홈페이지인 '바이시리즈'에 이현세, 하일권 등 국내 대표 웹툰작가의 컨텐츠를 연재하면서 웹툰을 활용하기 시작했다. 이어 '도밍고씨의 흥하는 흥신소'를 연재하였는데, 20~30대 남성의 연애, 인간관계, 패

이니스프리 소셜 웹툰 '입술로 말해요'

션 등에 대한 고민을 그림과 짧은 스토리에 녹이고 다양한 상황에 적합한 스타일링과 뷰티, 매너에 이르기까지 다양한 팁을 위트 있게 제공하여 재미와 공감대를 얻고 있다.

이니스프리의 '입술로 말해요'. 아모레퍼시픽의 이니스프리는 2014년 1월 신제품 크리미 틴트 립무스 출시와 함께 '내가 순정만화 속 주인공이 되는'이라는 디지털 캠페인과 소셜 웹툰 '입술로 말해요'를 런칭했다. 이 소셜 웹툰은 자기 사진을 업로드하면 자신이 순정만화 속 여주인공이 되는 인터랙티브 기술과 순정만화가 주는 아날로그적인 감성을 결합해서 신선한 재미를 주었다. 인기리에 방송되었던 드라마 주인공인 이민호가 남자 주인공으로 설정되었고 내레이션에 직접 참여하여 애니메이션 효과를 높였다.

이 웹툰 사이트에 접속해서 순정만화 '궁'의 박소희 작가가 만든, '여대생의 러브 스토리'나 '커리어우먼의 러브 스토리' 중 하나를 선택해서 자신의 사진을 업로드하면 웹툰 속의 여주인공 얼굴이 자신의 사진으로 바뀌면서 한 편의 순정만화가 시작된다. SNS로 이 웹툰을 공유하면 추첨을 통해 틴트 립무스를 증정하는 SNS 공유 이벤트도 함께 진행되었다.

이 웹툰은 한국과 중국에서 동시에 런칭되었다. 캠페인이 진행되는 동안 16만 건에 달하는 소셜 웹툰 컨텐츠가 만들어지는 등 큰 관심을 받았고, 놀이하듯이 즐기는 과정 자체가 브랜드에 대한 호감도를 상승시키는 데 긍정적인 역할을 했다.

이니스프리는 남성용 수분크림 포레스트 포맨 울트라 올인원 크림 출시에 맞춰 김철 작가와 협업하여 '포내수투 숲의 협객'이라는 웹툰을 제작하기도 했다.

KT 경제경영연구소가 2014년 발표한 자료에 따르면, 네이버 웹툰의 월평균 이용 시간은 373분으로 멜론(356분)을 앞섰고, 다음 웹툰 앱도 월평균 이용 시간이 259분으로 유튜브(146분)를 크게 상회한 것으로 나타났다. 하루 평균 이용 시간으로 환산하면 평균 8~10분 정도가 소요되어 웬만한 모바일 게임보다 웹툰 플랫폼에 체류하고 있는 시간이 길어 광고 노출 효과가 큰 것으로 분석되었다.

네이티브 광고

네이티브 광고는 광고를 게재하는 웹사이트나 모바일 사이트의 형식이나 방식 그대로 기획되고 제작된 광고를 말한다. 기존의 배너 광고와는 달리, 사이트 이용자가 경험하는 컨텐츠의 일부인 것처럼 제시되기 때문에 이용자들이 이 광고를 광고가 아닌 컨텐츠로 인식한다는 것이 특징이다.

네이티브 광고는 그 광고가 실리는 페이지의 컨텐츠와 내용적으로 어느 정도 연관성이 있는 광고인데, 스폰서 컨텐츠Sponsored Contents, 에드버토리얼Advertorials, 인포머셜Infomercials이라고도 불린다. 우리나라에서는 페이스북, 트위터, 텀블러 등이 2012년부터 네이티브 광고를 시작했다. 네이티브 광고는 컨텐츠를 통해 정보나 의미를 전달하여 브랜드 가치를 높이는데, 고객과의 관계 강화보다는 직접적인 판매에 초점을 맞추고 있다.

네이티브 광고는 그 형태가 기존에 없었던 방식은 아니다. 온라인의 디스플레이 광고의 클릭율이 급격히 저하되고 모바일 광고가 등장하면서, PC에 최적화된 광고는 모바일에 그대로 적용되기 어려운 점이 있었기 때문에 네이티브 광고가 다시 부각된 것이다. 네이티브 광고는 결과, 주목도, 반응률 그리고 구입 의향률에 있어서 기존 배너 광고 대비 훨씬 높은 수용도를 보이고 있다. 아직까지는 네이티브 광고에 대한 소비자들의 인식이 그다지 나쁘지 않기 때문일 것이다. 그렇다면 네이티브 광고는 어떤 형식을 띠고 있는지 살펴보자.

맥도날드의 네이티브 광고. 맥도날드는 최근 몇 년 동안 매출 하락을 만회하고 젊은 소비자층을 끌어들이기 위해 디지털 마케팅에 집중해왔다. 2014년 봄부터, 구매를 유인하는 현란한 모바일 광고 대신 맥도날드 커피의 장점을 부각하는 새로운 네이티브 광고로 광고 전략을 급선회했다. 이 모바일 네이티브 광고는 〈타임〉지의 리얼심플, 〈엘르〉 등 잡지사의 모바일 사이트에서 집행되었다. 이때부터 패스트푸드 체인의 핵심 고객층인 젊은 소비자층에 어필하기 위한 새로운 광고로 네이티브 광고가 부각되기 시작했다. 젊은층은 대체로 배너

●●●○○ AT&T 📶   9:58 PM   ❊ 59% ▭

realsimple.com

helpers they can't live without and share tips
to make your cleaning routine faster and
easier.

Throw a Birthday Party That's
Pure Magic
**Surefire tricks for throwing an
effortless and memorable bash.**

5 Creative Weekend Getaway
Ideas
**Why book a flight to a touristy
beach resort when you can try
one of these off-the-beaten-
path weekend escapes?**

Sponsored by McDonald's
**This Is Where Your McCafé
Comes From**

6 Fashion Trends That Never Go
Out of Style
**For every flash-in-the-pan
fashion moment there is a chic
and timeless look, like these.**

20 Festive Easter Desserts
**End your meal with sweet spring
treats, from easy cupcakes to
luscious lemon bars.**

맥도날드 네이티브 광고

광고를 무시하는 경향이 있기 때문에 패스트푸드 체인들은 소비자가 관심을 갖는 잡지의 컨텐츠를 활용하는 광고에 관심을 갖게 되었다.

맥도날드의 네이티브 광고는 기사의 일부처럼 제시되었는데, 맥도날드가 스폰서임을 밝히고 'This is Where Your McCafe comes from' 이라는 문구가 게재되었다. 이 광고를 클릭하면 맥도날드 커피는 아라비카 커피빈으로 오랜 시간 많은 노동력을 투입해서 만들어졌다는 것을 30초짜리 유튜브 비디오로 보여준다. 그리고 소비자들이 이 컨텐츠를 공유할 수 있도록 버튼을 제공해 준다.

지금까지 대부분의 브랜드들이 대담한 크리에이티브를 활용한 광고를 해 온 반면, 맥도날드는 좀 더 진정성 있는 크리에이티브로 젊은층에게 다가가려 한 것이다. 지난 수년 동안 다양한 산업의 많은 브랜드들이 네이티브 광고에 관심을 가졌고 그 효과에 대한 논란도 많이 있었지만, 네이티브 광고는 최소한의 효과마저 사라지고 흉물스럽기까지 한 배너광고의 대안이 될 수는 있을 것 같다.

로레알의 염색약 옴버의 네이티브 광고. 로레알 혁신팀은 2013년 유튜브

로레알 옴버 네이티브 광고

를 샅샅이 조사하는 등 다양한 리서치를 통해 최근 여성들이 스타일링에서 머리를 강조하는 트렌드를 찾아냈다. 최근 유명인들은 턱 윤곽부터 그 아랫부분을 강조하고 있고, 이에 맞게 헤어스타일을 조정하는 경향이 있으며, 그것이 소비자들에게도 하나의 트렌드로 자리잡고 있다는 것을 알아낸 것이다. 그래서 로레알은 소비자들이 그러한 모습을 재창조할 수 있도록 집에서 사용하는 염색약 브랜드인 옴버Ombre를 만들었다.

옴버를 홍보하기 위해 신문이나 잡지 등 미디어와 뉴스미디어 사이트에 네이티브 광고를 실었다. 광고 방식은 해당 사이트에 등장하는 사진 속 여성의 헤어 컬러와 유사한 컬러의 옴버 염색약 광고를 여성 사진 아랫 부분에 싣는 것이었다. 로레알은 광고 회사, 검검GumGum의 이미지 인식 기술을 활용하여 사진 속 인물의 헤어컬러와 동일한 색상의 옴버 제품을 매칭시킬 수 있었고, 〈뉴욕타임즈〉나 〈트로뷴Trobune〉 같은 신문이나 잡지의 뉴스, 엔터테인먼트 사이트에 게재된, 여성사진이 포함된 페이지에 옴버 제품 광고를 싣기 시작했다.

각 사진 아래에 개제되는 광고에는 사진 속의 헤어 컬러와 동일한 컬러를 내는 옴버 제품 광고를 실어, 소비자들이 유명인의 헤어와 동일한 컬러를 구현할 수 있다는 것을 알렸다. 말하자면 사진 속 여성과 같은 헤어 컬러나 스타일을 원한다면 사진 아래에 제시된 옴버 제품을 사용하면 된다는 네이티브 광고이다.

이 광고에서 로레알이 사진을 활용한 것은, 사진 속 유명인의 헤어가 제품과 직접적인 관련성이 있어 소비자들의 관심을 유발할 수 있기 때문이었다. 사진은 다른 어떤 컨텐츠보다 많은 페이지뷰를 유발하기 때문에, 유명인의 사진 아래에 광고를 넣음으로써 도달률을 높이고자 했던 것이다. 또한 소비자들이 관심을 갖는 사진과 관련된 개인화된 컨텐츠를 제공하기 때문에 옴버 브랜드와 소비자들 간의 관련성을 높여 고객 인게이지먼트를 강화할 수 있었다.

이 로레알 광고는 창의적 방법으로 개인화된 컨텐츠를 만들어 고객을 인게이지시키는 대표적인 사례이다. 그리고 고객의 관심 유발, 관련성, 고객과의 관계형성, 고객 참여 등 고객 인게이지먼트의 각 구성 요소를 충실하게 활용한 고객 인게이지먼트 마케팅의 표본이라고도 할 수 있다.

플레이 캡차

캡차Chaptcha라는 용어 자체는 익숙하지 않겠지만 인터넷을 이용하면 자주 만나게 된다. 기계에 의한 로그인 등을 방지하기 위한 인증 방법으로, 몇 개의 일그러진 글자나 단어를 쓰게 하는 것을 캡차라고 한다. 사람들은 대부분 이 인증절차를 별로 좋아하지 않는다. 이 절

유니레버 퍼실 플레이 캡차

차의 대안으로 퓨처애드랩Future Ad Labs이라는 스타트업 기업이 플레이 캡차Play Chapcha라는 광고 툴을 개발했다. 플레이 캡차는 캡차 인증절차 대신, 게임을 가미한 광고와 유사한 컨텐츠로 인증절차를 진행하는 것이다. 이 컨텐츠에는 브랜드와 관련된 내용을 담아 브랜드 광고와 같은 역할을 하게 하면서 브랜드에 대한 고객의 인게이지먼트를 높이는 것이다. 이 인터랙티브 광고 툴은 마우스나 터치스크린을 이용한다.

이 광고 툴을 활용한 퓨처애드랩의 첫 번째 고객은 하인즈와 레킷벤키저였다. 하인즈의 플레이 캡차는 터치스크린을 터치하여 하인즈 샐러드 크림을 짜게 하는 것이다. 이 과정을 거친 사용자의 90% 이상이 제품 이름을 기억했다고 한다. 네슬레 키캣Kit Kat의 플레이 캡차는 키캣 포장지를 터치스크린이나 마우스를 이용해 좌우로 터치하게 한다.

플레이 캡차는 브랜드의 핵심 속성을 전달하는 데 유용하다. 레킷

밴키저의 세제 브랜드인 실릿뱅Cillit Bang의 플레이 캡차는 사용자들에게 더러워진 코인을 실릿뱅이 담긴 그릇에 집어넣도록 하여, '더러워진 것을 깨끗이 세척한다'는 브랜드의 핵심 가치를 전달한다.

이 보다 발전된 형태는 유니레버의 세탁용품 브랜드인 퍼실의 플레이 캡차인데, 퍼실 브랜드의 듀얼 액션 캡슐 제품의 특성을 명확히 전달하였다. 사용자들에게 캡슐의 얼룩 제거 성분 미립자를 끌어다가 캡슐에 집어넣게 했다. 캡슐 안에 얼룩제거 성분이 들어 있다는 것을 명확히 전달한 것이다. 그 결과 플레이 캡차 인증절차를 거친 소비자의 브랜드 상기율은 74%에 달했다고 한다.

캡차를 대신해서 사용되는 플레이 캡차는 브랜드를 기반으로 한 미니 게임이기 때문에 사용자의 브랜드 상기율을 높이고 손동작을 통해 브랜드의 핵심 가치를 인식하게 함으로써 고객 인게이지먼트를 강화할 수 있다. 하지만 이 툴은 캡차보다는 사용자들에게 흥미를 줄 수 있지만, 이 툴이 인증절차라는 사실이 점차 망각될 수도 있다. 결국 또 하나의 배너광고로 여겨져 기존의 캡차처럼 부정적으로 인식될 가능성도 있다.

2000년 이전에는 구매력을 가진 핵심 소비층이 1953~1963년에 출생한 베이붐 세대였다. 이들은 제2차 세계대전 이후에 베이비붐이 만들어낸 세대이며 고도 경제성장을 경험했던 세대이기도 하다. 그 이후 1964~1970년대 말까지 태어난 세대를 X세대라고 지칭하는데, 이들은 독립적이고 활발하면서 적응력이 강하고 실용적인 특성을 가졌다. 이들이 30대 후반에서 40대였을 시기에 우리나라는 1998년 IMF 금융위기와 2009년 글로벌 금융위기를 겪었기 때문에 이전과 달리 실용적인 특성이 강화되었다. 1970년대 말 이후 출생자들을 밀레니엄 세대라고 하는데 이들은 산업혁명 이후 가장 큰 사회적, 경제적 변화라고 할 수 있는 디지털 문화를 어릴 적부터 경험해 왔다. 따라서 디지털 기술에 익숙하고 디지털 기술의 활용에 능숙하다. 디지털 환경은 이전 세대들에게는 적응해야 하는 큰 변화였지만, 밀레니엄 세대들에게는 일상이었다. 이것이 바로 디지털 시대의 마케팅 초점이 오프라인에서 온라인과 모바일로 이동해야 하는 이유이고, 마케터들이 온라인과 모바일 마케팅을 강화하고, 나아가 오프라인, 온라인, 모바일을 통합적으로 활용해야 하는 이유이다.

■ 디지털은 완전히 다른 두 세대가 공존하는 시대를 창조했다

이처럼 디지털의 발달은 2000년대 이전과는 완전히 다른 세상을 창조했다. 소비자들은 새로운 세상과 환경에 맞추어 이전과는 완전히 다른 삶을 살고 있다. 인간의 역사를 되돌아볼때 디지털에 의한 변화는 그 어떤 요인들보다 단시간에 인간의 삶의 방식을 바꾸어 놓았다. 앞으로도 디지털이 또 어떤 변화를 창조할지 예상하기조차 어렵다. 디지털은 지금까지보다 더 많은 변화를 만들어낼지 모른다. 우리는 이제 디지털로 인한 변화를 받아들일지 말지를 선택할 수 있는 것이 아니라, 우리 인간의 삶에 있어서 대전환을 창조하는 급격한 변혁 과정으로 이해하고 이를 적극적으로 받아들여야 한다.

■ 디지털 세대가 주도하는 시대에 맞게 마케팅도 변해야 한다

우리는 이제 구매력을 가진 밀레니엄 세대가 핵심 소비층이 되는 시기를 맞고 있다. 따라서 비즈니스 및 마케팅의 제반 환경과 방법도 이들에 초점을 맞추어야 한다. 마케팅의 타겟은 동일하더라도 그 대상은 계속 변화한다. 즉 동일한 대상이 타겟이 되는 것이 아니라 타겟은 성별, 연령, 라이프스타일 등 특정 조건으로 설정되기 때문에 시간이 지나면 동일한 조건의 새로운 대상을 맞게 되는 것이다. 예를 들면, 코카콜라의 타겟은 수십 년 동안 변함없이 젊은층이다. 세대가 바뀌어도 그 세대의 젊은층이 대상인 것이다.

디지털이 발달하기 이전인 2000년 이전까지만 해도 새로운 대상의 특성이 이전 대상의 특성과 크게 다르지 않았다. 하지만 디지털의 급속한 발달은 고객이 취할 수 있는 정보의 종류와 다양성, 정보를 취하는 채널과 방법, 제품 구매 채널과 방법, 제품이나 서비스의 구매 결정 방법 등 모든 것을 급격하게 바꾸어 놓았다. 또한 어릴 때부터 디지털을 사용해 왔던 세대들은 이전 세대들과는 완전히 다른 특성을 보여준다. 이러한 소비자들의 삶의 방식과 특성의 변화에 맞춰 기업의 마케팅 방법도 발 빠르게 변화해야 한다. 특히, 마케팅 활동은 소비자를 겨냥한 활동이기 때문에 이러한 변화를 수용하지 않을 수 없다. 때문에 디지털 기술의 변화에 맞춰 재빨리 마케팅의 방향을 변화시킨 기업들이 서서히 비즈니스의 강자로 부상하고 있다.

디지털로 변화된 환경에 대응하는 마케팅을 디지털 마케팅이라고 한다면, 기업이 디지털 마케팅으로 성공적으로 전환하기 위해서는 변화된 마케팅 환경과 소비자들의 태도와 행동 그리고 삶의 방식에 대한 깊이 있는 이해가 선행되어야 한다. 하지만 변화된 상황을 이해하는 것은 그리 만만한 일이 아니다. 50대 중반의 문턱에 있는 필자는 지난 20년간 기업의 마케팅 전략을 수립하는 컨설팅을 해 왔기 때문에 그 누구보다도 빨리 소비자와 시장을 이해하고 있다고 자부하고 있지만, 디지털 환경에서 살아온 밀레니엄 세대를 이해하는 것은 쉬운 일이 아니었다. 그들의 태도와 행동을 이해할 수 있다고 하더라도, 그것은 나타난 결과에 대한 피상적인 이해에 불과할 뿐, 그들의 고객 여정과 각각의 여정에서 그들의 의사결정 구조, 그 심리적 배경, 감성과 사고방식을 충분히 이해하기는 힘들다.

디지털로 변화된 세상은 이전 세상과 달리 단기간의 급격한 변화에 의해 완전히 새롭게 만들어졌기 때문에 과거에 기반을 두고 이해하는 것이 아니라, 완전히 새로운 사고와 기준으로 들여다 봐야 한다. 어쩌면 지금은 완전히 다른 두 세대가 공존하고 있는 시대라고 해도 크게 틀리지 않을 것이다. 지금 살고 있는 세대들은 이전에 이와 같은 큰 변화를 경험한 적이 없다. 그렇기 때문에 새로 나타난 디지털 세대를 이해하기에는 한계가 있다는 점도 명심해야 한다.

향후 디지털의 발달은 훨씬 더 많은 변화를 창조할 것이고, 머지않아 밀레니엄 세대, 즉 어릴 적부터 디지털 환경 속에서 살았던 디지털 세대가 주도하는 시대가 도래할 것이다. 이제 변화된 세상, 그리고 변화될 세상에서 살아남기 위해서는 마케팅 역시 전면적인 변화가 필요하다. 이미 많은 기업들이 마케팅의 방향을 전환하고 있으며, 일부 기업들은 디지털 마케팅으로 완전히 탈바꿈하고 있다.

디지털 기술의 발달에 의한 모든 변화를 구체적으로 이해할 수는 없을지라도, 다양해진 커뮤니케이션 채널, 연결된 소비자들, 소비자 중심 및 절대가치 중시 등 디지털이 창조한 변화의 방향성을 이해하고 그러한 변화에 맞는 마케팅으로 발 빠르게 전환해야 한다. 다시 한 번 강조하지만, 디지털 시대에는 이전의 접근과는 완전히 다른 차원의 접근이 필요하다. 특히 마케팅은 경쟁을 위한 활동이기 때문에, 그 변화를 경쟁자들보다 빨리 그리고 정확하게 이해하고 적합한 마케팅 목표를 설정하여 실천해 나가야 한다. 결국, 변화를 얼마나 정확하게 이해하고 그에 맞는 마케팅 방향을 설정하고, 선제적으로 대응할 수 있는가가 미래 성패를 좌우하게 될 것이다.

■ 마케팅에서 글로벌 경쟁력 확보에 도움이 되기를 기대한다

세계 최고 수준의 디지털 기술을 보유하고 있는 우리나라는 아직 디지털 마케팅에 있어서는 많이 뒤처져 있다는 평가를 받고 있다. 중국 기업들이 이미 턱밑까지 우리의 경쟁력을 위협하고 우리보다 기술력이 낮은 국가들의 디지털 마케팅 수준이 우리를 능가하고 있다. 이미 세계는 하나의 시장에서 경쟁하고 있다. 디지털 마케팅에서도 우리 기업들이 글로벌 시장을 선도할 수 있도록 하루 빨리 경쟁력을 확보하기를 기대해 본다. 아울러 우리 마케터들도 이 책을 통해 디지털 마케팅으로 전환하는 방향성을 설정할 수 있기를 희망해 본다.